# 梦 山 书 系

"梦山"位于福州城西,与西湖书院、林则徐读书处"桂斋"连襟相依,梦山沉稳、西湖灵动、桂斋儒雅。梦山集山水之气韵,得人文之雅操。福建教育出版社正坐落于西湖之畔、梦山之下,集五十余年梓行之内蕴,以"立足教育、服务社会、开智启蒙、惠泽生命"为宗旨,将教育类读物出版作为肩上重任之一,教育类读物自具一格,理论读物品韵秀出,教师专业成长读物春风化雨。

"梦"是理想、是希望,所谓"梦想成真";"山"是丰碑,是名山事业。"积土成山,风雨兴焉",我们希望通过点点滴滴的辛勤积累,能蓋起教育的高山;希望有志于教育的专家、学者能鼓荡起教育改革的风雨。

"梦山书系"力图集教育研究之菁华,成就教育的名山事业之梦。

有效教学丛书

# 有效备课·上课·听课·评课

丛书主编◎余文森　编著◎余文森　黄国才　陈敬文等

海峡出版发行集团　福建教育出版社
THE STRAITS PUBLISHING & DISTRIBUTING GROUP　FUJIAN EDUCATION PRESS

# 有效教学丛书编委会

| 编委会主任 | 余文森 | | | | | |
|---|---|---|---|---|---|---|
| 编委会副主任 | 吴刚平 | 刘良华 | 王　永 | 刘家访 | 谌启标 | 方元山 |
| 编　　　委 | 魏为燚 | 陈国平 | 刘冬岩 | 黄国才 | 林高明 | 陈世滨 |
| | 陈敬文 | 陈燕香 | 陈朝蔚 | 吴少凡 | 谢安平 | 陈瑞清 |
| | 戴慧萍 | 卢永霞 | 李玲玲 | 陈金缺 | 林　珊 | 周紫英 |

# 序

余文森

教学的有效性是所有教育教学改革的共同追求，哪一项教学改革不是为了使教学更有效，不是为了使学生发展得更好？本次课程改革也不例外，其首要目标就是提高教学的有效性。

就总体而言，新课程实施几年来，课堂教学改革在朝着素质教育的方向扎实推进，并取得了阶段性的成效和实质性的进展，这是有目共睹的。但是，由于各种原因，课堂教学改革也出现了形式化、低效化的现象。可以说，当前课程改革在课堂教学方面所遭遇到的最大的挑战和所受到的最强烈的批评就是低效和无效问题。

因此，怎样实施有效教学、如何提高课堂教学质量就成为当前教学理论和教学实践关注的热点问题。正是基于这一背景，我们启动了新课程背景下有效教学的课题研究，并在这一基础上组织编写了这套有效教学丛书。

丛书分为通识和学科两部分。通识部分有四本，第一本是《有效备课·上课·听课·评课》，这是从教学工作和教学流程角度来谈有效教学的；第二本是《有效教学的案例与故事》，这是用案例和故事来解读有效教学的；第三本是《有效教学的理论和模式》，本书对全国几项著名的富有成效的教改实验进行介绍和分析；第四本是《有效教学的基本策略》，本书系统阐述和分析有效教学的各种策略。学科部分将围绕各学科的核心主题来探讨有效教学。

2012 年 8 月

# 目 录 | CONTENTS

前言

## 一　备课篇

导读

主题一　研读课标…………………………………（3）
主题二　钻研教材…………………………………（16）
主题三　了解学生…………………………………（35）
主题四　设计练习…………………………………（52）
主题五　撰写教案…………………………………（69）
主题六　集体备课…………………………………（87）

## 二　上课篇

导读

主题一　讲授的技能………………………………（102）
主题二　提问的技能………………………………（117）
主题三　倾听的技能………………………………（129）
主题四　观察的技能………………………………（144）
主题五　点拨的技能………………………………（154）
主题六　情境创设技能……………………………（165）
主题七　课堂调控技能……………………………（181）

## 三 听课篇

导读
主题一 为师,从听课开始 ……………………………………（193）
主题二 准备,带着思想进课堂 ………………………………（198）
主题三 视角,因听课者不同而不同 …………………………（213）
主题四 联动,有效听课的真谛 ………………………………（222）
主题五 听课要点一二三 ………………………………………（234）

## 四 评课篇

导读
主题一 师者,将随评课而出"彩" ……………………………（238）
主题二 标准,有效评课的坐标 ………………………………（253）
主题三 民主,滋养评课文化的土壤 …………………………（265）
主题四 评课要点一二三 ………………………………………（272）

# 前 言

教学的有效性内在地包含了备课的有效性、上课的有效性、听课和评课的有效性，并以上课的有效性为核心，即备课是为上课服务的，是实现上课有效性的前提和基础，听课和评课围绕上课展开，同时促进上课的有效。

那么，怎样备课、上课、听课和评课才是有效的呢？

首先，我们认为备课、上课、听课和评课是老师的"家常便饭"，就像人们总是不断地改善家常便饭，使之营养丰富又色香味俱全一样，老师也总是在备课、上课、听课和评课方面，不断地改进，使之更有效更充满生命活力。并且这种追求是没有止境的，是一个永恒的过程。

其次，我们尝试依据课程标准理念，从实践中、从案例中提炼一些普遍的、可操作的东西，供老师们借鉴、参考、实践，更为重要的是希望能够以此激扬老师们的潜质、启发老师们的思考、促进老师们对教学不断追求，共同提高教学的有效性。

编写时，我们立足于一线老师的爱读好用，以主题的形式，从大家耳熟能详的经典名言或新课程理念出发，以典型案例丰富具体名言或理念，再用操作要点引领老师们把新课程理念转化为行动。在每一个主题后面，我们还提供了拓展阅读材料，以期让老师们拓宽视野、开放思维。

一读就懂、一懂就用，是我们的追求；用而有效、共同成长，是我们的目标。

本书由余文森提出编写思路和框架，备课篇由黄国才编写，上课篇由刘冬岩编写，听课篇和评课篇由陈敬文和黄国才共同编写。

编者
2008 年 2 月

# 一　备课篇

**导读**

"备"（繁体写作"備"）字很有意思。许慎说："備，慎也。"[①] 开始我怎么也琢磨不透，"备"怎么是"慎"呢？后来，我联想到"态度决定一切"，才豁然开朗。备，"慎也"，是从精神上、从思想上理解的啊。真正的"备"，首先是要从精神上、从思想上高度重视、谨慎而为；其次才是从物质上、行动上"预备""准备"，这样才能有备无患，这样"凡事"才能"立"。

备课也是这样，首先是从精神上、从思想上重视上课、准备上课——谨慎而为，态度决定行动；其次，才是从物质上、行动上准备课。在新课程背景下，这种"精神""思想"除了一贯的"爱岗敬业"外，还有一层就是"新课程理念"，即用新课程理念来指导备课行动，这样的备课才是有效的。

那么，怎样做才符合"用新课程理念来指导备课行动"呢？

我们认为，研读课标、钻研教材、了解学生、思考反省等，是看不见的准备，即"慎"，这种准备是上位的，看似"无用"，却"无所不用"；撰写教案、设计练习、反思笔记等，是看得见的准备，瞄准"有用、有效"；集体备课，则是群策群力的准备（个体有备而来是前提，集体彼此分享是关键；个体再备而用是目的，共同进步、共同成长是归宿）。这三个方面的准备和谐统一，就是新课程理念下的备课。

备课篇就从这三个方面着手，立足于一线教师爱读好用，比如每一个

---

[①] 许慎：《说文解字》，中华书局出版社，1963年12月第1版。

主题从老师们熟悉的经典名言出发，接着以典型案例丰富名言，再用操作要点引领老师把新课程理念转化为行动。一读就懂、一懂就用、一用就有效，是我们的出发点，也是归宿。在每一个主题后面，我们还提供了拓展阅读材料，以拓宽视野、开放思维。

# 主题一　研读课标

## 一　引语

著名特级教师于永正先生有一个习惯，总是把课程标准中各学段的教学目标复印下来，贴在备课本的首页上，作为"教学指南"。于老师经常翻看课程标准，温故而知新。他说，当看到要"指导学生正确地理解和运用祖国的语文，丰富语言的积累，培养语感，发展思维"这些话，就更坚定不移地在教学中引导学生去读、背、写，而不至于偏离语文教学的大目标；当看到要"培养学生广泛的阅读兴趣，扩大阅读面，增加阅读量，提倡少做题，多读书，好读书，读好书，读整本的书"这些话，就坚决地把"练习册"丢在一边，努力在培养学生阅读兴趣和学习习惯上下功夫；当看到课标中关于"综合性学习"的论述，就更积极地思考、设计这类有利于学生发展的作业……例如，于老师布置的家庭作业主要是三项——写字、读书和作文，这些是对孩子终身都有益的作业。

课程标准为什么能作为"教学指南"呢？

国家课程标准是根据《义务教育法》、《基础教育课程改革纲要（试行）》制定的。"国家课程标准是教材编写、教学、评估和考试命题的依据，是国家管理和评价课程的基础，应体现国家对不同阶段的学生在知识与技能、过程与方法、情感态度与价值观等方面的基本要求，规定各门课程的性质、目标、内容、框架，提出教学建议和评价建议"。[①] 课程标准提出的课程理念和目标对义务教育阶段的课程与教学具有指导作用，所规定的课程目标和内容标准是每一个学生在该阶段应当达到的基本要求。在实施过程中，应当遵照课程标准的要求，充分考虑全体学生的发展，关注个体差异，因材施教。因此，要使自己的教学有方向、有目标、有效益，

---

① 《基础教育课程改革纲要（试行）》第七条。

就必须熟读课程标准、研究课程标准，名师如此，普通教师更是如此。

## 二 案例

### 1. 人文性的"过"与"不及"[①]

《翠鸟》（北师大版三年级上册）这篇课文描写了翠鸟的外形和生活习性，语言生动，形象具体，字里行间流露出作者对翠鸟的喜爱之情。

一个月的时间里，我听了两位老师的《翠鸟》课堂教学，一位是在市级小学语文阅读教学观摩评比活动上的，一位是在我县村级小学教研活动上的。我们先来看看这两位老师的最后一个自然段的教学片段：

片段一

师：孩子们，我现在受联合国秘书长安南爷爷的指派，来采访小翠鸟们（老师戴上"记者证"），你们就是"小翠鸟"了，小翠鸟们有什么愿望，跟我说一说吧。
生1：我叫XX，今年九岁。
师（老师打断）：现在你是小翠鸟了。
生1：我是一只翠鸟，我喜欢在水面上玩耍。
生2：我的名字是XX，今年九岁。
师（老师打断）：现在你是小翠鸟了。
生2：我是一只翠鸟，今年九岁了，我爱停在水边的苇秆上。
生3：您好！我是一只可爱的翠鸟，喜欢戏水。
师：你们为人类做了这么多贡献，希望人类怎样保护你们呢？
生4：要保护我们，不能伤害我们。
生5：把我们当成宝贝一样。
师：你们为人类做贡献，我们会保护你们的！（板书："爱护动物，从我做起。"）

片段二

---

① 黄国才：《人文性的"过"与"不及"》，《小学教学设计》2007年第1期。

师：面对这么可爱的小鸟，你们喜欢吗？

生：喜欢！

师：有什么愿望？

生：想捉一只来饲养。

师：小作者也有这样的愿望，听老师读一读（老师朗读最后一自然段），看看愿望有没有实现？

（学生朗读老渔翁说的话。）

师：翠鸟的家在哪儿？（学生说，老师简笔画）能捉到它吗？

生：不能。

师：小作者想看翠鸟吗？

生：想。（朗读）我们失望了，只好在翠鸟飞来的时候，远远地看着那美丽的身影，希望它在苇秆上多停一会儿。

师：把我们的愿望也放进去，读一读吧。（学生朗读）

通过比较，我们发现两位老师都重视了"爱翠鸟"的教育，都试图把"工具性与人文性的统一"落到实处，这是值得肯定的。但是，我们也不难发现，前一位老师，"人文性"教育过了些，有"贴标签"之嫌。请问翠鸟为人类做了什么贡献？是因为翠鸟为人类做了贡献我们才要保护它吗？这篇课文有宣传翠鸟为人类做贡献吗？

后一位老师，"人文性"教育又有不及、欠火候之憾。是不是说，如果容易逮，就"捉一只翠鸟来饲养"了？这显然与"喜爱翠鸟"相违背，与"保护鸟类"相违背。

"工具性与人文性的统一，是语文课程的基本特点"，但是，"工具性"与"人文性"如何统一，的确是一件值得不断研究和实践的问题。就这篇课文而言，文中的"我们"是纯朴可爱的、天真无邪的，"我们"对翠鸟的感情也是自然流露的、毫不掩饰的，由"愿望"到"失望"再到"希望"，而且非常美丽动人！"我们失望了，只好在翠鸟飞来的时候，远远地看着那美丽的身影，希望它在苇秆上多停一会儿。"谁读到这样的句子怎么不会怦然心动呢？教学时，要引导孩子多品味、默想、诵读，体会孩子的天真率性。此第一层"工具性与人文性的统一"。第二层，对于今天的孩子来说，是否还要追问一下：假如你能够逮着翠鸟，你会怎么做？（可以安排讨论）老师针对"捉一只翠鸟来饲养"的观点（假如有这样的孩子），顺势教育（或者讨论）：即使是这样，我们也不要轻易去打扰它、去捕捉它，应该让它自由自在地在它的天地里快乐地生活。这样才是真正的"喜欢翠鸟""爱护鸟类"。"人文性"贵在渗透、浸染、感悟，顺其自然、顺水推舟，而不是生搬硬套、贴"标签"。

## 2. "我的理想是变成一只狗"[①]

一位学生在作文里写道：

"爸爸要我好好学习，天天向上，长大当科学家；妈妈却要我长大后当公安，说这样啥都不怕。我不想当科学家，也不想当公安。我的理想是变成一只狗，天天夜里守在家门口。因为妈妈胆小，怕鬼，我也怕。妈妈说狗不怕鬼，所以我要做一只狗，这样妈妈和我就都不怕了。"

如果这是你的学生的作文，你怎么评价？

没有所谓的崇高理想，却有真切而美好的心愿，真心话比什么都重要。作文的真实价值，就是要为学生彻底松绑，不以成人的条条框框束缚学生的天性，才能放飞他们跃动的梦想。

这是符合语文课程标准精神的。课程标准规定义务教育阶段学生作文的总目标是"能具体明确、文从字顺地表述自己的意思。能根据日常生活需要，运用常见的表达方式写作"，标准建议"在写作教学中，要求学生说真话、实话、心里话，不说假话、空话、套话"，鼓励写想象中的事物。然而，我们经常发现老师们在学生作文中批"中心思想不明确""条理不清楚""详略不够得当"等等，孰不知，"能写简短的记叙文，做到思想健康，中心明确，条理清楚，详略得当"，都是1984年小学语文大纲规定了的，是"老皇历"了。

## 3. 四年级数学"可能性"[②]

有效的数学教学首先依赖于教者对教学内容的全面把握，没有这种全

---

① 吴学慧：《真实作文的价值引导》，《福建教育》(A)2007年第12期。
② 陈燕香供稿。

面把握和宏观视野，教学只能如"风中的蒲公英"，随意游走，没有着陆的根。记得多年以前曾流行这样一句话："教了六年级，才能算个完整的数学老师。"话中之音，一个数学老师，只有任教过毕业年级后，才会对小学阶段的教学内容有全面而深入的了解，而对所教教材系统的整体掌握，又将对教学产生很大的影响。新的数学课程标准（实验稿）出台时，已经初步明确了各个学段数学学习的知识要点，因而，在各种版本的新教材编写时，是特别注重内容的分解和板块链接的，层次感、整体感都很强。

在一次听课中，笔者到四年级听了一节数学课，课题是"可能性"，这部分的内容主要是认识游戏规则的公平性，这是在三年级上册学生认识可能性相等和可能性有大小的基础上安排的，有利于学生加深对可能性和可能性大小的体会，使学生联系，初步学会用可能性知识预测简单游戏的结果。然而并没有引导学生对游戏结果的公平性进行学习，上的是四年级的课，教的却是三年级的内容。

"可能性"是属于"统计与概率"领域的学习内容，在苏教版二、三、四、六年级的教材中均有出现。教材编排不仅在取材上以"蒙眼摸球"的相似情景贯穿前后，体现出很强的连贯性和整体感，而且在教学要求上也是逐渐提升，各有侧重的。二年级的教学重点是通过操作、观察和比较，初步感知"可能""一定""不可能"等现象在生活中的普遍存在，能够使用这些术语表达特定情境中的数学思考。三年级则是在二年级的基础上，体会可能性有大小以及"等可能性"的存在。四年级主要是运用可能性的知识来解释游戏的公平性，制订或判断简单的游戏规则是否公平。而六年级则是将可能性、公平性与分数（概率）联系起来。这四个年级的内容既有连续性、又有发展性，层层推进，拾级而上。教学中，如果有了这样的理解作基础，就能更加准确定位各个年级的教学目标、教学重点、教学难点，使得教学的针对性、有效性更强。事实上，在教学研究中，很多数学课堂之所以不理想，重要的原因之一就是对教材系统不熟悉，对学段目标不明确。学生已经具备的学习基础考虑不到，应该强调的教学重点没有强调，后阶段编排的学习内容又不恰当地搬移到前面来了，如此等等，屡见不鲜。

对教材的整体把握是一个教师教学的基点，也是日常教学研究有效开展的基础。笔者认为教师在备课时要树立结构思想，了解一节课在教材这个单元的作用，一个单元的知识在整个知识领域的地位，明晰学段目标、单元目标和课时目标，特别是要强化单元知识的结构意识，站高一点看教材，"眼高手低"，自上而下地设计好每一节课，是"读"好教材的一个重要维度。

### 三　要点

怎样研读课程标准呢？我们可以把握住以下几个要点：

1. 读"前言"，把握基本理念。

各学科课程标准都在第一部分的"前言"中，规定了"课程性质与地位"，提出了该学科的新理念，这是课程标准的核心。如语文课程标准在"前言"中写道"语文是最重要的交际工具，是人类文化的重要组成部分。工具性与人文性的统一，是语文课程的基本特点"。如果有人问你，为什么语文要安排那么多的课时？你可以毫不犹豫地回答："因为'语文是最重要的'！""前言"中还提出了四大"基本理念"，即"全面提高学生的语文素养"，"正确把握语文教育的特点"，"积极倡导自主、合作、探究的学习方式"，"努力建设开放而有活力的语文课程"，这是语文教学改革的方向和途径。

数学课程标准最新修改稿对"数学"做了界定，"数学是研究数量关系和空间形式的科学"，"数学是人类文化的重要组成部分，数学素养是现代社会每一个公民应该具备的基本素养"，同时"数学教育作为促进学生全面发展教育的重要组成部分，一方面要使学生掌握现代生活和学习中所需要的数学知识与技能，另一方面要发挥数学在培养人的逻辑推理和创新思维方面的不可替代的作用"。并指出义务教育阶段的数学课程"要适应学生未来生活、工作和学习的需要，使学生掌握必需的数学基础知识与基本技能，发展学生抽象思维和推理能力，培养学生应用意识和创新意识，并使学生在情感、态度与价值观等方面都得到发展"，在教学中"要符合数学本身的特点、体现数学的精神实质；要符合学生的认知规律和心理特征、有利于激发学生的学习兴趣；要在呈现作为知识与技能的数学结果的同时，重视学生已有的经验，使学生体验从实际背景中抽象出数学问题、构建数学模型、寻求结果、解决问题的过程"。前言部分从"数学是什么""数学教育做什么"和"数学课程怎么教"等方面提出了数学的课程、课程内容、教学活动、学习评价和信息技术六个模块的教学基本理念。

2. 读目标，增强目标意识。

（1）确立"三维"目标。课程标准首次将"过程和方法"、"情感态度和价值观"设定为课程目标，与"知识和能力"目标并列，即从"三个维度"来设计，并把"知识和能力、过程和方法、情感态度和价值观"融为一体、协调一致，确保学生健康和谐发展目标的实现。

（2）熟记学段目标。课程标准在总目标之后，分学段提出具体目标，便于操作，利于实施。如语文课程标准针对五大块，即识字与写字、阅读、写作、口语交际、综合性学习提出具体目标；数学课程标准把课程内容分为数与代数、图形与几何、统计与概率、综合与实践四大领域，并从知识技能、数学思考、问题解决和情感态度四个方面对三个学段的教学提出了具体的要求。

这些目标直接指导着教师的教学，确保了教学的效益，必须熟读熟记，像于永正那样的一流名师都"总是把课程标准中各年段的教学目标复印下来，贴在备课本的首页上，作为'教学指南'，经常翻看，'温故而知新'"。这样，从学段目标——单元目标——课时目标，"三位一体"，整体考虑每一节课。

3. 读"实施建议"，提高操作能力。

课程标准的"实施建议"部分，分别就教材编写、课程资源的开发与利用、教学和评价提出具体建议。这些建议对于我们来说是非常宝贵的，可以说是"金玉良言"。比如教材编写建议，我们了解了教材怎么编，才能成为更好的"课程的实施者、开发者和建设者"，才能更好地"创造性地理解和使用教材"。比如语文课程标准提出"阅读是学生的个性化行为，不应以教师的分析来代替学生的阅读实践"。你就会摒弃教师"一言堂"、拒绝"串讲串问"，把时间腾出来让学生直面文字、加强语言文字训练、珍视学生"独特的感受、体验和理解"。比如作文教学要"为学生的自主写作提供有利条件和广阔空间，减少对学生写作的束缚，鼓励自由表达和有创意的表达"，你就会放弃写作知识的灌输、统一标准的桎梏，而让"学生易于动笔，乐于表达"，激发学生"展开想象和幻想"，甚至异想天开，学生的作文也就会多一些自我、多一些创意、多一些灵气了。

数学课程标准从教学、评价和教材编写提出了具体的建议。如在教学建议中，课标明确指出："数学教学活动要注重课程目标的整体实现，要重视学生在学习活动中的主体地位，处理好学生主体地位和教师主导作用的关系,注重学生对基础知识、基本技能的理解和掌握,引导学生积累数学活动经验、感悟数学思想,关注学生情感态度的发展。"指出教学中应当注意的几个关系:"预设与生成的关系,面向全体学生与关注学生个体差异的关系,合情推理与演绎推理的关系,使用现代信息技术与教学手段多样化的关系"等等。这些教学建议聚焦实施过程的重点、难点,是行动的航标、教学的指南。

4. 读"附录",和孩子一起成长。

语文课程标准还特设"附录",提出了背诵优秀诗文的篇目、课外阅读的书目和语法修辞知识的要点。我们就会自然而然地去背一背这些优秀诗文,再去认真阅读这些优秀图书。和学生一起读书、一起成长,是教师独有的福分。这种福分会转化为教师的幸福感和成就感,这种幸福感和成就感就像一粒粒种子,播种在孩子的心田。

数学课程标准按四大领域"数与代数、图形与几何、统计与概率、综合与实践",在附录中收录了内容标准及教学建议中的几十个案例,这些案例在说明中指出了案例的适用年级和学生相关知识背景的分析,并为教学中如何设计呈现教学内容、如何设计数学活动、如何运用这些素材提出了针对性强、操作性强的实施意见,认真解读这些案例,就能从较高的视角高瞻远瞩、瞻前顾后、整体把握小学阶段的数学内容。

"磨刀不误砍柴工"。教师研读课程标准就是"磨刀",是把力气用在刀刃上。可惜,一些老师并没有意识到它、没有重视它,只顾埋头使劲"砍柴",而忽视了轻松"磨刀"。"练武不练功,到头一场空"。教师不读课程标准,就如练武之人不练功。台湾省老师的至高荣誉奖——"师铎奖"获得者桃园县中坜市大仑小学王家珍老师发表评论说:"尤其赞同您备课的第一步——研读课程标准。很多教师忘了这点,终究'事倍功半'。方向对了,教学效能才能彰显吧。"[①]

## 拓展阅读

---

① http://blog.cersp.com/userlog/1559/archives/2007/467146.shtml.

## 1. 用一生备课[①]

"对这节课，我准备了一辈子。而且，总的来说，对每一节课，我都是用终生的时间来备课的。不过，对这个课题的直接准备，或者说现场准备，只用了大约15分钟。"如今，这种"用一生备课"的理念已经被人们广为接受，但中学教师如何用一生备课才能游刃有余地用15分钟时间现场准备一节课呢？

首先，教师必须不断丰富自身的学科知识。在"一标多本"的形势下，教师仅仅吃透一本教材，掌握所教教材的知识是不够的。教材只是开展教学活动为师生、生生互动生成新的教学资源和产生新知识提供的一种范例和素材。例如，新的化学新教材还注重反映化学与技术、社会的相互关系，促进学生了解化学在科技发展和社会进步中的重要作用，如资源的开发、新材料的合成、新药物的研制等，增强了化学与医学、生命科学、环境科学、材料科学、信息科学等学科的联系。因此，中学化学教师不能仅仅局限于化学学科的范畴，而应向其他自然科学，甚至是人文学科拓展，使自己拥有广阔的文化视野和深厚的文化底蕴，建立起多元化的学科知识结构，以适应新课程教学的需要。

其次，教师必须进行必要的理论学习，掌握必要的教学知识。学科教师毕竟不是学科专家，不管对学科知识的把握多么高深，最终目的都是服务于教学。这就需要教师具备一定的学习理论、教学理论等方面的知识，比如皮亚杰对学生认知发展过程与步骤的认识、柯尔伯格对人的道德发展的揭示和建构主义教学理论、有效教学理论等。这些知识虽然理论性强，但却是以实践为基础的，有些是前人总结出来的实践经验，对于教学具有很强的指导意义。

再次，教师要将教学知识与教学情境融为一体，不断发展教学智慧。教师的专业生活场景可以概括为"教学情境"，它是由教学目标意图、师生角色关系、互动准则序列、教学资源设施、时空结构等要素构成的具体可感的教育场合。教师关于教学情境的处置倾向与反应方式，便构成了教

---

[①] 吴芝琴：《用一生来备课》，《教师报》2006年12月10日。

学智慧。

叶澜教授说，要让课堂充满生命活力。从生命的高度来看课堂，课堂是师生共度的一段生命时光。其实，教育的全部也就是师生共度生命的全部，教育的情境就是生命的时空。教育中所发生的一切，都是在特定的情境（时间、空间、人物、事情等）中发生的，换一个情境，一切便随之变化。因此，教师的实践智慧只有通过亲身体验和感悟才能生成，正如波斯纳所说的"教师成长＝经历＋反思"。一方面，教师可以通过教学日记或者教学叙事，把自己的教学工作串起来，勾勒人生中多姿多彩的教育画卷，体会教师专业成长的丰富内涵和发展价值；另一方面可以从特定的教学情境出发，以一定的教学知识作为参照，展开教学反思，不断澄清、质疑自身教学行为背后的预设、信念、思维模式，在行动研究中建构全新的"教学自我"。

## 2. 备课断想（节选）[①]

一

《语文课程标准》出台以前，我的备课本的扉页上都写着语文教学大纲对所教年段的教学要求。《语文课程标准》颁布以后，我就把课程标准中各年段的教学目标复印下来，贴在备课本的首页上。它是我的教学指南。课标中有总的教学目标，叫"总目标"，还有分解后的各教学年段的目标，叫"阶段目标"。教学必须有目标，目标就是要达到的目的，也就是要完成的任务。

动笔写教案之前，我还要看看课文后的学习要求。课文后的学习要求，一般地说，就是那一课的教学目标。这些目标达到了，这课的教学任务就基本完成了。有些不尽如人意的"题目"，我会做些微调，但多数是照办的。

课程标准我经常翻看，"温故而知新"。比如看到要"指导学生正确地理解和运用祖国的语文，丰富语言的积累，培养语感，发展思维"这些话，就会使我更坚定不移地在教学中引导学生去读、背、写，而不至于偏

---

[①] 于永正：《备课断想》，《福建教育》（A）2007年第2期。

离语文教学的大目标。看到"培养学生广泛的阅读兴趣,扩大阅读面,增加阅读量,提倡少做题,多读书,好读书,读好书,读整本的书"这些话,我就会坚决地把"练习册"丢在一边,努力在培养学生阅读兴趣和学习习惯上下功夫,备课时就会认真思考:怎样教出情趣,教出灵性,培养出能力?看到课标中关于"综合性学习"的论述,我就会更积极地思考、设计这类有利于学生发展的作业,等等。

课标是教学的"圭臬",是依据,要常看。常看常新。

二

我拿到一篇课文,首先是备朗读,至少读三四遍,上公开课,读的遍数还要多。要求学生背的,我先背下来。我对自己的要求是:散文要读出意境,诗歌要读出韵味,童话寓言要读出情趣,说明文要读得"明白",课文中的人物要读活,不论什么课文都要读出标点符号,等等。总之,要读出语感来。朗读的意义十分重大。正确、流利、有感情地朗读课文,是课程标准规定的一项重要的教学目标(在一、二、三学段的"阶段目标"中,都是作为"阅读"的首要目标提出来的),又是学习语文的根本手段。语文教学如果离开了一个"读"字(包括默读),就什么都没有了。

课文朗读得声情并茂了,我才敢走进课堂,因为我可以让学生从我的朗读里去感受、去理解,因为我取得了指导朗读的发言权。

师生都能读得入情入境的语文课堂,一定是充满灵性的、充满情趣的,也一定是有效的。读好了,一切讲解都会显得苍白无力。

三

教师得有咬文嚼字的本领。

哪里是重点?哪些词、句是关键?我要求自己不但要逮得准,还得读得进(体会好)、讲得出。重点的地方,我第一遍读的时候,就能逮住大部分,并做上记号。如《秋天的怀念》,第一遍读完,"躲"、"挡"等一系列动词,"央求"、"笑"等描写神态的词语,还有母亲说的话,就被我圈画出来了。当我读了四五遍后,我就读懂了:母爱是一堆细节!如果把母爱比作大海,那一个个细节就是一滴滴水,是一滴滴水汇聚成了浩瀚的大海,是一个个细节凝聚成了伟大的母爱!但,这只是字面上的理解。这些文字背后又告诉我们什么?真正的阅读能力是能读懂文字背后的东西。儿子摔东西、砸玻璃，母亲为什么不制止，反而躲开？儿子望着窗外飘落的树叶发呆，母亲为什么要把窗户挡住？儿子对她发脾气，母亲为什么反而"笑"了？母亲临死时说的"我那个生病的儿子，还有那个还未成年的女儿"又告诉我们什么？细细一想，明白了，母爱是理解，是呵护，是宽容，是鼓励，是期待，是永远的牵挂！有了这样的理解，教学方法也就有了——引领学生重走我的阅读之路，引领他们由表及里地读母亲。真是"这法那法，钻研不好教材就没有法"呀！

读懂了母亲和作者，还要读"文章"——作者是怎么写的，文章的结构是怎么样的，等等。

能否钻研好教材，把握好文本，取决于教师的阅读水平。因此，教师要培养自己的阅读能力，提高自己的阅读水平。

四

"我们一线教师，天天要上课，天天要备课，而钻研教材是需要时间的，这个问题怎么解决？"许多教师经常这样问我。

我在学校里教了 23 年语文。我的通常做法是：先朗读。这个花不了多长时间。一般的课文，15 分钟就能读两三遍。读得较满意了之后，接着抓紧时间看教参，如果有现成的教案，就看教案。如果"教学目标"和"教学过程和方法"被我认可，照抄不误。但全盘照搬的没有，因为自己多少会有新的体会和教法。但，以下四点我是从不马虎的：（1）把生字写得规范，掌握它的笔顺，把板书的字练好，力争成为学生的字贴。（2）所有新词都要查字典（教参上有的也查，因为好多词义，教参往往只取课文中的解释），虽然有的不一定讲。（3）凡要求造句的词，一定弄明白它有几个义项，知道它的使用范围，并造出几个不同类型的句子。（4）如有"读写结合"点，我一定先"下水"写一写，有时不止写一篇。

我非常重视造句和片段仿写之类的"小练笔"。苏教版三年级有一篇课文《水上飞机》，课后要求学生用"究竟"造句。一查词典，"究竟"有两个义项：一作"明白"、"结果"讲；二作"追问"——因有疑问而追问。课文中是这样写的："小海鸥想，啥样的船我都见过，可就是没见过这种长翅膀的船。它决心去看个究竟。"显然，这里的"究竟"应取第一个义项。于是，我设计为：（1）先读书上原句，再换词（可以换个"明白"），接着让学生说说生活中遇到过的需"看个究竟"的事，最后分别把

"看"改成"问"、"探",说说生活中遇到的需要"问个究竟"、"探个究竟"的事。(2)出示下面一句话——"早晨,小强怎么也找不到红领巾了,他自言自语地说:"红领巾究竟放到哪里去了?"先让学生谈谈,这句话中的"究竟"作什么讲(可以换"到底",因不明白而追问),再仿照句子说话。(3)让学生以"恐龙"或"外星人"为话题,写一段话,用上两个意思不同的"究竟"。我这个设计取得了很好的效果,这样教把学生教活了。

  不管我多么忙,我一学期都要求自己认真钻研两篇课文,把它上成"精品课",上成学生喜欢的、难忘的课。我从不拒绝上公开课,这是锻炼自己的好机会。每学期经历几次这样"独立作战"的历练,绝对胜过读两个月的进修学校。我把握教材的能力、设计教案的能力、课堂应变的能力就是这样逐步锻炼出来的。

## 主题二　钻研教材

### 一　引语

教材是教师落实课程标准要求的基本载体，是最基本的课程资源，也是政策性很强的课程资源。如果把课程标准比作圆心，那么教师对教材的理解、把握就是半径，无论圆有多大，都离不开圆心这个核心元素，教师通过解读教材来理解课程标准，同时用自己领会的课程标准精神来驾驭教材。但是，教材不是唯一的课程资源。第一，必须重视其他课程资源的合理、有效的开发和利用，使教科书与其他课程资源相互补充、相互整合、取长补短。第二，在使用教材上，要坚持"创造性地理解和使用教材"，实现"用教材教"而不是"教教材"的理想境界，使自己在课程改革中真正成为新课程教材的创生者、开发者、体验者、实践者，成为教育教学的决策者。

"这法那法，读不懂教材就没法；千教万教，教不好教材就白教。"但是，由于教材的相对固定性，我们还要根据时代的发展和学生的生活，自觉以课程标准的基本理念和培养目标衡量、分析教材内容，创造性地用好、用活新教材。"年年岁岁'课'相似，岁岁年年'教'不同。"

### 二　案例

老师读不懂教材，就可能使学生"误读"、"误解"，明显偏离文本的价值取向，无所适从、无所作为，导致无谓的争执和无效生成。请看案例：

## 1. 错位的价值——《落花生》[①]

"你觉得应该做花生那样的人还是做苹果、石榴那样的人?"这几乎是现在教《落花生》时课堂上必问的问题。而学生的表现也总是大同小异——"苹果石榴派"的人数总是要大大超过"花生派",而且可以驳得对方无招架之力。就像下面这个课例:

师:在我们今天的社会里,你愿意做像花生这样的人,还是像苹果、石榴那样的人呢?请选择花生的坐在左边,另外的坐在右边。(绝大部分人坐到了右边)

生:做人不能光看外表,要看他是否有用;像花生那样的人虽然不好看,但是很有用。所以做人应该像花生那样。

生:可是现在的社会是竞争的时代,需要敢于展示自己才华的人。如果都像花生一样有用却不好看,谁能知道你有才华呢?

生:而且现在大学毕业生都是到公司去应聘,如果你外表不好,别人对你的印象就不好,就找不到你合适的工作,有才华也没地方用。

生:花生就像清洁工吧,虽然不好看,但是如果没有清洁工,我们的环境就会变得很糟。

生:还有农民也并不好看,但是没有农民种地,吃什么呢?

生:可是除了农民、清洁工,还有很多很重要的职位都需要你比较讲体面才行啊。国家领导人没有体面行吗?公司的董事长、总经理不讲体面行吗?

生:同样两个人,水平差不多,去做同一份工作,人家肯定会选比较讲体面的人嘛。

……

师(总结):同学们说得都非常好。的确,现在的社会,我们既需要像落花生那样默默奉献的人,更需要像桃子、石榴、苹果一样敢于展示自己才华的人。

---

[①] http://blog.cersp.com/userlog21/138384/archives/2007/588348.shtml.

我不禁想，许地山如果复生，定会修改这篇文章，决不拿花生去跟苹果、石榴做比较，怎么也得在枝头挂一个华而不实的东西，以正视听。至于该挂什么呢，我一时也想不出来。不过有一点是可以肯定的，那就是许地山实在没有说苹果、石榴的半点不好，只不过是用它们高挂枝头的形象和花生深藏不露的特性做了一个比较而已，意在说明即便如花生外表并不好看的，但它实实在在，对人有用，这就是做人最需要的一种品格。

基于对文本这样的认识，再分析上面这个案例，可以发现，这场关于"该做苹果还是做花生"的辩论对于本文的阅读来说，实在是毫无意义。因为文本的价值在于启迪人对于自身价值的认识，而辩论却转入了关于"包装"的话题，事物的象征概念已然被偷换了，就此得出的结论自然与文本已经没有什么关系。我不反对在课堂上开展这样的辩论，不过对于阅读课来说，这样的"创造性理解"无论对于文本，还是对于学生针对文本的解读，都是一件令人遗憾的事。

再往深处想，即便真的是在"苹果"和"花生"间选择吧，作为充满理想主义色彩的小学生，选择前者的自然会大得多。但是在现实生活的舞台上，真正成为"苹果"式的名人毕竟是少数，绝大多数人都将成为"花生"似的、默默无闻却承担着社会"脊梁"角色的普通劳动者。如果你最后成了一颗"花生"，就扮演好它应有的社会角色，只要是有用的，就是值得尊敬的——我想如果要谈本文在当代的现实意义，这才是应该引导学生去接受的价值观吧，至少比起"重视外在的包装"等肤浅世俗的认识来，这样的解读更值得学生细细地琢磨和体味。

## 2．"吃墨水？弱智！"[①]

这是笔者在一节农村中心小学四年级语文综合性学习课《成长的故事》中听到的。老师请同学上台讲述课前搜集的名人成长的故事。一位男同学讲述陈毅爷爷小时候"吃墨水"的故事（《吃墨水》曾编入九年义务教育六年制小学语文教科书第三册，1995年10月第2版，1999年3月第4次印刷）。学生讲完，老师说："我要考考同学们，听完陈毅爷爷'吃墨水'的故事，你受到什么启发？"

---

① 摘自"成长博客·童年的心灵护士"（http://huangguocai.cersp.net）。

生1：读书不能读得太认真，太认真了会吃错东西，很危险。

生2：墨水怎么能吃？弱智！（全班同学笑）

生3：读书不能读得太迟，那样肚子会很饿。

生4：我同意某某的观点，如果不吃饭就会饿坏了。

生5（小声说）：民以食为天。

生6：要吃什么东西，一定要先看看，不然会出错的。

师：同学们畅所欲言很好，但是，还要认真读书，多想想书中内在的道理。老师认为，我们要学习的是陈毅爷爷认真学习的精神，而不是"吃墨水"。

这位老师是读懂了文本，正确解读文本的，他是机智的。老师在尊重孩子的"独特见解"的同时，不忘了"对话中的首席"的身份，发挥点拨、引导、纠偏、提升的作用。

### 3. 同分母分数加减法[①]

在一次省级教学展示活动中，活动主题是特级教师、教学骨干、普通教师获奖代表四人同上一节课——课标苏教版三年级上册《同分母分数加减法》。这个内容在原大纲教材中，一般都是安排在五年级学习了分数的意义和组成以后进行教学，计算的算理是分数单位和分数的组成（如计算 2/7＋3/7＝5/7，想：2个1/7加上3个1/7等于5个1/7，5个1/7就是5/7）。现在课标苏教版教材将之下移到了三年级上册，而且就安排在学生初步认识"几分之一""几分之几"后（"认识分数"单元第三课时）进行教学，因为教材中还没有安排"分数单位"和"分数组成"的学习，其计算基础主要还是学生刚刚接触到的对分数的认识（如 2/7＋3/7＝5/7，想：7等份中的2份加上7等份中的3份，就是7等份中的5份，7等份中的5份就是5/7）。

教学展示结束后，四人中就有三人在教学中采用了原有的思路来组织教学，有的甚至抓住"计数单位"和"数的组成"大做文章，从"2＋3"

---

[①] 许卫兵：《从教材出发》，《小学数学教师》2007年第7、8期。

（2个1加上3个1）开始引入，到"20＋30"（2个10加上3个10），再到"2/7＋3/7"（2个1/7加上3个1/7等于5个1/7，5个1/7就是5/7），一步一步展开、迁移，概括出"相同的计数单位相加"的算理。因为没有"分数单位"和"分数组成"作基础，学生一个个被拖得晕头转向，课前老师们普遍认为"非常简单，几乎不教学生都会"的学习内容，教学四十分钟后学生还是半悟半"雾"、似懂非懂。对此，有人说执教老师将学生的数学学习放在一个很大的背景展开，教学有深度、有力度、有跨度。也有人认为，课堂完全是在演绎教者对教学的"独到见解"，在所谓的"有深度、有力度、有跨度"的一厢情愿教学中，教学脱离了学生基础，偏离了苏教版教材要求。众人议论到最后，再次聚焦到"教材"话题：如何看待教材？如何尊重教材？如何理解教材？如何用好教材？如何用活教材？对这些看似很老套、很传统的问题的回答，却往往成为组织教学、解读课堂之根本。

一位教师从苏教版教材编排的特征出发，重点让学生联系具体学习情境或素材，侧重对分数的初步认识基础，引导学生对同分母分数的加减法进行理解和运用，精心组织了如下的教学活动。

（1）引入。

师：同学们最近刚认识了一种新的数，是……（学生齐答"分数"）。大头儿子过生日了，小头爸爸买回一只蛋糕，他把蛋糕平均分成8份（出示一个圆，再平均分成8份），大头儿子吃了其中的2份（将8份中的2份涂上黄色）。看到这个图形，你的小脑袋中想到哪个数？

生：我想到2/8。

师：能具体说说你想到的这个2/8吗？

生：一个蛋糕，平均分成8份，大头儿子吃了其中的2份，也就是2/8。

师：你的意思是说，大头儿子吃的是这块蛋糕的2/8。（学生点头）你想得很对，从这个图上大伙儿只能看到2/8这个分数吗？

（老师的提问，引起了学生们的思考，陆续有人开始举手）

生：我还想到6/8。剩下的部分是这块蛋糕的6/8。

（2）展开。

师：你能从吃的情况想到了剩下的情况，真不简单。（指着空白部分大家都看到 6/8 这个分数了吗？（看到了）。小头爸爸也吃掉了蛋糕的一部分（将圆形图中的 3 份再涂上红色），看到这个图形，在你的小脑袋中又想到哪些分数？

生：我想到 3/8。

师：能具体说说你想到的这个 3/8 吗？

生：小头爸爸吃的是这块蛋糕的 3/8。（老师指着图中红色部分）

生：我也想到 3/8，剩下的部分是这块蛋糕的 3/8。（老师又指着图中的空白部分）

师：哦，你们想到的这两个 3/8，代表了不同的意思，大家看明白了吗？从这个图上你还能想到其他的分数吗？

生：我想到了 5/8 这个分数。

师：那你能给大家说说你想到的 5/8 是什么意思吗？

生：这块蛋糕平均分成了 8 份，大头儿子吃了其中的 2 份，小头爸爸吃了其中的 3 份，合起来就是 5 份，也就是 5/8。

师：咦，你是想到了他们两个人吃的……（回答的学生接上老师的话"和"），也就是他们一共吃了这块蛋糕的——5/8。其他同学明白了他的意思吗？（学生点头示意）大家都明白了，那你能不能把他的这种想法用一道算式表示出来？同座的可以讨论。

生：2/8＋3/8＝5/8。（教师板书）

师：对照这个算式，谁能再给大家解释解释为什么 2/8＋3/8 就等于 5/8 呢？

生：2/8 表示的是 8 等份中的 2 份，3/8 表示的是 8 等份中的 3 份，2 份加 3 份就是 5 份，8 等份中的 5 份就是 5/8。（多个学生解释后，老师将算式中的分子"2""3""5"用红色描深）

师：你的想象能力真不错，从"相加求和"的角度想到了 5/8，给我们打开了思路。还有人想到其他分数吗？

生：我想到了 1/8。小头爸爸比大头儿子多吃了蛋糕的 1/8。

师：你能将你的这个想法用算式表示出来吗？

生：3/8－2/8＝1/8。

师：看懂的请举手。（大部分学生都举起手）那谁能解释一下？

生：这块蛋糕平均分成了 8 份，小头爸爸吃了其中的 3 份，大头儿子吃了其中的 2 份，小头爸爸比大头儿子多吃了 1 份，也就是 1/8。

生：3/8 表示的是 8 等份中的 3 份，2/8 表示的是 8 等份中的 2 份，3 份减去 2 份就是 1 份，8 等份中的 1 份就是 1/8 了。（学生解释后，老师也将算式中的分子"3""2""1"用红色描深）

师：谢谢你们。你们又换了一种思考角度，从"求差"想到"小头爸爸比大头儿子多吃了蛋糕的 1/8"。

生：我也想到了分数 1/8，但是和他们想的不一样。

师：噢，有什么不一样，请你向大家做个介绍吧！

生：我想的是剩下的部分比大头儿子吃的多蛋糕的 1/8。

师：大伙儿说说，他想得有道理吗？（"有！"）这种想法的算式呢？

生：与刚才这道算式一样，3/8－2/8＝1/8。

师：看来相同的算式有时表示的却是不同的意思。对这个图示，还有同学有自己的想法吗？

（学生的思路被全部打开，依次又出现了 3/8＋3/8＝6/8、8/8－3/8＝5/8、2/8＋3/8＋3/8＝8/8 等，老师一一板书，并让学生解释每个算式表示的意思及算理。然后小结指出这些分数都是"同分母分数"，这些算式都是"同分母分数加减法"，揭示课题）

（3）拓展。

师：大头儿子和小头爸爸刚吃了会儿蛋糕，围裙妈妈就端上一碗蘑菇汤，他们三个人把一碗汤全吃了。他们吃的情况，也画下了一幅图。你能根据图形，写出一些同分母分数加减法算式吗？看谁写得多！

……

上述教学，紧扣教材编排思路和学生学习基础，充分把准三年级学习这一内容的难度要求，通过连贯的生活情景，让学生在相互思考、交流、启发、提升中获得对同分母分数加减法的理解。教学环节简洁，思路流畅，学生趣味盎然，思维活跃，较好地体现了对教材的把握和对教学的调控。

## 三 要点

我们如何读懂教材、钻研教材，实现"创造性地理解和使用教材"呢？

（一）解读文本，充分与作者、编者对话。

教师要通过多种形式的读，理解教材的本意和新意，把握教材的精髓和难点，内化教材的精神，充分与作者、编者对话，走进作者和编者的心灵。

1. 朗读，读出情感。教师应该也必须把教学的内容（课文）朗读好，做到用普通话读正确、读流利、读出感情；做到口中读出声音、眼中读出画面、心中读出情感、手中读出笔记。著名特级教师于永正认为："老师朗读得好，备课就完成了一大半工作。"老师朗读得好，课堂上才能自信地让学生跟你读。台湾王财贵教授认为"跟我读"是最简洁、最有效的朗读指导方法。师生都能读得入情入境的语文课堂，一定是充满灵性的、充满情趣的，也一定是有效的。读好了，一切讲解都会显得苍白无力。

2. 默读，读出见解。教师要潜下心来，与作者、编者对话，做到读懂、读透、读出自己的"独特感受"。

何谓"读懂、读透、读出自己的'独特感受'"？

我们认为，至少要明白教材的意图、明确教材的重点难点，还要有自己的思考和价值判断。这就是余文森教授一再强调的"要做一个有思想的教师"的要义。什么是"有思想"？即养成独立思考的习惯，做一个具有"自由的思想和健全的人格"的现代教师。有一种痛苦，其实是快乐，是直抵内心的快乐，那便是思考。比如，我上《有的人——纪念鲁迅有感》一课，在研读教材时，我发现编者说"全诗热情歌颂了热爱人民、全心全意为人民服务的精神，无情鞭挞了反动统治者"，对于现在的六年级的小学生来说，如何体会"无情鞭挞了反动统治者"这一思想内涵呢？我进行大胆地调整，定位为"引导学生对'生'与'死'进行思考，确立'生'是'为了多数人更好地活着'、即使是'死'也是'为了多数人更好地活着'而牺牲的生命价值观教育"；比如我上《卖火柴的小女孩》一课，不仅唤醒同学们对"小女孩"的同情，更从"小女孩"身上学到对生活的积极态度和真挚热爱，即在任何时候、任何境况都不要放弃对生、对美、对善良、对幸福的向往和追求！这样，在你告别这个世界的时候，就能够"嘴上带着微笑"，等等。

**案例1：我钻研《匆匆》（人教社实验教科书六年级下册）的笔记**

（1）默读课文。了解课文主要写了什么、表达了什么思想、有什么特点，等等。《匆匆》课文编者认为文章"表达了作者对时光飞逝的无奈和惋惜，渗透着珍惜时间的意识"。

我细读文本后，认为这篇文章不仅"表达了作者对时光飞逝的无奈和惋惜"，更表达出那个时代的作为"道德良知"和"社会批判"的化身的知识分子，对前途的迷茫和对人生意义的追问。所以，朱自清先生在短短的五个自然段、二十三句话、六百多字的文章中，一共有十二个问句！"我们的日子为什么一去不复返呢？"（对于朱自清先生这样的知识分子，怎么会不知道"时间如流水，何时复西归"呢？）

"在八千多日的匆匆里，除徘徊外，又剩些什么呢？"（朱自清先生是知名人士、著名作家，怎么会"除徘徊外"，什么也不剩呢？）

"我赤裸裸来到这世界，转眼间也将赤裸裸地回去罢？但不能平的，为什么偏要白白走这一遭啊？"（从科学的角度讲，人的"来"与"去"都是自然规律，朱自清先生会不知道吗？但是，朱自清先生还是不停地追问、思索。为什么？）

朱自清先生在反复地追问和思索中，透露出迷茫，用文中的词就是"空虚""茫茫然""掩面叹息""徘徊"……这仅仅是"表达了作者对时光飞逝的无奈和惋惜"吗？

不完全是。

因此，我把目标定位为"懂得珍惜时间，初步学习追问和思考人生意义"。

——这是"整体把握"教材，是教师阅读能力的体现，也是常读常新、常教常新。年年岁岁"文"相似，岁岁年年"教"不同。

（2）读生字词。"挪""蒸"（挪移、蒸融）做到读准字音，了解字（词）义，必要的时候，要查字典、词典。比如，"蒸融"是什么意思，作者为什么说"如薄雾，被初阳蒸融了"，而不说"如薄雾，被初阳蒸发了"呢？我查《现代汉语词典》，还查不到"蒸融"这个词，只好分别查"蒸"和"融"，再联系上下文和作者的心情来体味。我发现朱自清先生用词是极为考究的，"融"有"融合""融化""融解"的意思，给人的感觉是柔和、是无痕，这与"薄雾""初阳"是相称的、协调的，更与整个文义——时间流逝得"没有声音，也没有影子"一脉相承，如果用"蒸发"就显得生硬、突兀了。虽然这些不一定在课堂上讲，但是老师要了解、要理解。

生字词，老师还要练习书写，写得工整、规范、美观，特别是"蒸"字，字形是难点。教师的板书，力争让学生看清笔画笔顺。有的老师板书时背着身，把板书的字写在胸前位置的黑板上，学生看不见老师的运笔，只看见老师的后背，而老师却说："认真观察老师的板书。"

如何让孩子看清楚老师的一笔一画呢？

一是把板书的字写得高一些；一是老师侧着身子板书，这是一项"特殊"技能。这样，所有的孩子都能看见。

（3）读课后思考练习。明白意图，为确定教学目标打下基础。这篇课文，编排了四道题：

★有感情地朗读课文。想一想课文主要写的是什么。

分析：这一题有两个要求，这两个要求都非常重要。一是朗读。朗读，是最经常、最重要的阅读训练，也是理解课文内容、体会课文思想感情的主要方法。"用普通话正确、流利、有感情地朗读课文"是阅读教学重要的目标，也是重要方法，课程标准把它放在阅读教学目标的第一条，课后练习也把这一条放在第一题。二是概括能力、思维能力的训练。编者只提"想一想"课文主要写的是什么，这是降低要求。怎么处理呢？先默读思考；然后交流讨论；最后说一说。只要说到要点，允许不完整，允许有自己的表达方式。

★找出含义深刻的句子或自己特别喜欢的句子，如，"像针尖上一滴水滴在大海里，我的日子滴在时间的流里，没有声音，也没有影子。"联系生活实际，和同学说说自己的理解和感受。

分析：这一题，目的是启发学生在朗读中用心感悟，落实课标提出的"阅读是学生个性化行为"、教师要"珍视学生独特的感受、体验和理解"的理念，培养学生的阅读欣赏能力。方法是：读书、联系生活实际、与同学交流、说自己的理解或自己为什么"特别喜欢"。教师可以采取"先扶后放"的教学策略，如用题中给的例子，分析这样表达的好处。这是教学的重点，也是教学的难点。

★作者是怎样具体描述日子去来匆匆的？仿照课文中的写法，再写几句。

分析：这是一道"理解与运用"语言，使学生既得"意"又得"文"的练习。先是读中找，找到作者"具体描述日子去来匆匆的"内容，体会作者把看不见的"日子"匆匆的脚步，转化为看得见、摸得着的具体事物，形象可感，并且采用比喻、拟人、排比、叠词等多种修辞手法，生动形象；然后，联系生活实际，进行仿写练习，读写结合，运用语言。

★背诵课文，并把喜欢的句子抄下来。

分析：这个练习主要是积累语言，落实课程标准提出的要有"较丰富的语言积累"的目标。

课后思考练习，往往就是一篇课文的教学目标，是"编者意图的集中体现"（袁微子）。换句话说，一篇课文的教学，一个课时也好，两个课时也好，学生在老师的指导下，通过自读自悟、通过讨论交流，能够独立完成课后练习，就完成了教学任务，实现了教学目标。这篇课文老师才算教完了，学生也算学完了。

（4）读单元组"导读"和语文园地的"回顾·拓展"。明确教材的位置、作用、训练点等。

《第一组》（导读），第一自然段，提示本组课文的内容（主题）"感悟人生、获得人生启示"。第二自然段，提示本组课文的训练重点：一是"抓住重点句段，联系生活实际，领悟文章蕴含的道理"；二是"体会表达方法"，尝试运用。《匆匆》课后思考练习2、3就是落实这两个训练点的。

再看《回顾·拓展》，提示了这么两点，一是阅读要有自己的见解；二是获得这种见解的方法——联系上下文和生活实际、独立思考。《匆匆》课后思考练习2就是这一训练点的具体化。

（5）有感情地朗读课文。教师要把课文朗读得正确、流利、有感情。

（二）读《教师教学用书》，"站在编者的肩膀上"看教材，与编者对话。

《教师教学用书》是教学的直接理论依据，是教师备课的最重要的参考资料。《教师教学用书》的《说明》部分对全册教材的基本结构、主要特点、教学目标和需要注意的问题等进行了详细的阐述，这是我们把握该册教材和教学的重要依据，让我们"胸有全册"；《教师教学用书》的每个单元，先是"导读"，提示整组教材的主题、特点、训练点等，让我们"胸有全组"；《教师教学用书》的每篇课文，包括教材解读、教学目标和教学建议等，让我们"胸有全篇"。

在此基础上，我制定了《匆匆》的教学目标：

①掌握本课生字，正确读写"挪移、蒸融、游丝、赤裸裸"等词语。
②有感情地朗读课文，背诵课文，积累语言。
③了解课文的主要内容，感受语言的优美和作者的表达方式，尝试

运用。

④通过搜集资料，抓住重点词、句、段进行揣摩，体会作者表达的思想感情，懂得时间宝贵，学习追问和思考人生意义。

"指导学生正确地理解和运用祖国语文，丰富语言的积累，培养语感，发展思维"是语文教学目标的简约概括，因此，教学目标的②③两项是教学的重点；又由于学生的年龄特征和生活经验，他们对时光易逝、对人生哲理还缺乏实际生活体验和思考，因此"抓住重点词、句、段进行揣摩，体会作者表达的思想感情"，是教学的难点。

**案例2：数学教材要做到"五读俱全"**[①]

（1）读主题图——把握教学主线。

"主题图"是义务教育课程标准数学实验教材编写的一大特色，其意图在于体现数学课程标准中"从学生已有的生活经验出发，让学生亲身经历将实际问题抽象成数学模型，并进行解释与应用的过程"的基本理念。然而，由于"主题图"主要是以"场景"的形式来呈现学习素材的，虽然富有儿童情趣和丰富的现实意义，有利于调动学生已有知识和经验，但教材是静态的，教材中的主题图是"半成品"，多是结论式的呈现而少了过程，静态的主题图受篇幅、教学内容、目标的限制又不可能把多元的生活因素都体现在一幅主题图中，所以如果教师不能深刻地理解和正确把握，"主题图"的应有价值就会大打折扣。

例如：一年级下册"20以内的退位减法"中《十几减几》一课，教材呈现了两只小猫"观金鱼"的场景，一位教师在教学中创设了"小猫钓鱼"的情境，然后出示挂图，直接端出书上的问题，让学生想办法解决。显然这位老师就缺乏对主题图的深入研读，没有领会到主题图中蕴涵的"收集信息、提出问题""从不同角度观察，会得到不同信息"的重要教学资源，教学的主线应该是引导和帮助，而不是代替学生发现和提出问题。

（2）读例题——寻找知识的连接点。例题是教师教学新知的依据，又是学生获取新知的载体。通过对例题的解读，弄清新课的目的，不仅是学生获取新知的需要，更是教师创造性地使用教材和恰当选择教法的需要。有了这样的认识就为我们把握本课的教学重点进行有效教学打下了很好的基础。教材中每个例题的呈现都负载着一定的知识结构，除了认真体会主

---

[①] 陈燕香供稿。

题图的意图外，还需要对本单元中的例题与例题进行比较，辨析每个例题的侧重点，找出知识的连接点，从而正确地领悟和挖掘数学知识中所蕴藏的数学思想和方法，准确地定位课时教学目标。

上例《十几减几》一课中，教材并不是第一次出现"算法多样化"的讨论场景：教材图中左边的两位小朋友用"破十法"分别计算出了13－8和13－5，右边那位小朋友用"想加算减"的方法一次计算出了两题的得数。但回顾前面的教材，我们发现，例1"12－9"中就已经呈现了"破十"（10－9＝1，1＋2＝3）和"想加算减"（9＋?＝12）的思路，也提出了"你还可以怎样算"的问题，这里仅仅是再次感受吗？细心的你还会发现，右边男孩是这样思考的："还是这样快！8＋5＝13，13－5＝8，13－8＝5。"

单单"还是这样快"五个字，就充分体现了教材前后的连接和层次的递进，够我们做一番文章了：学生交流各自的算法、倾听别人的算法，还需作出自己的比较、评价。"哪种方法最快？为什么？"教师要引导学生感受两道算式之间的联系和"想加算减"的优越性。因此本课的教学目标就明显比前一个例题多了一个要求：初步体验"想加算减"的优越性。有了比较、鉴别，教学目标也就更清晰、准确了。

（3）读教学用书、读旁注。教材中的旁注大多旨在明示例题学习中"问题解决的思路，为学生的学习探究与教师的教学作了明确的提示"。而教学用书尤其是新教材中详细的旁注更是进一步揭示了专家的思维过程，阐明了教材编写意图。读这些旁注就抓住了教学的根与本，这是教师用活教材的前提和保证。

（4）读结论。教材中的概念、性质、法则、公式、定律等都是以结论的形式出现在课本中，而这些结论的归纳和概括过程，教材是无法展示的。所以我们教师要通过深入读结论，通过自己的思考为学生提供丰富的材料，引导学生经历观察、比较、分析、推理去发现规律的过程，学会归纳与概括。一般情况下我们至少要通过两个或两个以上的例子来引导学生经历观察分析、比较归纳概括的过程。值得注意的是我们在得出结论后，还要让学生自己举些例子来进一步证明这一结论的真伪，或通过一些练习来进一步加深对结论的认识。

（5）读练习。教材一般是一道例题就是一个知识点，一组例题就形成一条知识链。教材中安排的"做一做"是点对点的练习，是单一的练习，而课后练习的安排既有单一练习又有综合练习。教学中我们必须要弄清我们每一道练习的目的，所要达到的目标，做到有的放矢。读练习往往被我们忽略，我们常把练习当成习题集，从而练习的作用被大打折扣。

总之，教师在备课中有了对教材的研读、教法的感悟，才能准确地制定教学目标。根据教学目标及学生实际情况，不局限于教材内容，积极地开发和利用课程资源，把教师、学生、各种设备、资料、环境等有利于教学目标达成的各种资源都用来服务教学、服务学生，这样才能让我们的课堂"活"起来，让教学"实"起来，让知识"靓"起来！

## 拓展阅读

### 1. 研读教材：教师备课的核心环节[①]

教师备课，首先要认真分析、研读教材，在正确领会教材内容的基础上，根据学生的实际，设计课堂教学。数学特级教师林俊老师从教 20 余年来，充分认识到，研读教材应该是教师备课的核心环节。

教师备课，首先要认真分析、研读教材，在正确领会教材内容的基础上，根据学生的实际，设计课堂教学。因此，钻研教材是备好课、上好课的核心环节。

一、理清脉络，用好教材资源。

整体研读，抓住联系。整体研读，主要是指钻研单元教材。一个单元的内容通常包括许多知识点，这些知识点是依据学生的认知心理，由简单到复杂、由此及彼有层次地安排，以便学生逐步认识、积累和掌握相应的知识内容。如果能了解一个单元的整体结构，把握知识发展的线索，从中理清学生的学习过程，便可以依据单元内容的结构，引导学生以已有知识为基础，探索和认识新内容。

从整体上认真分析一个单元的教材，能使我们理清教材内容的来龙去脉和纵横联系，正确地确定单元教材的重点和难点，有的放矢地进行教学。

---

① 林俊：《研读教材：教师备课的核心环节》，《广西教育》，2006 年 07A 期。

课时分析，突出重点。从数学发展史来看，人类对数学的认识，存在着一个从量变到质变的过程。例如：由数字表示数发展到字母表示数，从研究数的计算发展到研究运算定律，也都是质变。这些质变，在教材中就是重点。所以，数学知识中的飞跃，学生认识上的转折，也就是教材的重点。同时教材的重点，也是"双基"中最基本最重要的部分。在分析教材时，必须明确教材的重点，教学时必须突出重点，以保证学生正确理解。对于教学重点，如何引导学生理解，可设计多种策略，做到重点之处细细描绘，其余部分一笔带过。

二、化静为动，激活教材资源。

教学时，如果照本宣科，不利于引发学生产生问题，不利于促进学生的思考和探究，不利于学生主动建构知识。

要改变这种状况，就要求教师激活教材资源，改变教材的呈现方式，把静止的画面变为动态的情境，把教材"冰冷的美丽"变为学生"火热的思考"，使之有利于激发学生的学习兴趣，有利于引发学生产生数学问题和主动建构知识。

我们采取的方法主要有三种：一是借助媒介，化静为动；二是设置障碍，化静为动；三是延时介入，化静为动。效果非常不错。

三、联系实际，活用教材资源。

教育家叶圣陶说"教材只能作为教课的依据，要教得好，使学生受益，还要靠教师善于运用"。因此，我们在备课时，必须根据学生和学校的实际"活"用教材。

结合学生实际。学生是数学学习的主人，教师是数学学习的组织者、引导者与合作者，因此教师必须了解学生已有知识发展水平和已有知识经验，对数学教材进行加工。选择具有现实意义、富有挑战性的学习内容，向学生提供充分从事数学活动的机会，帮助他们在自主探索和合作交流过程中理解和掌握数学基础知识和技能、数学思想和方法，获得广泛的数学活动经验。

结合本校实际。各个学校教学设施的不同、学生学习条件的不同、学生所处的环境差异，造成了学生认识的差异、接受事物能力的差异，因此我们在使用教材时不能搞"一刀切"，不能不顾实际情况，全部照搬教材。而要根据本地的教学条件及学生情况，充分利用当地的各种教学资源改造现有教材，合理使用教材。

四、合理重组，优化教材资源。

教材虽是最主要最重要的课程资源，但教师在充分使用教材的同时，也可针对教材中的某些局限性灵活地处理，大胆地改造，从而加大探索力度，提高思维难度，增加教学密度，提升教学效率，使教学资源更加优化，更好地为教学服务，为学生服务。

课时内重组。我们在研究过程中发现，教材中有些内容的编排并不符合学生的认知规律和生理发展特点，有时可能是高估了学生的水平。因此我们在教学中经常尝试对教材做"手术"，进行重新"洗牌"，以利于教学。

单元内调整。如教学"小数乘法"，揭示因数和积的变化规律后，直接跳至"小数乘小数"的教学，尔后让学生自己研究"小数乘整数"、"整数乘小数"的算法。这样重组教材，一方面有效防止了原来教材先教学"小数乘整数"、"整数乘小数"时给学生留下的"小数点对齐"的错觉，克服了小数加减法带来的负迁移。

单元间整合。分数乘除法应用题与百分数三种应用题，在意义上及算理上都是一致的，只是形式上不同。我们完全可以将它们合二为一，实现单元之间的内容整合。

五、适度开发，创生教材资源。

由于地域的差别、民族文化的差异、学生背景的不同，教材受篇幅的限制，不可能适合每一个学生。因此，在使用教材上，要求教师不仅要用好、用实，而且要用活、用新。要解放思想、大胆创新，显现思维的层次性、题材内容的时代性、活动过程的探究性、学习方式的多样性、学习空间的开放性。

一位教师在教学百分数的应用时，以敏锐的数学眼光，及时地抓住北京"申奥成功"不久的有利时机，把"申奥成功"这个刚刚发生的学生熟悉的题材作为数学教学的活教材，并且题材的处理也非常得当。这样，将本来很枯燥的百分数应用题的题材生活化，使学习材料具有丰富的现实背景，增加学生的信息量，提高了学生探索的积极性，使学生体会到生活中处处有数学，感受到数学的趣味和作用，体验了数学的魅力。

总之，教学中我们既要基于教材，钻研教材，根据教学实际情况，充分挖掘教材所蕴涵的教育因素，有效、合理地使用教材，又不能拘泥于教材，受教材的过度束缚。要充分发挥自身的主导作用，利用广泛的教学资源，活用教材，创生教材，灵活、创意地使用教材，实现教材的再创造与二次开发。只有认真研读教材，感悟教材，领会教材，才能把握教材，创造性地使用好教材。

## 2. 备课：善于发掘教材的教学价值[①]

备课的时候，老师们往往关注怎么教、怎么学，具有强烈的教学意识，却很少思考教什么、学什么，缺乏鲜明的课程意识。

语文教材中的课文，作为一般性的阅读文章，本身就具有阅读价值——读者可以从中获得信息，接受情感感染和人文熏陶。但这仅仅是文章未成为语文教材的原本价值。而一旦这些文章被选用到语文书里来，就具有了另一种价值——教学价值。语文课文的教学价值就是使学生获得言语的智慧——简单地说就是获得表达的方法与艺术。言语的智慧并不是直露的，而是隐含在语文课文之中的。比如，根据事物内在的发展规律，或事物的内在联系，选择恰当的有联系的词语进行表达等，这些言语的智慧是需要教师在课文中发掘出来并引导学生在语文学习过程中逐步获得的！可以这么说，语文教学的内容首先要发掘，而后是根据学生的学习需要、学习发展的可能性进行选择、整合，并精心设计学习板块，让学生在综合性的语文实践活动中，获得和谐的整体发展！

我们常常惊叹于名师精彩纷呈的课堂，孰不知，课堂教学中的精彩往往来源于课外的功夫，这其中之一就是善于挖掘语文教材中教学价值的功夫。

我以为，用儿童的眼光来解读教材，用教学的眼光来审视教材，用生活的眼光来选择教材，就能找到作为教材的文本中的教学价值所在。

一、用儿童的眼光来解读，就是在解读文本的时候，要将自己当作一个儿童。

用儿童的眼光解读文本，就会在解读的过程中产生许多好奇的问题，沿着这些问题，你往往会有许多独到的发现。有了这样的解读，我们就会发现适合儿童阅读、适合儿童学习的最有趣、最简便、最有效的途径（学

---

[①] 薛法根，《备课，善于发掘教材的教学价值》，《小学语文教师》2007年第3期。

习顺序）。比如《雪儿》，用我们成人的眼光来解读，会将一篇清新优美的文章解读得非常深刻、非常复杂。曾经请一位中学老师来读，他说这篇文章主题深刻，有一条明线，有一条副线……这样一读，你自己首先就会陷入文学的泥潭而难以自拔，看到的是深刻的东西，但却是远离学生的东西。用这样的东西来进行教学，学生势必如入云中雾中。而从儿童的眼光来看，是否需要关注这样几个问题：雪儿究竟是怎样一只鸟？它是在什么情况下来到了我的身边、进入了我的生活中的？在与我朝夕相处的日子里，我是怎样对待它的？雪儿又给我原本寂寞、忧伤的生活带来了怎样的变化？是否每个人的生活中来了这样一只雪儿，都会有这样一段美好的生活？这样一读、一问，课文就显得清楚明白了。你再引导学生读课文，必然是亮堂堂的。只有你自己心里清楚了，学生才可能学得明明白白。语文教学需要教师具有一颗永远年轻的童心，只要童心不老，他就能成为一个学生喜欢的好老师，而要成为一位优秀的语文老师，还需要具有童眼看世界的本领、看课文的能力。这样的眼力是需要磨砺出来的。

二、用教学的眼光来审视，就是我们要对课文的语言作深入的剖析。

文本的语言有三个层次：一是适合儿童现时交流的伙伴式语言，学生能听懂，也能自由运用表达；二是适合儿童发展的目标语言，学生经过学习、模仿就能学会；三是适合文学作品的精粹语言，这样的语言典范、优美，蕴含丰富的思想和语言的表达艺术，具有言语智慧，但需要学生具备足够的生活积累、知识积累和情感积累，才能逐渐体悟到。富有言语智慧天赋的学生可能会对这样的语言产生敏感，学习起来也会更容易一些。用这样的语文教学的眼光来审视我们的语文课文，就会发现有些课文的语言是伙伴式语言，学生对课文内容一读就懂，无需我们过多地讲解，教学的价值就在于通过诵读课文语言，逐渐规范学生的语言。对于适合学生学习的目标语言，教师应该设计综合的语文实践活动，引导学生学习、模仿、运用，将课文语言逐渐转化为学生自己的语言。而对于精粹语言（文学语言），就需要教师进行必要的点拨、引导，甚至更多的是讲解赏析。我以为，这样的语言适合于学生整体的朗读、积累，存留在学生的记忆里，留待今后在成长的岁月中慢慢融化。在解读教材的过程中，我们还要特别关注那些对学生来说有"陌生感"的语言，也就是学生尚未熟知的语言，包括词汇、句子的表达方式等。这些有"陌生感"的语言就是值得学生学习的语言，需要教师精心地设计学习的过程。

三、用生活的眼光来选择，就是从学生的生活需要出发，设计生活问题情境，引领学生运用语言进行语文实践。

一篇课文，真正需要学生理解、需要教师讲解的内容并不多，教师的教学要建立在学生已知的基础上。我赞成三个"不讲"：学生已经懂了的，不讲；学生自己能读懂的，不讲；老师讲了，学生还是不懂的，不讲，留到以后再讲。如此，就能筛选出真正需要教师精心教学的重要内容。善于取舍，是教学智慧的体现。确定了有价值的教学内容，教师就要联系学生的生活实际与学习需要，设计适合学生的语文学习活动，特别是融合听说读写、有思维容量与思维深度的综合性语文实践活动，实现一项语文实践活动达成多项语文教学目标，促进学生多方面的发展。比如，《我应该感到自豪才对》一课，我在学生学完课文后设计了一项综合活动：有一天，小骆驼在小溪边又遇到了小红马，小红马又说它长得很难看。这时的小骆驼会怎么说？怎么做呢？请你续编一个故事，或者两个同学合作演一演。这个活动富有儿童情趣，给学生一个想象的空间，促进学生在交际活动中自觉地运用课文的语言和内容，实现语文表达能力的发展，可谓一举多得。

# 主题三  了解学生

## 一  引语

"对牛弹琴"这个成语故事大家都很熟悉了。它说的是古时候有个叫公明仪的音乐家，琴弹得非常出色。一天，他带着琴出外游玩，看见一头牛正在河边吃草。河边的景色很美，还不时传来牧童的笛声，他非常兴奋，就对着这头牛弹起琴来。琴声非常动听，可那头牛依旧埋头吃草，根本不理，就像没听见一样。公明仪看到这种情景非常生气，怪牛愚顽笨拙。

其实不是牛"愚顽笨拙"，而是琴师不了解牛，牛需要的是嫩嫩的青草和拴在鼻子上粗粗的绳子，你弹什么琴呢？说话做事不看对象，不了解对象还自以为是，当然没有效益了。

教学也是如此。著名的教育心理学家奥苏泊尔说："如果我不得不把全部教育心理学还原为一句原理的话，我将会说，影响学习的最重要因素是了解学生已经知道了什么，根据学生原有的知识状况进行教学。"

备课时要备学生，了解学生原有的知识状况和学习能力，了解学生的兴趣和愿望，把教学定位在"最近发展区"，同时要把教材与学生的生活经验和情感体验结合起来，使教学充满生活气息和生命活力。

## 二  案例

老师不了解学生，自以为是地、一厢情愿地、按部就班地实施教案，不仅会导致教学效益低下，还会出现令人尴尬的局面。

## 1. "我们一点儿也不饿"[①]

我在福建师大附属小学四年级听实习老师上《尊严》(义务教育课程标准实验教科书人教社版四年级下册)一课,课前老师想创设一个"忍饥挨饿"的情境,可是省城的学生从来没有过"忍饥挨饿"经历,根本不"买"实习老师的账。

师:请同学们闭上眼睛,边听边想象。假如我们现在就是一群逃难人……
生(打断):哇,我们怎么是逃难人呢?
师:假想嘛。大家衣着破烂……
生(打断):我们的衣服好好的!(有的学生扯起衣服,有的学生抬起手臂……)
师:几天都没有吃东西,(有的学生拍肚子,有的学生伸舌头……)大家饿不饿?
生:不饿!
生:很舒服!
生:一点儿也不饿!
师:现在大家面前摆着一堆"麦当劳",(学生"哇!"地喊起来,兴奋地敲桌子,继而又叫起来:"没有啊!""骗人!")大家狼吞虎咽地吃起来,只有一个人例外。这个人怎么样?
生:没什么。

老师本想让孩子们带着疑问、带着佩服之情进入文本。没想到这帮从来不知"饥饿"滋味的孩子,有意无意地与老师作对,使老师创设的情境,无"情"亦无"境",还多次僵在那,好不尴尬。我想,这个情境如果放在农村小学"创设",效果可能就比较好。记得在网上看到一则"教学幽默",说是外国某教授要学生讨论"世界粮食短缺问题"。美国学生问:"老师,'世界'在哪里?"欧洲学生问:"老师,什么是'短缺'?"非

---

[①] 摘自"成长博客·童年的心灵护士"(http://huangguocai.cersp.net)。

洲学生问："老师，什么是'粮食'？"中国学生问："老师，什么是'问题'？"美国学生以"我"为中心，哪里知道"世界"，欧洲学生那个富裕的，怎么知道"短缺"，非洲学生饥寒交迫，连"粮食"都没见过，中国学生忙着"装"知识，哪还有什么"问题"？

## 2. 有效的观察活动从了解学生开始[①]

《观察物体》一课经过前后三次试讲，最终定稿。第一次在没有进行任何课前调查的情况下开展教学，结果做了很多徒劳无功的工作，整节课学生都在忙忙碌碌地观察着，活动着，每走一步，我都小心翼翼地引着、领着，生怕学生走弯路，耽误时间。结果，一节课上了 50 分钟不说，每个活动似乎都没有很彻底地完成，所有人都在赶时间，感觉就是一个字——"累"。为什么？我问自己，是自己教学设计得不完美吗？每一步不都是带着学生扎扎实实地走过来的吗？我又问学生，学生的话使我茅塞顿开："老师，其实有时候我们不用看都知道水杯是什么样子的，您还让我们看了说，说了看，我都觉得没意思了。""有时候我都不知道您在让我们看什么？"对呀，学生的观察水平到底多高？老师连这个都不知道，怎么能够设计出科学合理的教学方案呢？于是，我进行了细致的课前调查，调查采用活动调研的方式进行。

活动（1）：将学生分为 8 组，一组 4 人，分别站在桌子的 4 个方向，说说你的左边是谁？右边是谁？顺时针依次调换座位，再说一说你的左边是谁？你的右边是谁？（依次调换 4 次座位，重复刚才的问题）

调查结果：判断正确的有 30 人，占 93.8%；2 人左右区分不清，判断出现错误的，占 6.2%。

活动（2）：观察水杯，然后给出从不同的方向拍摄的图片。

调查人数：8 人

1. （学生从正面观察水杯）你看到的水杯是什么样子的？选出正确的图片。

2. （老师从侧面观察水杯）猜一猜，老师看到的水杯是什么样子的？

---

[①] 马艳芬 http://math.cersp.com/Hotspot/online/200708/5177.html.

请帮老师选出正确的图片。

图片如下：

　　　　　1　　　2　　　3　　　4　　　5

调查结果：

第1题完成较好，有7人能一次选出正确图片，占总人数的87.5%。1人经教师引导，可以选出正确图片。

第2题完成质量不高，6人选择错误，占总人数的75%；2人选择正确，仅占25%。

调查过后，结合调查结果我对学生的认识水平进行了细致的分析。通过分析我发现，学生虽然在以前的课堂中，从没有系统地学习过观察物体的方法，但具体生动的生活阅历使他们已具有了初步的观察能力，这种能力尽管不高，却可以帮助他们很好地完成一些简单的观察要求，其具体表现是：

1. 学生能够准确地判断两个人之间的位置关系。如：谁在谁的左边？谁在谁的右边？

2. 正面观察，能够抓住物体本质特点，将图片与实物正确地对应起来，这可能与学生生活中观察物体多是从正面观察较多有关。

尽管如此，调查结果仍然显露出学生在学习时可能会出现的问题，这些问题主要表现在以下几个方面：

1. 语言表述有困难。在描述物体各部分之间关系时，特别是杯把在正前方时，如图示3，学生就表述不清了。

2. 学生从侧面观察能力较低，选择从侧面观察到的水杯图时，会有很大的困难。

3. 由于一组4名同学分别从4个方向所看到的水杯各不相同，判断某一学生在其位置看到的图片存在一定困难。

为了利用学生已有的观察经验，我及时调整了原有的教学设计，学生有能力完成的坚决放手让学生独立观察，学生能力达不到的教师再相机指导，将机械的观察交流改为观察、交流、评价的有机结合。

### 3. "老师，我已经会了"[①]

教学"6的乘法口诀"时，我信心十足地走上讲台："同学们，今天我们继续来学习6的乘法口诀……"不料，我自信的话语还未落地，学生中出现了一个声音："我会！一六得六、二六十二、三六十八……""嘘！老师看你呢！"同桌捅了下这位同学制止他往下背。随后，又有七八个同样的声音："我也已经会了！"并摇头晃脑地背起来。我一时不知所措，愣住了。几秒钟后，我稍稍定神，说道，"既然会了，我就请一位同学来背背。"孩子们跃跃欲试，被叫起来的学生非常熟练地背诵。"那你们都知道每一句口诀的意思吗？"我柔声问道。一位被叫起的同学不很流畅地说出了意思，看来不少学生还是似懂非懂。我以此为切入点，组织学生动手操作：每人数出喜欢的6个学具，通过摆图形来交流验证口诀。学生兴致勃勃地投入到学习中，最后学生不仅编出了6的口诀，还尝试运用发现的规律编7、8、9的乘法口诀。学生的童言无忌乱了我原先建立在学生"零认知"基础上的设计阵脚。之后，我不是喝止学生的"叽叽喳喳"，让学生"懂装不懂"，而是重审自己的设计，由"理解口诀由来——熟记——运用"调整为"大胆猜测口诀含义——组织学生操作、交流、验证——寻找1~6口诀编写规律——尝试编7、8、9的乘法口诀"。

面对学生"我已经会了"的声音，教师应及时对自己的预设方案作出相应的调整和变化，恰当地选取教学环节，顺学而导，把学生现场生成的学习资源转化为掌握新知的背景，从学生的实际出发而不是一厢情愿设计教学过程，让学生在观察、思考、分析、讨论中，最终获取新知。

## 三 要点

怎样了解、分析学生呢？

（一）深入了解学生实际，为学生找准真实的学习起点。

从实际的教学过程看，学生在进行学习时，由于每个人的知识背景不同、学习原始状况不同等方面的原因，他们在学习新课文之前，已经有了不同程度的生活经验和知识积累。所以，我们必须重新认识我们的学生，

---

[①] 陈燕香供稿。

从学生的实际出发进行备课。在备课时不妨认真思考以下一些问题：

1. 学生是否已经具备了学习新知识所必需的知识和技能？
2. 通过预习，学生是否已经了解了有关内容，有多少人了解？了解了多少？达到什么程度？
3. 哪些知识是重点、难点，需要教师在课堂上点拨和引导？
4. 哪些内容会引发学生的兴趣和思维，成为课堂的兴奋点？

上述问题可在教学前或开始时进行了解，教师根据了解的实际情况再组织进行教学活动。这样的备课和上课才能想学生所想，急学生所急，使学生在一堂课中不断地发现问题、解决问题，始终处于主体的地位。

**案例1：我上《去年的树》**（人教社版实验教材四年级上册）

学生预习了课文，读准了生字，还给生字组了词。生字教学就一笔带过了，但是这"一笔"放在哪里呢？根据自己的学习和教学经验，确定生字"融"是一个难写易错的字，我就把指导记忆"融"作为重要的"一笔"。

师："融"字，哪一部分最容易写错？
生：左边"鬲（[gé]）"底下的"丷一丨"容易写错。
师：这个部件与什么字容易混淆？
生：与"南"字底下的"丷二丨"和"羊"最容易混淆。
师：如何克服呢？"丷一丨"在小学阶段常用的就两个字："融"和"隔"；而带"丷二丨"部件的字比较多，如"辛""幸""南""献""凿"等；带"羊"（"𦍌"）部件的字也比较多，并且字音与"羊"相近，如"样""详""祥""洋""翔""着"（字音例外）等。我们记忆的时候，以少记多、掌握规律就方便了、牢固了。

——我这样讲解。其他几个生字我不说，这样既节省时间，又提高效益。

在这篇课文中，"融化"的词意——"森林里、原野上的雪都融化了"不难。但是我在备《那片绿绿的爬山虎》（同一册，第26课）一文，也出现"融化"词，其意思就难理解了——"他（叶圣陶先生）亲切之中蕴含的认真，质朴之中包含的期待，把我小小的心融化了。"这个"融化"如何理解？对四年级的小朋友来说的确是难。我在备课时，就准备了"我的

理解",必要时与学生分享,即:

"融化",指"冰、雪等变成水"。这在前面《去年的树》中学过了。在这里,作者说"把我小小的心融化了","小小的心"怎么会"变成水"呢?显然不能这样理解。老师觉得,也许在这之前,"我"感到当作家非常难,高不可攀;也许在去叶老先生家之前,非常紧张和不安。这些,就像一层厚厚的冰雪包裹着"我"的心。叶老先生的话、叶老先生的期待就像温暖的阳光,将"我"心上的"冰雪"融化成春水,荡漾开来。这是希望、这是梦想!所以,"我"说:"他……"

学生接着朗读:"他亲切之中蕴含的认真,质朴之中包含的期待,把我小小的心融化了。"

**案例2:追寻起点 一波三折**[①]

"数学学习必须建立在学生的认知发展水平和已有知识经验的基础之上。"本着这一原则,在设计"小数与整数相乘"一课时,我便开始了对学生已有认知储备的探索。殊不知,这探索却也一波三折。

初探:学生已经知道了什么?

"小数与整数相乘"与"整数乘法"相比,只是多了"积中小数点位置的确定",那么,之前学生已经积累了一定的整数乘法计算经验,显然就成为了本课新知的生长点。探明了学生的已有知识,我就以此为起点,抓住不同,在"小数与整数相乘时,怎样确定积中小数点的位置"上大做文章。

首先,通过解决生活事例,让学生探索出 $0.8 \times 3 = 2.4$,$0.25 \times 3 = 0.75$,从而积累感性经验:一位小数乘3,积是一位小数;两位小数乘3,积就是两位小数。进而引发猜想:如果是一个三位小数乘3,积会是几位小数?一个四位小数乘3呢?其次,引入学具计算器,验证猜想,获得对"因数小数位数与积的小数位数"关系的发现。最后,概括提升,总结方法。引导学生把前两次的感知和收获结合起来,在小组内交流,整理计算思路,建构计算法则。同时,又以一个有针对性的专门练习突破难点。

理清这一思路,我很有把握地走进了教室。可教学时的感觉截然相

---

① 丁君华:《追寻起点 一波三折》,《小学数学教师》2007年第5期。

反。学生在探索出积里小数点的位置，也能熟练应用。可在进行小数与两位整数相乘时却卡了壳，出现了诸多问题：竖式中小数与整数如何对位，学生不明就里，总把小数点对齐；每算出一个部分积，学生往往就会毫不犹豫地点上了小数点，而且小数点的点法也是五花八门，甚至于算出的两个部分的积也来了个末尾对齐……出现这一系列的问题之后，我及时调整，一再强调一定要"先按整数乘法来计算"，可学生依然我行我素。我有些束手无策了。

再探：学生的思维障碍在哪儿？

想来不成问题的"按整数乘法算"却成了很大的问题，这可是我始料未及的。学生怎么就不明白、不会"先按整数乘法来算"呢？我开始重新审视教学，重新审视学生的已有经验，探索学生思路受阻的节点。

已有经验，淡忘了。整数乘法是学生在三年级学的内容，时隔一年半，学生对于两个部分积如何对位等书写格式上的规定已淡忘，再加上许久不接触乘法计算，整数乘法计算的错误连连也在情理之中。

刚学经验，干扰了。学生刚学了小数加减法，从心理上的前摄抑制理论来看（前行学习材料对后继学习的干扰），之前刚学习过的"小数点对齐"对课本新学的内容在一定程度上产生了干扰，学生每写一步就会不自觉地把小数点对齐了。

沉睡的经验，并未唤醒。这是最主要的原因，教学时只是出现了小数与一位整数相乘的例子，学生并未完整感知小数与整数（两位）相乘的竖式实例，对于"先按整数乘法计算"并不理解。那么，他们不明就里，自创书写格式也就不足为怪了。

三探：如何顺应学生的思维脉络，组织教学？

如何让学生建立起"先按整数乘法来计算"的心理需要，顺利沟通小数与整数相乘、整数乘法的联系，把新知识纳入已有知识结构之中，形成一个新的认知结构？我顺着学生的思维障碍，寻找引导的切入点。

1. 需局部突破，也要整体感知。

"教育是既见树木又见森林的过程"，如果只是着眼于局部重难点的突破，而忽视了学生对所学内容的全面把握，那么学生的学习就可能是支离破碎的、片面的。于是，我改进了设计，在探索出"积的小数位数与因数中的小数位数相同"这一规律之后，又抛出一问："如果要买 16 千克西瓜，要付多少钱？"让学生对"2.35×16"进行尝试计算，交流纠正，达成共识。这样学生完整地感知了小数与两位整数相乘的竖式书写格式，同时又感受到小数与整数相乘确实是按整数乘法那么算的，它同整数乘法的计算是紧密联系的。

2. 需探究算理，也要告诉格式。

虽然我在课上结合 $0.8×3$、$2.35×3$ 不断追问整数乘积"24、705"的来历，同时在动笔进行竖式计算之前对 $2.35×16$ 有了一番研究——可以先算 $235×16$，然而由于这是第一次对小数乘两位整数的独立探索，学生依然五花八门，格式不规范地写也在情理之中。我还要思考的是：因为这里的书写格式只是一种人为的规定，那么花费一些时间做这样的尝试，值不值？这里与其花时间让学生出错了再一一纠正，倒不如学生明了算理之后直接给他们正确的第一印象。权衡之后，三入课堂，我选择了较为传统的教学方式——学生叙说，教师板演。因为板演时方方面面的注意点都考虑到了，学生掌握起来就非常顺利。

我们在组织教学时，更习惯于从学生学习的逻辑起点出发，按教材的编排意图有条理地进行教学，却常常忽视了学生的现实起点。探明学生学习的现实起点，就需要以整体思维通览教学，关注相关内容的彼此关联和前引后渗。落实在备课中，就需要不断追问：一问学生学习作螺旋式上升的根基是什么？在哪儿实现迁移、促进生长？学生是否已经遗忘？如果遗忘，又该如何唤醒它？课前的复习是一法，课中的引导更为重要，使得学生在新知识与已有经验间主动架设起跨越的桥梁，顺利地建构起新的认知。二问学生刚学的知识经验有哪些？在这些刚学的经验中，哪些是为本课的学习服务的，哪些又对新知的学习产生干扰？这些干扰在教学时又如何通过巧妙引导予以回避，或辨析、或顺应、或同化的？学生的现实起点，恰恰是新知着陆的根。

（二）通过多种途径了解学生。

1. 从心理中了解。相同年龄的孩子，具有相似的年龄特征、心理特征、思维特征，即"大同小异"。

2. 从学生的生活环境了解。比如语文，描写农村题材的课文对城市孩子来说就比较陌生，反之亦然；描写古代的、外国的课文，对现代的、中国的孩子来说就比较陌生。我们应根据各种情况来确定孩子的学习困难，并采取相应措施。

3. 从预习反馈中了解。课堂教学开始，一般都要检查一下预习情况，让学生提出问题，以了解学生的兴趣点、兴奋点，并把学生的"兴趣点""兴奋点"转化为教学的重点或生长点；同时又把教学的重点、难点，转化为学生的兴趣点、兴奋点。

一位学生在预习"质数和合数"后，在自己的预习笔记中写道："我明白了质数和合数是按照约数的个数来分的。质数除了1和它本身没有别的约数，也就是说只有2个约数；而合数是除了1和它本身外还有别的约数，也就是说最少应该有3个约数。可是判断一个数是质数还是合数好像比较麻烦，有没有比较简单的方法呢？明天我们小组讨论讨论再说。"学生预习后对什么是质数、什么是合数已经有了感性的认识，但是对如何很快地判断一个数是合数还是质数是有比较大的困难的。因此，教学的起点不在于研究什么是质数、合数，而在于探索如何制作质数表上，把教学的重点放在概念的拓展应用上。

让学生开展课前的自主预习，学生丰富多彩、各具特色的预习笔记，成了教师组织下一步学习活动的"教参"和最有活力的课程资源。教师备课方式也就由主要依据教学参考书、备课用书转变为主要依据来自学生的学习信息，找准了学生的学习起点，自然而然实现了从"学"服从于"教"到"以学定教"的转变。

4. 就课题（或在预习时提出自己不懂得的问题）提出问题。如我在县西片区教研活动中，听严老师上《掌声》（人教社版实验教材三年级上册），板书课题，学生朗读后：

师：同学们看了这个课题，有什么问题想提出来？
生1：掌声是送给谁的？
生2：为什么鼓掌？
生3：掌声表达什么意思？
生4：掌声带来什么影响？
师：同学真会提问题，这些也是老师想知道的。同学们赶快读书吧。

或者在出示课题后，指导读题，询问学生，如当你第一次看到这个题目的时候，想到了哪些问题？通过自己阅读，哪些问题已经解决了？还有哪些问题需要在课堂上和老师、同学们一起解决的？

通过交流，了解学情，相机肯定学生的预习成果，提炼出关键性的问题，形成"阅读期待"，同时培养学生的探究意识。

5. 从学生学习过的相似课文（内容）了解。即从旧知识、原有经验来判断学生对新知识、新经验的熟悉程度，比如，我上《那片绿绿的爬山虎》这篇课文，知道学生已经学习过叶圣陶先生写的《爬山虎的脚》（同一册）。课前，我展开谈话——

师：同学们学习过叶圣陶先生的什么课文？
生：学习过《爬山虎的脚》。
师：还学习过叶老先生的哪些文章？
生：《稻草人》。
师：真了不起，你还读过《稻草人》！
生：我没读过，我是从网上搜索到的。
师：哦，上网，是非常好的学习方法。《稻草人》是叶圣陶先生的一篇著名童话。后来，编辑叔叔把叶圣陶先生写的几十篇童话归结为一个集子，题目就叫《稻草人》，可与安徒生童话媲美呢。
生：我还读过《古代英雄石像》。
师：同学们真了不起，老师在你们这么小的时候，"叶圣陶"这个名字都不知道呢。我这里还带来几本书，《叶圣陶读本》（上海教育出版社1987年11月版，叶至善编）和《叶圣陶作品选》（四川少年儿童出版社1987年版，韦商选编），有机会你们也可以到县图书馆借阅。（在备课中，我估计现在的小学四年级学生，没有读过多少叶圣陶先生的作品，就特意到县图书馆借来《叶圣陶读本》和《叶圣陶作品选》，推荐给学生）

（三）为"学困生"提供特殊服务。

备课时要考虑大部分学生的学习状况，也要考虑少部分学生的学习困难，切实为学习困难的学生提供实实在在的服务。同样一篇课文，学困生应该掌握哪些最基本的内容、掌握到什么程度、老师要提供什么帮助；同样一篇作文，学困生应该写些什么内容、写到什么程度、老师要提供什么帮助；同样一个练习，学困生要分几个步骤（分成几个小题进行铺垫）、要给予怎样的辅导；课堂提问，哪些问题是针对学困生而提的；课堂教学，哪些时间为学困生安排的，等等，备课时都要思考、设计。学困生不断地得到个性化辅导，不断进步，不断增强信心，久而久之，就迈进了优秀行列。

2005年6月3日，我在福建省中小学中青年学科带头人教学观摩活动上借班上《有的人——纪念鲁迅有感》（人教社版第十二册），学生没有预习。

我的设计是这样的：先引发学生对"生"和"死"进行思考，并写下来，目的是了解学生的现有水平。然后引导学生读课文，一是了解诗歌作者臧克家在诗歌中表达的生死观，二是领悟诗歌的表达方法。最后要求学生对"生"和"死"进行再思考，并写下来，目的是检验学习的效果，看看通过学习，学生的认识水平提高了没有，学生表达能力提高了没有，即"知识增值""智慧增量"了没有。

一上课，我就在黑板上书写"生""死"两个大字，说道："同学们，自有人类文明以来，人们从来没有停止过对'生'和'死'这个问题的思考。人，为何而生？为何而死？你是怎样思考的？你有什么看法？请把你的思考写在纸上。"写好后，同桌交换，再请几位同学朗读，第一位同学读：

"人的生是为了人民，在生的时间里造福人类，这是我的思考；人总是要死的，但死的意义有不同，这是《为人民服务》一课中学到的；人固有一死，或重于泰山，或轻于鸿毛，这是司马迁告诉我们的。"

第二位同学读：

"我记起一些名句：生当做人杰，死亦为鬼雄。人生自古谁无死，留取丹心照汗青。人固有一死，或重于泰山，或轻于鸿毛。"

应该承认，孩子不是"一张白纸"，我们不能从"零起点"来实施教学。美国教育心理学家奥苏泊尔说："如果我不得不把全部教育心理学还原为一句原理的话，我将会说，影响学习的最重要因素是了解学生已经知道了什么，根据学生原有的知识状况进行教学。"你看这些孩子对生与死的思考多么不简单！学生一读，我心里有底了，立即抛出问题：我们来学习一篇新的课文《有的人——纪念鲁迅有感》，看看作者臧克家表达了什么样的生死观，他是怎样表达的。

学完课文后，我说："同学们，现在你们对生与死有什么新的思考吗？

如果有，请你写下来。如果没有，请你把感受特别深的诗句抄下来。"

提这样的要求，有两个方面的考虑：一是了解通过学习课文，学生对"生"和"死"有没有新的思考，即知识增量了没有、智慧增值了没有；二是让"没有新的思考"的学生也有事做——摘抄"感受特别深的诗句"。当所有的学生都有事做、都能做事、都能做成事，课堂上就没有人做"小动作"了。

我又请了几位同学朗读，一位同学读道（一首现代诗）：

有的人，
为了利益爆发战争。
有的人，
为了人民献出了青春。

爆发战争的，
人民咒骂他，
充满怨与恨。
献出青春的，
人民爱戴他，
充满恩与爱。

另一位同学朗读道：

我认为一个人活着，做任何事都要问心无愧，要真正把人活着的概念牢记于心，真正做到，活着为了多数人更好地活！

很难说这两位同学的思考比前两位同学进步多少、高明多少、深刻多少，但是，有一点毋庸置疑，那就是这两位同学的思考和表达都带有诗人臧克家的"影子"。我认为，这就是学习。

总之，学生是发展的主体、学习的主人。分析、"吃透"学生情况是备课的一项重要内容。不了解学生，就难以因材施教、顺学而导，就容易陷入"对牛弹琴"的尴尬境地，导致教学效益低下，"知己知彼"方能"对症下药"，以至"药到病除"。分析、"吃透"学生情况又是备课的难点，我们要知难而进、知难而上、知人善教。所以我们说，学生是一本书，一本无限丰富、无限精彩、拥有无限可能的、活的无字书。学生这本书，老师要用脑、用心、用时间读，用毕生的精力读。

## 拓展阅读

### 1. 备课还要备学生[①]

常听到有些老师说："某位教师，为了一堂公开课，已经试教了七八次了。"也常常看到一些优秀教师为了一堂公开课煞费苦心，教案改了一遍又一遍。说实在的，我很佩服这些教师，能为一堂课鞠躬尽瘁。

虽然说，自己在教学方面没有特殊的才能，但在这里我还是想谈谈自己对备课的几点看法，与同行一起探讨探讨。

首先，备课应心中有学生。

俗话说："备课备课，还要备学生。"新课标也强调：教学应以人为本，让不同的人在英语课上得到不同的发展。这点我深有体会。我教大柘小学六年级四个班的英语，可以这么说只要备三节课，一个星期就可以轮流上完四个班了。这样说来，其他老师肯定认为我太幸福了。其实不然！我渐渐地发现四个班的学生有差异，有的班级对游戏感兴趣，有的班级对竞赛类感兴趣；有的班级英语底子好，有的班级英语底子差；有的班级学习英语的习惯好，有的班级习惯较差。如果都用一个水平去衡量，用同样的教案去教，那么就会出现差的班级跟不上教师的思路，好的班级得不到提升。那么，这样的教学效果是令人不满意的。

其次，备课还要注重细节。

一堂好的课，应该要上课思路清晰，环节紧扣目标，课堂用语准确，活动设计新颖。记得在去年省里的小学英语课堂教学评比活动中，我聆听了永嘉外国语实验小学李浩老师的一堂语音课。他的语音语调以及整个课堂设计，都让人佩服得五体投地。他非常注重细节的处理，单词在情境中出现，每出现一个词，应该怎么去组织与学生交流，都做到恰到好处。从词到句，从句到篇，整个语音教学就在一个小故事里面进行。学生自然是

---

① 周来燕：《遂昌教育网》http://www.zjscedu.org/index.html.

乐在其中。

总之，教师应在上课之前做足功夫，在环节设计上，多为学生考虑，设计出学生真正喜欢的课堂教学，让学生在课堂上成为学习的主人。

## 2. "误入"了"算盘"的"歧途"[①]

**案例描述**

前几天，刚刚学用计算器计算，之前布置了学生带计算器，那兴奋的劲就不用说了。刚好我们在南京学习时有一个不错的《用计算器计算》的课件。一开始，创设了猜谜语的情境，猜一猜："许多根，一样长，可木头、竹子制成，也可塑料制成，是小朋友们学习的好帮手。"（打一学习物品）学生学习激情被触发，纷纷举手，我暗自高兴，一个学生回答："算盘。"又一个学生说："算盘。"我有点傻了，再请一个学生说，还是"算盘"。我又请两个同学解释了一下，说算盘，一根一根的，既可用木头，也可用塑料。我问同意的举手，小手都高高地举起来了，我面带难色，苦苦地寻找着不一样的声音，终于我发现一个小女孩手举得不怎么坚决，就请她说说想法，她胆怯地小声说："好像是我们数的小棒。"我心中的一块石头终于落下来了，给了一个肯定的回应"正确"。我及时追问，你是怎样猜到的？小女孩这时稍稍提高了声音："我是这样想的：从'许多根，一样长'，我想这是同样长的、有很多根的东西，我又从'可木头、竹子制成，也可塑料制成'，我猜可能是'算盘'，但是，我想不对，因为，算盘上有许多珠子，我想如果去掉珠子，就是一根根小棒，我又想它是小朋友们学习的好帮手，我们上数学课时，经常数小棒，所以，我猜'好像是我们数的小棒'。"我说："大家怎么都没想到的呢，就是我们在一、二年级学习数学时，用的小棒啊。"这时同学们才回过神来，算是默许了，但并没有给以热烈的响应。这个情境的创设，花了我不少的时间。但我还是弄不明白，很简单的一个小谜语，学生怎么不会呢？

**我的思考**

下课后，我把我的困惑说给同教研组的老师们听，大家不约而同地说，她们也曾经遇到过同样的问题。为什么我们模仿特级教师的教案，但

---

[①] 黄占松：《"误入"了"算盘"的"歧途"》http://math.cersp.com/.

实际效果却相差甚远？这个话题引起了我们深深地思考，通过大家的讨论，我们认为模仿失败的原因有以下两个方面：

一方面，教师没有充分考虑不同班级、不同学生的生活经验和认知水平，实际实施过程中教师引导、调控、评价又不及时、不到位，所以导致后面的两位同学的思维顺着第一位同学的回答，"误入"了"算盘"的"歧途"。

另一方面，由于学生刚刚学用计算器计算，教师又布置了学生带计算器，这就给学生一种暗示，这个谜语的谜底可能是一种计算工具，所以大多数学生自然地猜是"算盘"。学生正是在教师创设的情境中不知不觉地被暗示诱导，而不切实际的、脱离教学内容和教学目标的情境只会使学生产生高深莫测的心理困惑。

### 案例评析

本案例非常具有代表性。备课时，我们老师总喜欢仿用名师们的一些出彩案例，可实际并没有达到预期的效果，其根本原因就是没有考虑到所教班级的学生实际。正如美国教育心理学家奥苏泊尔所说："如果我不得不把教育心理学还原为一条原理的话，我将会说，影响学习的最重要的原因是学生已经知道了什么，我们应当根据学生原有的知识状况去进行教学。"这就是所谓的"备学生"是上好课的关键之所在。教师通过备学生，可以加强备课的目的性、针对性和实效性，从而优化教学过程，发展学生潜能。现在学生的学习渠道拓宽了，他们的学习准备状态有时远远超出教师的想象，许多课本上尚未涉及的知识，学生已经知道得清清楚楚了。如果教师按事先所设定的起点，就不一定是真实起点。

对于一节具体的课来说，老师要了解学生是否已经掌握或部分掌握了教学目标中要求掌握的知识和技能，掌握的程度如何，还有哪些知识和技能没有掌握，所教授的新知识哪些学生可以自主学习，哪些还需要教师的引导和点拨。了解了这些"学情"，教师就可以确定哪些知识可以略讲甚至不讲，哪些知识应重点进行辅导，从哪个地方入手比较好，有针对性地设计教学的过程。

在本案例中，这节课是学习计算器的操作的，教师用猜谜语来创设学习情境，但是由于小棒与学生的学习生活距离太远，因为它毕竟只是学生刚刚学习10以内数的加减法时的一种辅助工具，用小棒帮助计算的记忆已经淡忘，所以学生猜不出来也属于正常情况。这节课教师应该重点了解学生对计算器掌握了哪些，比如他们能够按哪些键，会进行哪些计算，他们还有哪些键的功能没有掌握，怎样按键不容易错，计算速度如何能更快一点等。这样入手，既可以避免上述的教学尴尬，又可以提高课堂的教学效率。

# 主题四　设计练习

## 一　引语

练习，是教师根据教材特点、教学需要、学生实际而精心设计的口头练习、书面练习或者综合练习，对知识的掌握、能力的发展、人文的涵养、成绩的提高都十分有益，并且"重要的练习、核心的内容，一定要在老师的眼皮底下过"。

就语文而言，广义的练习是"语言文字实践活动"。"语文教学，就是要瞄准'语言文字'这个'工具'（目标明确），充分利用丰富的人文资源（人文渗透），展开生动有趣的语言文字实践活动。"[①] 狭义的练习是动笔练习（包括广泛阅读、搜集资料和综合性学习活动等），分为课内练习和课外练习。

著名特级教师沈大安先生在"南平市 2007 年课程改革骨干教师培训"会上做《让语文课堂教学更有效》的学术讲座。休息期间，我们采访了沈老师。

问：您认为我们语文课堂教学的核心是什么？

答：语文课堂教学应该以提高"语文能力"为核心，以语文能力带动语文知识，知识是学不完的；以语文能力蕴含人文精神，人文精神是"润物无声"的，以此促进"语文素养"的整体推进和协调发展。

问：您认为语文课堂教学的方向在哪里？

答：从宏观上说，语文教学的方向在课程标准中。从微观上说，语文课堂教学，今后可能要做一个大的策略调整，即从一味的"感悟""讨论"中跳出来，做一些由老师精心设计的、实实在在的、针对性强的练习。尤其是农村学校，一节课要有四分之一到三分之一的时间做练习，特别是书

---

[①] 戴正兴：《在反思中前行在平衡中发展》，《小学语文教学》2007 年第 12 期。

面练习。老师手头的练习册要多一些，以便优化精选；学生手头的练习册要精一些——经过老师精心挑选和精心设计的。

就数学而言，戴再平的《数学习题理论》一书指出数学习题蕴含有知识功能、教育功能和评价功能。在数学教学中，解答习题本身并不是目的，解题之所以成为数学教学活动的重要形式之一，是因为数学习题存在着多种功能。当学生一旦进入解题这一活动情景之中，他就接受着一种思维体操训练，从技能的或思维的，智力的或非智力的各方面塑造自己，以期达到数学教育的培养目标。

新课程的练习已不再完全是课堂教学的附属，而是重建与提升课程意义及人生意义的重要内容。因此，在新课程背景下，教师要充分开发习题的教育资源，使习题的知识功能、评价功能和教育功能三者并重，每一道习题都要用足、用好、用到位，促进学生主动学习、开发学生创造潜能。

## 二 案例

### 1. 加强练笔综合运用

我上《那片绿绿的爬山虎》（人教社版实验教科书四年级上册）时，根据教材"练习系统"的提示"读了课文我很受启发，我想和大家交流交流写作文和改作文方面的体会"和课程标准的学段目标提示"尝试在习作中运用自己平时积累的语言材料，特别是有新鲜感的词句"，"学习修改习作中有明显错误的词句"设计了三个课内练习和两道课外作业，并采用"作业纸"的形式发给学生。

一、课内练习。

（一）按田字格要求书写生字词。（田字格略）

【设计意图：编者在《教师教学用书》中特别强调"进行精读课文的教学，要把写字的任务妥善地安排在教学过程中，在课内学生要有比较从容的写字时间，不要把写字的作业都留到课外。老师要对不容易写好的笔画、结构以及容易写错的笔顺作具体指导，使学生把字写端正，写美观"。于是我在教学中特地安排了这样一个环节：观察课文要求"会写的"13个字，你认为哪些字特别难写、易错，给大家提个醒；然后观察老师在黑板上的田字格中书写（"篇""翻""燥""删"等）；最后当堂练习、评议。评议时，我把自评与同桌互评结合起来，如"认真欣赏自己写的字，在自己认为写得最好的字上画一朵花，表示鼓励；然后让同桌欣赏欣赏"。】

（二）任选一题，展开想象，写得具体、写得美一些。（方格略）

1. 校园的水杉树，叶子红红的。
2. 鲜艳的国旗，很红。

【设计意图：课文两处具体描写"那片绿绿的爬山虎"，美丽动人。作者调动各种感官观察，展开想象描写，借景抒情、寓景于情，是引导学生模仿、读写结合的范例。这篇课文，我到10所学校上，因此，设计的练习也根据不同的教学环境而不同，如"校园的梧桐树，叶子红红的"，如"校园的柏树，叶子绿绿的"。（那天在寨里中心小学上，正好遇到一场冬雨，使校园的柏树更加苍翠欲滴。）如"听课的老师，很多"等等。】

【精彩作业："秋姑娘伴着秋风来到人间，校园里，那犹如士兵的水杉的脸不禁红了起来。火红火红的叶子像降落伞似的在半空中打旋。叶子慢慢地落在地上，就像铺了一层红地毯。"（林诗婕）"校园南边的一排水杉树，一到金秋时节，叶子就变成火红色的，像蝴蝶一样旋转着飘落。"（徐咏怡）"今天，黄国才老师给我们四（2）班上课，因此有各个地方的老师来听课。老师非常的多，教室就像菜市场一样。"（倪权瑛）】

（三）修改《一张画像》的结尾。（提示：标点、字、句等等。）

"太好了！王老师，我也送给你一幅！"我兴奋地喊。

"好啊，什么画？"王老师好奇地问。

我把画递给他。王老师望着我的画，眼睛眯成一条缝，说："画得真像我啊！"接着又半开玩笑半认真地说："那一幅画像呢，怎么你把包几何课本的书皮去掉了呢？"羞得我脸上顿时火辣辣地一阵热。

【设计意图：课文对叶老先生的修改做了具体的描写，而且编者还在"资料袋"中印了一页经叶老先生修改的原件，是引导学生学习修改的好例子。于是我对肖复兴的《一张画像》原稿的结尾部分作了一个改造，让学生尝试修改。从实际教学看，这对四年级的学生来说，难度大。在教学中，我采取先修改，再听老师朗读，边听边修改的方法，效果好。所以我对同学们说："朗读自己的习作，是修改作文的好方法。自己的作文，大声朗读，就能发现错误，读得顺，就好。"】

二、课外作业。

1. 展开想象写片段。叶老先生会和"我"谈些什么呢？写一写叶老先生与"我"的对话。开头可以这样写：

叶老先生见了我，像会见大人一样同我握了握手，亲切地问："_____
_____"

【设计意图：课文第二部分写"叶圣陶先生邀请肖复兴同学到家做客的事"。原文有较详细的人物语言描写，而选作四年级课文时，编者进行了"改动"，删掉了原文中叶老先生与肖复兴同学交谈的具体内容，只剩下两句概述性叙述："我们的交谈很融洽，仿佛我不是小孩，而是大人，一个他的老朋友。他亲切之中蕴含的认真，质朴之中包含的期待，把我小小的心融化了，以至不知黄昏的到来。"叶老先生到底与"我"谈了些什么呢？为什么"我"会觉得"把我小小的心融化了"呢？这是一个很好的想象点、练笔点，因此，我设计了这个课外作业。】

【精彩作业：叶老先生见到我，笑眯眯地迎过来，同我握了握手，亲切地问："你的作文水平真不错，叫什么名字呀？"

"我……我叫肖复兴。"当时，我的心情很紧张，心就像小兔一样"呼呼"直跳。

"你在哪所学校啊？"叶老先生继续问。

望着叶老先生慈祥的面孔上露出的微笑，我的心情渐渐平静了下来。我答道："我在一中三年级（2）班读书。"

"哦。"叶老先生又问，"你有什么理想呢？"

"我想像您这样，当一位了不起的大作家。"我说。

"好，这个理想不错，但你应该怎样做呢？"叶老先生用期待的眼神望着我，问。

我想了想，说："我应该好好学习，多看一些书。"

"对！还要勤于思考，多写习作，你长大一定会成为一位比我还优秀的作家！"

叶老先生的话时时刻刻激励着我好好学习，将来为祖国做贡献。（林诗婕）】

2. 想办法阅读叶圣陶和肖复兴的作品，在大量阅读他们的作品中，感受他们的"作品堪称楷模"。

【设计意图：课文中说叶老先生的"人品和作品都堪称楷模"，只有真正走进作品，才能更真切地领会其中真意。】

## 2. "圆锥的认识"课尾练习设计[①]

在学完圆锥体的特征后，临近下课前 7 分钟，教师模仿"幸运 52"设计了一个"抢答游戏"环节。

师：到现在为止，我们已学过哪些立体图形？

生：长方体、正方体、圆柱体、圆锥体。

师：下面我们做一个抢答游戏，游戏规则是：在老师描述的过程中，你们就可以进行抢答，说出是我们学习过的哪种立体图形。不一定要等老师题目全部叙述完再答，我们看哪组同学回答得又准又快。

师：请从我的描述中回答，这是什么？这是一种立体图形，它有三个面，其中一个面是曲面，沿着它的两条高将它的侧面展开，可以得到一个长方形。

生：圆柱体。（老师还没说完学生就马上抢答）

师：这里有一种立体图形，它有六个面、八个顶点、十二条棱……

生：长方体。（生没等教师说完抢着举手说）

生：也有可能是正方体。

师：为什么也有可能是正方体呢？

生：正方体也有六个面、八个顶点、十二条棱。

师：那么是正方体还是长方体呢？请接着听——每个面都是正方形。

生：正方体。（课堂气氛越发活跃）

师：这里还有一种立体图形，它有两个面，将侧面展开后是一个扇形。

生：圆锥体。

师：这里还有一种立体图形，它有十二条棱、八个顶点、六个面，每个面都是长方形，有时也有一组对面是正方形。

生：长方体。（生抢着举手说）

师：这是一种立体图形，沿着它的高切开，可以得到两个完全相等的等腰三角形切面。有时也可能是两个完全相等的等边三角形。

---

① 高威华：《"圆锥的认识"课尾练习设计》，《四川教育》2007 年第 7、8 期。

生：圆锥体。（教师用多媒体演示验证学生的答案）

"幸运52"抢答游戏新颖有趣、别具一格，学生完全被游戏练习所吸引，注意力高度集中。这样的课堂练习设计，不仅让学生复习了过去所学的知识（长方体、正方体），也巩固了本节课所学的知识，而且培养了学生的空间观念，发展了学生的空间想象力。在整个抢答过程中，学生不仅仅停留在快乐的状态中，而且在玩中学、趣中练，很快就进入了真正思考的境界，取得了"课虽终，思不止"的效果。

## 三　要点

老师怎样根据课文的特点、学段（学期）目标，联系学生实际，设计针对性、综合性的练习呢？

（一）设计课内练习。

课内练习是在课堂教学过程中，教师根据教材特点、教学需要和学生实际而设计的练习，主要起到反馈和巩固作用，包括课前练习（预习）、课后练习（包括生字词的书写、背诵、答问、单元练习等教材的"练习系统"）、仿写练习（读书笔记）等等。

1. 课前练习（预习）。主要是为了检查学生的预习情况、了解学生的原有知识水平（对所学内容的了解程度）等，以确定教学的"起点"。了解学生已经知道什么，并在此基础上展开教学，是一条重要的教育心理学原理。课前练习，包括交流课前搜集的信息、检查预习情况、听写、提出问题，等等。

2. 课后练习。主要指课后生字词的掌握（读准字音、认清字形、了解意思、正确书写、部分会用）和编者安排的课后练习、单元组练习等"练习系统"。课后的练习是"我们（编者）意图的集中表现"（已故语文教材编辑袁微子）。换句话说，学生在老师的组织和指导下，通过读书、思考、讨论、练习等，完成了课后练习，就完成了一篇课文的学习任务，也达成了一篇课文的学习目标。课后练习，应该在课内完成，并及时批改，以检查教学效果，为改进教学提供"第一手资料"。

3. 仿写练习（读书笔记）。一是读书笔记。"不动笔墨不读书"，边读边思考、边思考边做笔记，如提出疑问、写下感受或评点、进行批注等，不仅是良好的阅读习惯，而且是上乘的阅读能力。课程标准在第二学段的阅读目标中提出"能对课文中不理解的地方提出疑问",在第三学段的作文目标中提出"学写读书笔记"都是要培养动笔墨读书的习惯。

二是仿写练习、读写结合。仿写练习,可以是富有表现力的词句,如《捞铁牛》,模仿描写怀丙和尚捞铁牛的内容,用"首先……然后……最后……"写一句话。可以是构段方式典型的段落,如《卢沟桥的狮子》,模仿第二自然段,"这些狮子真有意思。有的……有的……还有的……"写一个同学们课间活动的片段。可以是值得揣摩写法的篇章,如学完《新型玻璃》后,模仿已经学过的童话故事《纸奶奶的生日》,把《新型玻璃》改为童话故事"玻璃爷爷的生日"等。

读写结合,应该从第一学段就开始训练,从读学写,以写促读,协调发展,这也是课程标准提出的目标。如课程标准在第一学段的阅读目标中提出"在阅读中积累词语",在写话目标中提出"在写话中乐于运用阅读和生活中学到的词语"。读写结合是积累语言、运用语言,化被动语言为主动语言的好途径。我想,每一节课、每一篇课文的教学,教师如果都能根据课文的特点,联系学段目标、特别是学期目标(在《教师教学用书》中有提示),找到一二处课文语言、形式和训练重点的结合点,或想象、或仿说、或仿写、或笔记,读写结合、学用结合,那么语文课堂教学的"又好又快"就有了希望。

如《家》(儿童诗歌,一年级下册),学生仿写:

生1:爸爸是妈妈的家,/妈妈是宝宝的家,/老师是孩子的家,/学校是我们的家。

生2:蓝天是星星的家,/树林是动物的家,/大海是鱼儿的家。

如《听听,秋的声音》(儿童诗歌,二年级上册),学生仿写:

生1:听听,秋的声音,/果树摇摇头,/"啪啪",/是与果子告别的歌韵。

生2:听听,秋的声音,/燕子拍拍翅膀,/"喳喳",/是和北方的家道别的话语。

如《琥珀》(六年级),老师在引导学生阅读琥珀的形成之后,观看多媒体课件——动画片段——一只苍蝇飞进松林里,停在松树干上,一只蜘蛛在旁边的树枝上,两滴松脂从上面滴落下来……动画到此戛然而止。老师请同学们拿出笔和纸把"看到的写下来"（六分钟左右）。老师请了三位同学朗读自己的作品——新版"琥珀"。

生1：一只刚参加选美比赛获得冠军的小苍蝇，快乐地捧着"金鸡奖"杯飞进了树林里。小苍蝇心想：此时不睡，更待何时？也好，作个美梦，舒舒心。小苍蝇流着口水进入了梦乡之中。可是，就在这时，毛中沾血的八脚蜘蛛死死地盯着小苍蝇，正在狞笑。在它那双眼中，仿佛看见了鲜血，看见了小苍蝇的尸体。蜘蛛慢慢地划动着锋利的脚，小苍蝇的生命即将结束，它的一生将在梦想中度过了。可是，太阳热辣辣地照着，松树渗出了厚厚的松脂。正当蜘蛛准备动手的时候，一滴松脂滴落下来，蜘蛛和苍蝇被重重包裹住了。苍蝇在梦中惊醒，他们不断地挣扎着。无奈啊！他们定格在这松脂之中，叶刷刷地响着，海在咆哮，死神为它们敲响了丧钟。可惜啊！

生2：小苍蝇刚吃了一顿大餐，边飞舞翅膀边唱道："啦啦啦，啦啦啦，我是快乐的小苍蝇……"它拍了拍自己的小肚子，满足地躺在树上呼呼地睡着了。可令人意想不到的是，一只凶神恶煞般的蜘蛛正小心翼翼地靠近。瞧，它正在网上奏响着一曲死亡之歌。可怜的苍蝇它还不知道，死神正在无形中逼近。就在蜘蛛扑上去的瞬间，一大滴松脂从树上滴下，把它们重重包围。四周很静很静，只能听到小鸟的哀叹，似乎为这小生命的离去而惋惜……

生3：爱美的小苍蝇在松树林中快乐地飞行，停在一棵大松树上。它心想：我要好好保养我的腿，下午还要去参加选美大赛呢！可它并不知道，一个突如其来的危险正在向它靠近。凶神恶煞般的蜘蛛爬了过来，打着要吃小苍蝇的如意算盘：个子是小了点，不过也能吃个半饱。当蜘蛛要对小苍蝇下毒手的时候，从天而降的危险砸向它们。真是世事难料啊！一滴松脂滴了下来，把它们团团包住。此时，时间仿佛被冻结了一般，远方的海边传来奔腾的海浪声，这就是大自然为苍蝇和蜘蛛演奏的——死亡交响曲。

（二）设计课外练习。

如果说课内练习的重点在巩固，那么课外练习的重点则在拓展；如果说课内练习比较单一，那么课外练习就要加强综合。课程标准出台以来，尤其是提出了"综合性学习"的要求，课外练习呈现出百花齐放、百家争鸣的大好局面，精彩纷呈。需要强调的是，大多数学生做的课外练习都是种种"练习册"，老师一方面要精选"练习册"，一方面要精选练习题，不是"练习册"中的每一题都要做，而是要调整、删改、补充、选择，使"练习册"具有个性，为教学服务、为学生服务。著名特级教师于永正先生认为，最好的课外作业有三项：写字、读书和作文。

1. 搜集资料、拓展视野。如于永正老师执教《海底世界》设计了两个作业让学生选做，通过查阅资料，写成一篇短文。一个是，祖国有哪四大海？祖国的海岸线有多长？祖国的最大岛屿叫什么？面积有多大，人口有多少？祖国最南端的礁岛叫什么？另一个是，中国人民解放军海军有哪三大舰队？你知道人民海军现代化的舰艇的名字吗？人民海军水兵服的衣领、袖口上为什么有四条白道，比国外的多一道？请你为中国人民解放军海军设计一艘现代化的军舰（用图画表示）。

2. "自助餐"式作业。教师面对的是一个个基础不同、能力不同、性格不同、习惯不同、兴趣不同的个体。所以面对全体，就要考虑每个层面的学生，进行分层练习。针对学生差异，将作业设计成难易有别的 A、B、C、D 等组别，让学生根据自己的实际情况选择适合自己的一组。基础差的学生可以选择做一些对知识的理解和运用的练习，有余力的可以做难度较大的练习。这样设计练习能使每个学生通过不同度、不同量的作业练习在原有的基础上各有收获，都能享受到成功的喜悦。兴趣浓了，练习多了，时间长了，能力自然就上去了，原来学习差的同学慢慢就跃升到学习好的行列。这就要求我们教师多为学生提供充满趣味的、形式多样的"自助餐"式作业。如学习了《翠鸟》后，设计了以下几项作业：

（1）爱写字的你，不妨摘抄本文的优美词句。

（2）爱诵读的你，不妨有感情地朗读《翠鸟》，有条件的可以录音。

（3）爱绘画的你，不妨根据课文第一段的描写画一画翠鸟的外形。

（4）爱查阅的你，不妨查资料、寻找翠鸟的其他名字。

（5）爱习作的你，不妨模仿《翠鸟》一文的写法，写一篇介绍小动物的文章。

（6）爱故事的你，不妨把课文改编成小故事，讲给小朋友们听。

（7）爱观察的你，不妨选一种小动物，如小鸡等进行观察，找找它的特点。

以上7题，要求学生根据自己的能力、兴趣任选1题或若干题完成。这一组作业设计包含了"读、画、写、抄、查、讲"等多种形式，既给爱画、爱读的同学准备了展示自己本领的空间，又为爱探索、爱讲故事的学生提供了进一步锻炼自己能力的机会。一项作业能使他们各展所长，能享受到成功的喜悦，学生创新思维也将得到发挥。

3."自主"式作业。"无为无所不为"。老师不布置课外作业，让学生自己给自己布置作业，别有趣味。如，"学了《桂林山水》一课，我考虑到学生的兴趣和特长，充分调动学生的积极性，发挥学生的创造性思维，投其所好。我是这样布置作业的："读懂了这篇课文，老师想请你们当一次小能手，为自己设计一个能充分展示自己的才艺特长的作业并完成它，时间为3天。"3天后，我收到了各种各样的作业，学生纷纷以"远近高低各不同"的作业形式，向老师和同学展示着"横看成岭侧成峰"的无限风光：有的在作业本上用硬笔书法认真抄写了这篇课文的生字、生词；有的用五彩的笔绘出桂林山中有水、水中有山、山水交融的奇丽景色；有的交了一盘磁带，里面录了配乐朗诵；有的则从家里找来在桂林拍摄的影集来领略"甲天下"的内容；有的将优美、生动的词句收集在自己的摘录本上，熟读成诵；有的作了一首小诗来赞美桂林山的奇、秀、险，水的静、清、绿；有的还上网查了有关桂林山水的其他资料来献给大家……以上这些作业设计融音乐、诗歌、绘画、创作、朗读等为一体。五花八门、充满个性的作业说明学生在参与设计中兴趣浓、有独立思考、敢于尝试、勇于探索，从而使学生的个性在享受作业带来的乐趣中得到发展。

4."亲情"作业。"听妈妈讲那过去的故事……"每每听到这首歌，总有一种温暖如春的感觉、怦然心动。这是世界上最美丽的风景、是人间最美好的情感。我们应该充分发挥"语文课程丰富的人文内涵"对学生、甚至家长"精神领域"的影响，让学生在完成作业的过程中，享受亲情、增进亲情。如定期给在外务工的父母或亲人写信，把故事性强的课文讲给爸爸妈妈或爷爷奶奶听，和爸爸妈妈一起演课本剧等。如学完《小抄写员》，布置以下作业，让学生选择一两题完成：

（1）听父母（爷爷、奶奶）讲童年的故事。

（2）开"讲父母童年故事"的故事会（和父母比童年）。

（3）写父母童年故事。

（4）写信给在外务工的父母，请求他们讲述童年故事。

(5) 为父母做一件力所能及的事。

(6) 以"孝顺不必等到长大后"为题写一篇读后感。

最后进行作业展览、评比，把课外作业办成一次语文"综合性学习"的成果展示。

美国教育家华特·B·科勒涅斯认为："语文学习的外延与生活的外延相等。"语文的课外作业为学生学语文、用语文，在学与用中展示聪明才智提供广阔的空间，同样也为老师展示聪明才智提供广阔的空间。

5. 全面开发、充分利用习题资源[①]。

如苏教版小学数学二年级上册总复习最后一题。

下面的5件物品分别是小明、小军、小红、小芳和小力买的。

水彩笔　　蜡笔　　钢笔　　巧克力　　饼干
24元　　　18元　　8元　　6元　　　　4元

小军买了水彩笔，小明买了巧克力，小军用的钱是小明的几倍？

小力用的钱是小明的3倍，小红用的钱是小芳的2倍。小力、小芳和小红各买了什么？

师：小明、小军、小红、小芳和小力一起逛超市，想知道他们都买了些什么吗？（出示课本原题）

生顺利完成了题中的两道题。很好地复习了求一个数是另一个数的几倍和求一个数的几倍是多少的题目。但老师并不满足，提出了新的问题——

师：老师也从这5件物品中买了2件，想知道是什么吗？（出示条件：其中一件的价钱是另一件的3倍）

生1：老师买了蜡笔和巧克力。因为 $18 \div 6 = 3$。

生2：老师也可能买了水彩笔和钢笔。因为 $24 \div 8 = 3$。

师：那么，老师究竟买了什么呢？能添上一个条件，确定老师买的是什么吗？

（课堂气氛顿时活跃起来，同学们纷纷议论起来）

生3：只要添上老师买的都是学习用品，就能肯定是生2的方案。

师：非常好！那再添上"其中一件物品比另一件贵12元"就可以肯

---

① 陈燕香供稿。

定是生1的方案了。(下面几双小手迫不及待地高举着)

生5：如果添上"其中一件物品比另一件贵16元"也能肯定是生2的方案。

师：同学们真会动脑筋。下面我们也一起去超市买东西，你也选两件物品，用一句话说出它们的关系，让同桌猜猜你买的是什么。(同学们很兴奋地互相说起来)

师：谁来说给大家猜？

生6：我买的一件物品价钱是另一件的6倍。

生：是水彩笔和饼干。$24 \div 4 = 6$。

生7：我买的一件物品价钱比另一件贵20元。

生：是水彩笔和饼干。$24 - 4 = 20$。

有同学小声说："他们说的是一样的。"

师：生6和生7说的什么是一样的，什么不一样？(引导学生体会到两个数之间有时既可说成倍数关系，也可说成相差关系)

师：同学们想知道妈妈买了什么吗？(出示条件：妈妈花了不到30元钱买了上面5件物品中的两件，妈妈可能买了什么？并说出这两件物品间的关系)

生独立写。生汇报互相补充得到了7种购买方案。

师：同学们认真思考，帮妈妈设计了这么多购买方案。想想怎样才能又快又不遗漏地把这么多种方案都找出来？(引导学生提炼策略，有序思考)

学生又一次积极思考，并小声讨论起来……

整节课教师以一道课本习题为蓝本，潜心钻研教材，把握知识结构，充分利用教材的内在资源，对课本中的习题进行了"无中生有"的添加，使习题增值，给了学生一片思维驰骋的天空。

练习设计要围绕教学目标，变重复练习为灵活多样的练习，变静态练习为动态练习，变封闭练习为开放的练习，变练习素材为课堂内外相结合的练习。新课程理念下的练习设计，不再局限于机械操练，而以其灵活的设计形式和丰富的练习内容，使数学练习的功能得到不断拓展，数学活动的价值得到不断提升。因此，我们要合理地开发习题资源，给学生探索体验和顿悟的时空，让学生在练习中观微知著、触类旁通、自醒自悟、豁然开朗、享受成长！

"天高任鸟飞，海阔凭鱼跃"，课外作业就是那方"天"、那片"海"。

## 拓展阅读

### 一咏三叹话引读[1]

笔者曾将王崧舟、周益民、王自文等几位名师的教学实录进行比较研究，发现他们的课堂教学都恰到好处地安排了往返回复、一咏三叹的"引读"。正是这种引读，在把学生带进文本的同时，营造了感人至深的课堂氛围，感染着每一位学生。

**王自文：历史长河的沧桑回眸（《古诗二首》教学片段）**

师：读了这首诗，你现在有什么样的感想？

生：我的心里有同情，同时感觉宋朝政府真是腐败无能。

师：是啊，他们是如此的昏庸，而老百姓却还对他们盼啊，盼啊！同学们，你可知道，这"又一年"是多少年？诗人陆游写这首诗的时候，中原已经沦陷整整65年了。65年啊，780个月啊，23739个日日夜夜呀！

师：一年过去了，读！

生：（齐读）"遗民泪尽胡尘里，南望王师又一年。"

师：5年过去了——

生：（齐读）"遗民泪尽胡尘里，南望王师又一年。"

师：10年过去了——

生：（齐读）"遗民泪尽胡尘里，南望王师又一年。"

师：65年过去了——

生：（齐读）"遗民泪尽胡尘里，南望王师又一年。"

师：可他们哪里知道，自己早已被抛弃了，被那些终日沉醉在湖光山色、莺歌燕舞中的游人们抛弃了。

赏析：《秋夜将晓出篱门迎凉有感》前两句写沦陷在金人手里的祖国河山的壮丽可爱；后两句写沦陷区百姓在敌人铁蹄下，备遭践踏蹂躏的痛

---

[1] 丁时辉：《一咏三叹话引读》，《小学语文教师》2006年第11期。

苦煎熬和对王师挥戈北上的殷殷苦盼。"遗民泪尽胡尘里，南望王师又一年"，仅14个字，但这14个字却饱含着沦陷区人民的血泪煎熬与殷殷苦盼，是数十年沧桑历史的高度浓缩。如何解读？这不能靠讲解，也不能靠分析，只能靠读，在读中想象、体悟。在读的处理上，王老师没有让学生为读而读，而是对时间进行巧妙"切割"，将23739天用"1年""5年""10年""65年"分段再现。在老师低沉而激越的引读中，学生入境入情地跟读。65年漫长的苦难历史，犹如一幅连绵的画卷在学生的头脑中徐徐展开：满目疮痍、遍地废墟的中原大地战火弥漫，人民在敌人的铁蹄下苦苦挣扎、空盼王师……这样的诵读，声声泪，字字血，是沦陷区人民对敌人暴行和昏庸朝廷的血泪控诉。

**周益民：灵魂深处的声声叩问**（《逆风的蝶》教学片段）

师：狂风蹂躏着他，厮打着他，吞噬着他，看着风中艰难飞行的蝴蝶，同学们，让我们来劝劝他吧。

生1：蝴蝶啊蝴蝶，你歇一歇吧，多累呀！

生2：蝴蝶啊蝴蝶，风太大了，你明天再去吧！

生3：我说蝴蝶，你今天就别去了，否则恐怕连性命都保不住呢！

师：蝴蝶是怎么想的呢？一起来听听他的心声吧。（出示下列句子）

"那儿有一棵蔷薇，我们去年相约，今天是我和她相会的日子。"

"我可不能等，真的不能等，我不能让她失望。"

"今年她只为我开放；如果我今天不能和她见面，她就会凋谢。"

"在别人看来，她也许是一朵普普通通的花，但对我来说，她是独一无二的。"

"我不该呆在帽子里，让您带着我走。我要自己飞到她的身边。即使这大风阻挡我飞到她那儿，我的灵魂也会飞去见她。"

（学生各自轻声读，随后老师和个别学生对读，再和全体学生对读）

师：啊，蝴蝶，是谁给了你力量，让你如此的坚强？

生：（齐读）"那儿有一棵蔷薇，我们去年相约，今天是我和她相会的日子。"

师：我们到那边的亭子里歇一会儿，等风停了再赶路。

生：（齐读）"我可不能等，真的不能等，我不能让她失望。"

师：为什么，这约会那么重要吗？

生：（齐读）"今年她只为我开放；如果我今天不能和她见面，**她就会**

凋谢。"

师：那是怎样高贵的一朵花啊！

生：（齐读）"在别人看来，她也许是一朵普普通通的花，但对我来说，她是独一无二的。"

师：来吧，来吧，快来避避风，刚才多危险啊！

生：（齐读）"我不该呆在帽子里，让您带着我走。我要自己飞到她的身边。即使这大风阻挡我飞到她那儿，我的灵魂也会飞去见她。"

赏析：《逆风的蝶》是儿童文学家金波老先生《乌丢丢的奇遇》中的一个小故事，讲述的是一只蝴蝶为了奔赴与蔷薇的约定逆风而行，最后英勇献身。这个凄美动人的故事，极力讴歌了为了实现誓言坚定不移地信守诺言的高洁品性。在引导学生对逆风飞行的蝴蝶进行劝慰之后，周老师将蝴蝶的话出示，然后极其巧妙地进行角色转换，让学生充当蝴蝶的代言人，自己则针对需要引读的内容来组织引言。在周老师的引导下，这一唱一和、一问一答的诵读，犹如灵魂深处的声声叩问，将学生的身心和情感完全带入了故事情节之中。蝴蝶为了与蔷薇的美丽约定，为了实现自己爱的诺言不惜逆风而行的决心，就在师生共同的朗读声中得到完美的演绎。蝴蝶坚贞不渝的品性，如同和煦的春风轻轻地拂过学生的心灵之窗，并使之透明、敞亮、纯净。

**王崧舟：坎坷人生的不尽追忆（《二泉映月》教学片段）**

师：一边是苦难、是屈辱、是悲惨，一边却是热爱、是向往、是追求，这就是阿炳的坎坷经历啊！而这一切，伴随着淙淙的流水声，伴随着师父很久以前的教诲声，一幕一幕地在阿炳的脑海里出现了。十多年的坎坷经历，在这一个中秋之夜，终于化作了这样的心声——

（大屏幕出示："渐渐地，渐渐地，他似乎听到了深沉的叹息，伤心的哭泣，激愤的倾诉，倔强的呐喊……"）

生：（练读）"渐渐地，渐渐地，他似乎听到了深沉的叹息，伤心的哭泣，激愤的倾诉，倔强的呐喊……"

师：想到自己被水果店的老板辱骂和毒打的那一幕——

生1：（朗读）"渐渐地，渐渐地，他似乎听到了深沉的叹息，伤心的哭泣，激愤的倾诉，倔强的呐喊……"

师：想到别人吃着团圆饭，自己却孤苦伶仃、无依无靠的那一幕——

生2：（朗读）"渐渐地，渐渐地，他似乎听到了深沉的叹息，伤心的哭泣，激愤的倾诉，倔强的呐喊……"

师：想到自己虽然穷得身无分文，却死也不给地主老爷拉曲卖艺的那一幕——

生3：（朗读）"渐渐地，渐渐地，他似乎听到了深沉的叹息，伤心的哭泣，激愤的倾诉，倔强的呐喊……"

师：想到自己十多年的苦难、十多年的悲惨、十多年的屈辱，想到自己十多年的热爱、十多年的向往、十多年的追求，阿炳终于从二泉的流水中听到了这样的声音。我们一起读——

生：（齐读）"渐渐地，渐渐地，他似乎听到了深沉的叹息，伤心的哭泣，激愤的倾诉，倔强的呐喊……"

师：这声音，让阿炳的心颤抖起来。他禁不住拿起二胡，他的手指在琴弦上不停地滑动着，流水、月光都变成了动人的音符，从琴弦上流泻出来。就这样，一首不朽的二胡曲诞生了。

（二胡曲《二泉映月》响起，师生静静地听完整首曲子，用时6分钟）

赏析：《二泉映月》是一首经典名曲，也是阿炳苦难人生的缩影。阿炳的师父去世以后，自己因患眼疾又双目失明，只得靠操琴卖艺为生。生活的贫困与疾病的折磨，让他饱尝人世艰辛。当他在邻家少年的搀扶下来到二泉旁边，置身汩汩的水声之中，往事新愁涌上心头，"渐渐地，渐渐地，他似乎听到了深沉的叹息、伤心的哭泣、激愤的倾诉、倔强的呐喊……"听过王老师教《二泉映月》的老师一定很有印象，案例中的引读是建立在老师引领学生走进阿炳的生活时代，真情想象阿炳的苦难生活的基础之上的。王老师将学生的想象内容进行提炼，作为引读的引言。先是几幅形象具体的画面（被水果店的老板辱骂和毒打；别人吃着团圆饭，自己却孤苦伶仃，无依无靠；死也不给地主老爷拉曲卖艺），然后用"想到自己十多年的苦难、十多年的悲惨、十多年的屈辱，想到自己十多年的热爱、十多年的向往、十多年的追求"进行抽象概括，以追忆阿炳十多年来的屈辱、伤心、激愤、呐喊……学生在王老师的"牵引"下反复"跟读"，真是九肠回转、如泣如诉，低沉伤感的调子令每一个角落都弥漫着悲凉、凄苦、愤懑和不屈的抗争。

**读后反思**

品读三位名师的引读案例，在欣然感叹之余，也得到关于引读的两点启示。

1. 细读文本，找准引读切口。引读能够渲染烘托课堂氛围，引领学生走进文本内核，但必须找准引读的切口。什么地方需要引读呢？先看例子，如"遗民泪尽胡尘里，南望王师又一年"一句，是全诗的"魂"。沦陷区65年的沧桑历史，铁蹄下遗民的苦苦挣扎和对王师的殷殷企盼，以及作者对遗民的同情和对朝廷的不满尽在其中。又如"渐渐地，渐渐地，他似乎听到了深沉的叹息，伤心的哭泣，激愤的倾诉，倔强的呐喊"，句子虽然不长，但却是瞎子阿炳苦难人生的缩影，凝聚着他的苦难、辛酸、屈辱、悲惨，以及与命运的不屈抗争。仔细推敲上面的例句，笔者认为适合反复引读的句子大体具备三个基本特征：一是承载着大量文本信息；二是蕴藏着丰富情感；三是适合学生集体朗读。找准这样的句子，在某些教学程序之后，教师引领着学生进行感情朗读，既利于学生把握文本内核，又能够烘托课堂气氛，陶冶学生情感。

2. 因势利导，精心设计引言。引读，作为有效朗读的教学形式之一，极具鼓动性和感染性，的确备受青睐。不过，引读过程中的引言却是十分考究的。在《逆风的蝶》教学片段中，周益民老师是针对要朗读的句子，再结合学生的劝慰内容来设计引言的。如，用"我们到那边的亭子里歇一会儿，等风停了再赶路"以引导学生朗读"我可不能等，真的不能等，我不能让她失望"；用"为什么，这约会那么重要吗"以引导学生朗读"今年她只为我开放；如果我今天不能和她见面，她就会凋谢"。在《二泉映月》的教学片段中，王崧舟老师的引言则是从学生的想象内容中临时提炼出来的，与课堂浑然一体，了无痕迹。如，"想到自己被水果店的老板辱骂和毒打的那一幕"，"想到别人吃着团圆饭，自己却孤苦伶仃、无依无靠的那一幕"，"想到自己虽然穷得身无分文，却死也不给地主老爷拉曲卖艺的那一幕"，"想到自己十多年的苦难、十多年的悲惨、十多年的屈辱，想到自己十多年的热爱、十多年的向往、十多年的追求，阿炳终于从二泉的流水中听到了这样的声音。我们一起读"等。可见，引言对引读的内容起到提示作用，学生在老师引言的引导下，能更为深刻地理解文本内核。

## 主题五　撰写教案

### 一　引语

著名特级教师于永正先生可以说是毕生行走在课堂上、生活在孩子中间。他对"教案"有自己的深刻认识、独到见解和深切体味。他说："不少教师想看我的教案，但常常让他们失望，因为多数写得比较简单。备课过程中，好多东西教案上是没有的，是无法写上去的，我称之为'隐性备课'。例如练朗读，练板书的字，看资料，还有更无形的东西——思考。真的，有时，早晨一睁眼就在想教材，想教法，想学生。"于老师认为"写教案，只是备课过程中的最后一个环节，它不是备课的全部"，"备课于心最要紧"。例如，于老师的阅读教学教案大体上分为三个板块：初读课文，精读课文，作业设计。"初读课文"部分只是写个大体过程，因为多数情况下你料想不到学生会出现什么问题。指导初读的指导思想是一个"严"字，严格要求读正确、读流利，严格要求读出标点符号所表示的语气。必要时领读，即"跟着教师读"。"精读部分"着重引导学生品味词语、品味句、段，品味篇章结构，进而读出味道来。这个环节目的在于培养学生的阅读能力、鉴赏能力，并感受语言的魅力。"作业设计"，如造句、片段仿写的设计等。

于老师的教学堪称经典，他的教案同样堪称经典。我们从中悟出什么呢？

写教案，是在认真备课、研究教材、学生和环境等的基础上，进行规划课堂教学的活动，是一个动态的、持续创造的过程。这种规划，既可以以文本的形式表现，但更多更丰富的内容是以非文本的形式存储于教师心中，犹如一眼泉。前者是有形教案，后者是无形教案；前者是显性备课，后者是隐性备课；前者是备课于书面，后者是备课于心中。

不管是语文还是数学或者其他学科，假如要想提高课堂教学质量，使之更有效、更优质，这两种备课（教案）缺一不可。

## 二　案例

但是，在普通老师的日复一日、年复一年的教学中，写教案并不是这样，存在诸多误解，如，"把写教案等同备课""教案可有可无""教案越详细越好"等等。

君不见——
百万雄师写教案，朝朝暮暮耗心思。
费时费力又低效，只为取悦领导心。
虽然字秀篇幅长，德退业否育何人？
俗称浇树要浇根，育人岂能不育心？
千万老师千万抄，是否用心心肚明。
似是而非怨冲天，却无领导来鼎新。
世人皆醉我独醒，写来终觉纸上兵。
教学治病如用兵，兵无常势水无形。
因材因势因时机，方保教学能双赢。
再看医院门诊处，来往病人数不清，
何尝见着写医案？难道名医皆害命？
世人皆道教案好，片片爱心字里行。
岂知如许不写人，为备好课倾性命。
行行皆有高低手，莫以写否论浅深。
真的用心真见效，好坏高低有公论。①

这首长"诗"颇能概括教案现状，它至少透露这么四点：一是用心写教案的老师不多；二是用心写的教案"真见效"；三是用心教学以及教学成效，不能以看得见的教案来衡量；四是新课程呼唤新教案。

### 1.《两小儿辩日》教学简案②

一、学习目标

---

① 本刊编辑部：《让教案在创新中与时俱进》，《福建教育》(A)2005年第8期。
② 王崧舟：《〈两小儿辩日〉教学简案》，《福建教育》(A)2007年第2期。

1. 根据课后注释理解文章内容，反复诵读课文，产生自己的独特感受，力争达到"熟读成诵"。

2. 初步感受文言文的特点，产生学习文言文的兴趣。

3. 感受两小儿的聪明可爱及孩子实事求是的态度，体会学无止境的道理。

二、教学过程

（一）读故事，整体感受。

1. 反复诵读课文，读顺口。

2. 反复诵读课文，读出韵味。

3. 反复诵读课文，读出形象和神情。

（二）讲故事，开放探究。

1. 用现代汉语讲这个故事，讲清楚基本情节。

2. 用现代汉语讲这个故事，讲生动，讲出细节。

（三）编故事，深度感悟。

1. 两小儿嘲笑孔子后，孔子会怎么想怎么说呢？写一写。

2. 全班交流，提升感悟。

板书设计：

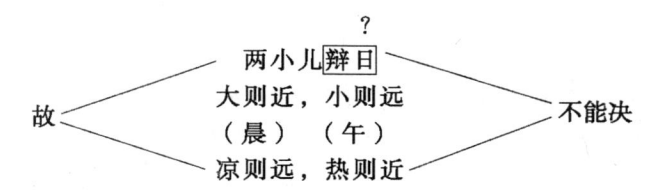

```
                        ?
           两小儿 辩日
           大则近，小则远
故                              不能决
           （晨） （午）
           凉则远，热则近
```

（注：这是特级教师王崧舟（浙江省杭州市拱宸桥小学）在首届英才杯"智慧·互动·成长"全国青年教师风采展示大赛上做课的教学简案。）

## 2.《故事会》教案[①]

一、设计理念

1. 综合听、说、读、写，一材多用。

这一节的教学设计是一个综合听、说、读、写的教学设计。学生一边

---

① 凌琳（香港）：《〈故事会〉教案》，《小学语文教学》2005年第12期。

看《神奇的发现》，一边为故事中的角色加插对话，这是阅读和创意思维的训练。把加插的对话配合恰当的语气演绎出来，这是说话的训练。在小组演绎时，学生必须用心观赏同学的演绎和聆听同学的说话，并进行互评，这是聆听及批判性思维的训练。最后听完的同学为《小公鸡交朋友》加入对话后，让学生回家创作简单手绘本，这是写作范畴的训练。这样也可使同一学习材料发挥多方面的学习效能。

2. 大书配合。

在课堂上采用 bigbook 来讲故事的目的是希望学生能集中注意力，一起看一本书。在学生集中注意力的同时，会较容易进入故事中的角色。所以，在讲故事时，我先示范在《神奇的发现》这篇故事中加插角色的对话，并运用相应的语气表达出来，接着让学生随着故事的发展，设计具有创意的对白，配合恰当的语气演绎出来。

二、适用年级

二年级。

三、学习目标

通过在故事中加入对话及演绎，培养学生的创造力及运用声调变化表情达意的能力。

四、学习重点

1. 聆听要求：（1）神情自然，注意聆听同学在故事中加插的对话。（2）用心聆听，作适当的响应，但中途不插嘴。

2. 说话要求：（1）不同类型的话语：讲故事。（2）口语表达——运用适当的语气：兴奋、友善、怀疑、惊讶。（3）口语表达——语调自然、稳定，并运用声调变化以表情达意。

3. 阅读要求：理解故事的要点。

4. 写作要求：尝试以手绘本的形式创作故事。

5. 思维要求：创造力——根据需要发挥想象创作故事。

五、课节

一教节。

六、教学步骤

1. 展示大书（bigbook），讲述故事。

（1）展示一本大书（bigbook）和提问学生以下问题，即让学生猜是什么并提问他们是否喜欢听故事。

（2）讲述：老师今天带来了一个故事，想讲给大家听，请同学们留意故事的内容，想一想故事中的角色说了些什么。

（以 bigbook 模式教学提高学生的学习兴趣。）

2. 运用引领思维的方法，让学生猜想故事的对白并运用恰当的语气表达。

（1）老师边讲故事边示范（定镜一、二），加插角色的对话。

（2）让学生猜猜故事中角色的对话（定镜三、四）。

（3）老师将正确答案告知学生，验证学生的答案。

（通过示范和让学生猜想故事中的对白，一方面提高学生的学习兴趣，另一方面提高学生的创造力。）

定镜一：一天早上，蝴蝶和蜜蜂一起去采花蜜，她们飞到了一个公园，见到很多美丽的花朵，她们感到很兴奋。

定镜二：她们高兴得跳起舞来，越跳越高兴，开始觉得有点口渴，便飞到甲虫先生的食品店去买冰条吃。

定镜三：甲虫先生教她们把一点点的花粉放在冰条上，吃起来味道特别好，但是蜜蜂对这种做法感到怀疑。

定镜四：蝴蝶照着做，还做出很多不同味道的冰条，有玫瑰花味的、菊花味的、牵牛花味的等，蜜蜂很惊讶。

讲述：最后，她们将这个妙方告诉了其他的昆虫，大家都觉得冰条的味道真好。

提问：故事加了对话后，你有什么感觉？（自由作答）

3. 通过提问让学生掌握讲故事的要点。

（1）你们觉得刚才同学的表演怎样？

（2）你们觉得怎样才可以把故事讲得更动听呢？

（3）老师总结：故事中加入对白后，会使故事活起来，且更有趣，但我们讲故事时必须以适当的语气，加上表情动作，才会使大家感到动听。

（板贴要点）

4. 通过分组创作对白和演绎，使学生掌握故事的技巧及培养学生的创造力。

（1）全班分成四组，每组讲的故事相同。

（2）每组学生共同创作故事中的对白，然后用恰当的语气演绎。

（通过分组活动，培养学生的协作能力及创造力，同时通过让学生演绎，提高学生讲故事的能力。）

5. 通过互相观摩及互评，使学生懂得讲故事的技巧，并自我完善。

（1）分小组演绎故事，其他同学观摩及进行互评。

（2）教师简单评论学生的演绎及勉励学生要虚心接受大家在互评时提出的意见，并鼓励学生回家后再修改和讲这个故事，以巩固课堂所学。

（通过互评培养学生互相观摩的习惯及懂得自我完善。）

6. 布置功课。

（1）回家与家人和朋友分享你们的故事。

（2）将故事做成简易的手制绘本。

附：

### 小组讨论工作纸

请在下列故事中有____的位置上加上对话，使故事的内容更生动有趣。

角色扮演：旁白：____ 小公鸡：____ 小灰狗：____

小黑猫：____ 小猪：____ 小鸭子：____

### 小公鸡交朋友

有一只小公鸡长得很漂亮，他全身长满金黄色的羽毛，鲜红的鸡冠高高地摆在头顶上，真是威风极了！于是大家都很想和小公鸡交个朋友。①小灰狗真诚地向他说想和他交个朋友，但是他拒绝了。②小黑猫讨好地向他说想和他交个朋友，他也拒绝了。③小猪乐呵呵地向他说想和他交个朋友，他还是拒绝了。④小鸭子友善地说想和他交个朋友，他最后还是拒绝了。结果骄傲的小公鸡连一个朋友也没有。

（注：这是香港世界龙岗学校刘德容纪念小学凌琳老师在全国小语会成立25周年纪念活动上的展示课，获一等奖。）

## 3. 把教案写在书上[①]

刚毕业时不会写教案，于是借一位同事过去的教案作参考。望着同事几大本写得密密麻麻的教案，我禁不住佩服地说："你写的真多。"想不到他淡然一笑说："都是抄的。"我愕然，心想：抄教案是愚蠢的行为，我决

---

① 刘玉真：《把教案写在书上》，《教师报》2006年12月10日。

不这样做。那位同事又笑着说:"往后你就知道教案是干什么用的了。"

现在我早已知道教案是干什么用的了,那就是应付检查。

教案应该在上课前写好,这是毋庸置疑的。但谁有那么多时间?实际情况往往是课已经讲完了,教案还没有写。学校要检查教案而且教案的检查情况要和奖金挂钩,更重要的是教案写不好会给领导留下工作不积极的印象,所以不得不补教案。

课已讲完再去辛辛苦苦设计教案已没有多大意义,所以补教案就是抄教案。抄教案是要占时间的,这又影响了下一环节的备课,周而复始,形成一种恶性循环。即使上课前已抄好教案,这也会占用大量时间,这样研究教材、设计教法和了解学生的时间就会大大缩短,岂能提高教学效率?

检查教案逼教师们抄教案,引起了教师们的不满。针对学校的教案检查制度,有些教师采取了消极反抗的方法,把过去的教案交上去。一些教育类刊物批评一本教案教了几十年。其实不是"教"了几十年,而是"交"了几十年。为了杜绝这一现象,学校检查时便在教案上写上日期、盖上章,但道高一尺,魔高一丈,有的教师又想出了另一招,那就是换教案皮,最后学校不得不把暗线教案本换成明线教案本。

教案已流于形式,在有些地方,所谓的教案不但不利于教学,反而起到了相反的作用,教案改革势在必行。

现在全国大部分地区都已使用了新教材,新教材的特点之一是课本版面变大,右边留有大片的空白,依笔者愚见,编者这样做的目的之一是让师生在空白处写点东西。由于学校检查教案本而不检查课本,很多教师根本来不及在课本上写写画画。

依笔者愚见,新型教案应写在书上而不应写在本上。

把教案写在书上很有好处。

首先,能节省时间。传统教案写在本上,课本上有的内容仍需搬到教案本上,把教案写在书上后只需用符号标出来就行了,这样就能节省好多时间。

其次,能方便教学。把教案写在本上,教学时既要想着课本又要想着教案,难免分心;把教案写在书上,只需拿着书就行了,这就避免了分心。

世易时移,变法宜矣。只有依据变化了的情况来改革我们的教案,才能使我们的教案在教学中发挥应有的作用。

## 三 要点

**（一）正确认识备课与教案。**

备课不等于写教案，写教案只是备课的一小部分工作。如果把教案分为"有形教案"和"无形教案"，则"备课"基本等同"教案"。"有形教案"，即文本教案，是教师将备课的部分内容，付诸文字，写于教案本上。有形教案应该"简而实"。"简"即简单、简约。因为不是所有的思想都可能、都有必要写出来的，有些内容完全可以记在脑子里，节省下来的时间做什么？备"无形教案"。

"实"即实在、实用。教案是教学的方案，是指导教学用的，如果你在课堂上都不用教案，或者你的教案都不能在课堂上用（当然不是一成不变、按部就班），那你还写教案做什么？简单、简约才实在，实在才实用。

随着课程改革的实施和深入，又提出写"教学反思"，或称"案例反思"、"教后反思"。教学反思，写出来是"有形教案"，放在脑子里，是"无形教案"，后面再专门论述。

"无形教案"，即思想教案，或者说文化教案、人格教案，是教师的文化底蕴、专业素养、道德水准、工作作风、基本功等的综合体现。如果落实到某一课的备课上，就是教师为上好这一课所做的一切努力和准备，特别是阅读和思考。正如苏霍姆林斯基借一位历史教师的口说："对这节课，我准备了一辈子。而且，总的来说，对每一节课，我都是用终生的时间来备课的。"

无形教案要"丰而深"，即丰富、丰厚、广博、深刻，包括读书。就语文而言，做到"四读三要"，即以读者的身份来读，文章的特点是什么？什么地方写得好？以编者的身份来读，为什么要选编本文？对于学生的语言文字训练和语文素养提高能发挥什么作用？以教者的身份来读，教给学生什么？怎么教？有什么优势？从学生的角度来读，学什么？怎么学？有什么问题？一要把课文读懂、读透、读化、读出自己的东西，要广泛阅读、博览群书；二要查阅资料，把与课文相关的信息，尽可能地收集、阅读；三要思考追问，学生为什么要学习这篇课文？怎样学习这篇课文？怎样引导学生学习这篇课文？学生在学习中可能会出现什么问题？如何指导解决？要为学生提供什么帮助等等。把这些工作做好了，或形诸笔端，更多的是存于胸、注于脑。只有这样，教案才能转化成"学案"，指导教学而不束缚教学，此时的课堂才有可能动态生成，才有可能充满生命活力。相对而言，无形教案是"本"，有形教案是"末"。只有根深蒂固，才能枝繁叶茂，千万不要本末倒置，甚至舍本求末。备课要用心，写教案同样要用心，用心为课堂教学写教案、为自身成长写教案、为学生发展写教案。

就数学而言，以下几个问题值得我们认真地思考。

一是设计教学方案，还是编写教学剧本？①

这个问题如此表述，恐怕谁都会肯定前者，否定后者。因为教案的本意就是教学的方案，怎么会是教学的剧本呢？可是，不知从什么时候起，喜欢写教案的教师，把每一提问的回答，都写进了教案。发展到今天，演变成对话式的教案：

师：12÷3＝4 表示什么？
生：表示把 12 平均分成 3 份，每份是 4。

这样的对话，在各种教案集、杂志上，已经司空见惯。让人分不清这到底是教案，是教学设计，还是教学实录？以致一些教师还以为当今流行对话式的教案。也许，作者的初衷是希望夹进一些对话，使教案生动些，便于看出教学效果，并没想到会给读者带来误导，更没意识到事先设计好学生的正确回答，无形中在执教者心里确定了该问题的一个标准答案。这种答案客观上影响着教师的教学判断。上课时，教师往往自觉或不自觉地期望学生按教案的设想回答。若不，就努力引导，直至从学生口中说出标准回答为止。在听课中我们经常发现，有的教师一连叫起数个学生，回答同一问题，或者不厌其烦地启发、暗示、再暗示，为的是让学生说出自己想要的那句话。

我们说，备课时教师有必要充分考虑的，不是学生必须怎样回答，而是学生可能会怎样回答，进而设想教师应该怎样相应地给予肯定、补充，或纠正、启发。至于把这些设想写进或不写进教案，则是次要的。问题的实质在于，课堂上教与学的过程，是师生思想交流的过程，是充满生命活力的过程；教案写得再详细，也只是实际教学过程的一种设想和计划，是教师课堂上临场发挥、随机应变的基础和准备。教案不是剧本，不需要设

---

① 曹培英 http://math.cersp.com/Specialty/Xiaoxue/Subject/200509/129.html.

计好师生的对话；教学不是演戏，学生不是群众演员；上课不需要背台词、配对白，完成教案并不一定就是理想的课堂教学。

二是理顺教学思路，还是确定教学细节？

解数学题，强调解题思路要清晰，讲究纲举目张，以解题思路调动解题技能、技巧。类似地，数学教学也必须重视教学思路。这一方面是由数学学科的特点决定的，另一方面也是培养学生思维能力的需要。因为教师的教学思路，对于学生的学习思维，具有直接的影响，对于学生思维的发展，具有隐性的、影响深远的、潜移默化的熏陶作用。因此，通过撰写教案，理清教学思路显得十分重要。

有一次，听一位青年教师上"估算"一课，感觉效果不佳。课后共同分析整节课的教学设计，理出了教学思路：

1. 教学估算的意义。创设问题情景→感知有时只需计算大约是多少→引入课题；

2. 教学估算的方法。教学例题→总结估算步骤→练习估算的第一步（取已知数的近似值）→练习完整的估算；

3. 教学估算的应用。

……

循着这一思路对原教案稍作调整，在平行班又上一次，效果明显改观。教师自我感觉教学进程心中有数，实时调控的目的性增强了，连过渡语言也更自如了。

可见，所谓理清教学思路，也就是从整体上把握教学设计的框架。这不仅有助于提高教学的条理性和逻辑感染力，也有利于教师的随机应变。因为按"框架"施教比按"细节"施教，具有更大的调整空间和回旋余地。

当然，肯定理清教学思路的重要性，并不是否定考虑教学细节的必要性。两者之间的关系，有如人体的骨骼、筋脉与血肉，是相辅相成、相得益彰的。

三是因人而异，还是千人一面？

这个问题主要是针对教案的管理要求提出的。

以前，经常看到这样的情景：学校检查教案，在教案本侧边盖上公章，使每一页的页边上都沾上一点红色的印泥，以此杜绝重复使用旧的教案。现在物质条件好了，但教学管理上的观念却没有大的改观。代替盖章的措施是，发给教师统一的备课本，每学期一册。

更有甚者，对教案的篇幅，提出平均每课时至少多少页的要求；对教案的格式，如同小学生作业的书写一样，作出统一规定，称之为"备课常规"。

诸如此类的管理方式，司空见惯。教师的教案如此缺乏个性，能培养出富有个性的学生来吗？人类已进入21世纪，各行各业都在使用计算机，难道我们教师的备课，就还有必要固守着"老宅子"，用笔、用人工继续抄下去吗？尤其是用同一教材教了多年的教师，年年重复写一本书的教案，难免因厌烦而敷衍。与其耗费大量的时间和精力，重写、重抄教案，做无用功，不如让教师对原有的教案加以调整、补充或修改、完善。这样不仅可以提高备课的效率，而且有助于积累、丰富和充实教学经验。

至于教案的详略，大可因人、因时而异。一般来说，新教师缺少经验，教案应写得详细些；公开课的教案，为便于交流，宜写得详细些。同样，教案的格式，也不必强求一律。它取决于教师的习惯，取决于教学内容和学习活动的特点。让教案体现明显的个性化倾向，比起千人一面的规范，利多弊少。

（二）教案内容。

一般地说，以下几项内容是教案必写内容。

1. 教学（学习）目标。教学目标是上课的出发点和归宿，目标明确、恰当是一节好课的首要条件。巴班斯基认为："任何活动，关键都在善于设计它的目的和任务。马克思早就指出，自觉的目的是作为规律决定着人的活动方式和方法的。"教学目标必须做到明确、恰当。"明确"，是指师生对一堂课应达到的目的、方向要有共同的认识；"恰当"，主要指"五符合"，即符合"三维目标"精神、符合年级的特点、符合教材的要求、符合学生的实际、符合40或45分钟容量。比如语文，一篇课文的教学目标一般在《教师教学用书》中都有提示，如果没有补充、改进，就没有必要照抄。要写在教案中的是根据自己研究教材和课时实际，分解细化了的每一个课时的教学目标（包括重点、难点）。课时目标明确、恰当，课堂教学才有方向、才有效益。

2. 基本的教学程序。遵循学生的身心发展和学习规律以及教材特点，安排一节课的先后次序，先做什么，再做什么，最后做什么，需要在教案中提示。这个提示也不是"公式化"的、一成不变的，该省的省、该略的略、该详的详。一般地以教学重点的实施、教学难点的突破、教学创新点的设计等为详。如阅读教学，一般在初读感知的基础上，教师引导学生抓住重点词句、段落，进行揣摩、品味；理解、朗读；表演、探究等，把握重点，突破难点，受到情感熏陶，获得思想启迪，享受审美乐趣，是教案设计的重头戏。请看《荷花》"品读重点，感悟神韵"[①]的部分：

（1）学生默读课文第二自然段，体会课文的哪些句子写得特别美。

（2）四人小组合作品读"有的才展开两三片花瓣儿；有的花瓣儿全都展开了，露出嫩黄色的小莲蓬；有的还是花骨朵，看起来饱胀得马上要破裂似的"。

①分组学习：美美地读一读这几句话，用心体会荷花三种形状的美。

②组织交流：你们小组体会到了荷花的哪些美？才展开的荷花美在哪儿？全展开的荷花美在哪儿？没展开的荷花又美在哪儿？

③抽四人小组合作品读这三句话。

（3）引导品读"白荷花在这些大圆盘之间冒出来"。

①"冒"还可以换成别的什么字呢？（长、钻、探、伸、露、冲）

②读读这段课文，体会荷花怎么样冒出来。（使劲、拼命、用力、急切、笔直、一个劲儿、高高、痛痛快快、争先恐后、生机勃勃、兴高采烈、精神抖擞、喜气洋洋）在"冒"前加上这些词再读这个句子。

③由"冒出来的白荷花仿佛想做些什么？"引导学生写作：白荷花在这些大圆盘之间冒出来，仿佛……

（4）或坐或站，有滋有味地诵读课文第二自然段。

3. 问题设计。以提出问题，包括引导学生质疑问难来调动学生、深化理解、促进思维、推进教学是课堂教学的基本策略。好的问题，即思维含量高、挑战性强的问题，能够点燃创新的火花、促成思维的觉悟、激发探究的欲望，使之或凝然沉思、或豁然开朗、或释然顿悟、或怦然心动、或翩然遐想，不仅学到知识、掌握技能、训练思维，更陶冶情操、沐浴欢

---

[①] 巫惠群：《〈荷花〉教学设计》，《小学教学参考（语文）》2006年第3期。

喜、获得生命力量。备课，要精心设计问题，少而精，要把问题写在教案中。如阅读教学，问题要提在学生的疑点上，提在课文内容、形式的特点上，提在语文训练的重点上，提在课文的矛盾上，以"牵一发而动全身"。

比如，一位教师教《猫》这篇课文，在初读课文、交流初步感受、启发学生质疑之后，教师把预先设计的问题和学生提出的问题糅合在一起，提出了这样的问题：找一找，猫的性格"古怪"，都表现在哪些地方？课文是怎么写的？这样写，好在哪里？学生抓住课文中的多处语句，谈出了自己的理解。有的抓住"蹭"，谈作者用词准确；有的抓住"踩印""几朵美丽的小梅花"，谈作者通过运用比喻，表达对猫的喜爱之情；有的抓住语气词"吧""呀""呢"，谈作者口语化的语言特点……这样的"问"与"答"，既是对文本的理解，又是对语言的品味，对写法的揣摩，值得提倡。①

4. 练习设计。一是教师要"下水"，如于永正老师在备课时，总是要把课后思考练习做一做、生字写一写、练笔作一作。正如一次我县片区教研活动中，李金凤老师评黄春金老师的《快乐的节日　美好的生活》作文指导课时说的"老师一味地推学生'下水'，自己却从不湿鞋，肯定不行"。二是教师要设计，即根据教材特点、教学需要和学生实际，设计课堂练习，以及时反馈、巩固和深化；设计课外练习，以拓展、延伸和升华。（已经在前一节论述，不再赘述。）

5. 教学反思。随着课程改革的实施和深入，提出写"教学反思"。叶澜教授曾指出："一个教师写一辈子教案不可能成为名师，如果一个教师写三年教学反思就有可能成为名师。"于永正老师说得更具体，他说，"写教学反思实际上是对自己的备课及实施的总结。认真写三年教案的人，不一定成为优秀教师；但认真写三年教学反思的人，必定成为有思想的教师，说不定还能写出一个专家来。……在记的过程中，自己的认识往往会得到升华，负面的东西会一下变成正确的，这是一种非常微妙的感受，所以我说，反思吧，记下来吧，这样，成功和失误都是收获！"② 如果能上

---

① 崔峦：《向40分钟要质量》，《小学语文教学》2007年第12期。
② 于永正：《小学语文教师》2006年第1期。

网并在"中国课堂教学网"上注册了自己的专业博客的老师，可以把反思写在博客上，马上就有同伴来阅读，或支持、或肯定、或鼓励、或帮助。失误，因反思而美丽；喜悦，因分享而永恒，多么美妙啊！

那么，怎样反思、反思些什么呢？

我们认为，教学反思应该是一种具有目的性、针对性的行为，是一种需要理论支撑的分析、比较、判断的思维过程，以及思考之后的改进、提升、完善、记录的行动过程。有的放矢、思而见行、行必有果，是教学反思的显著特征。

（1）思考。有学者说，教育是为了养成独立思考的习惯。那么，作为教育者的老师，首先是一个"独立思考"者。有一种痛苦其实是快乐，是直抵内心的快乐，那便是思考。

课前思考：教什么？怎样教？为什么教？教到什么程度？同时以学习者的身份思考：学什么？怎样学？为什么学？学到什么程度？

课中思考：课堂教学中，看着孩子的眼神、表情、状态，思考"我的教学适应孩子吗"、"要不要做一些调整"等等。

课后思考：教学设计适合学生吗？教学有效吗？课堂生成抓住了、用好了吗？学生喜欢我的课吗？我满意学生的学习吗……总之，得失明了、成败自知。"得"者成为经验、"失"者成为教训。"失"则及时调整、改进，此时的"失"就转化成"得"了，真是"得失塞翁马，襟怀孺子牛"。这是脑力游戏、这是思维游戏，多么有意思、多么有意义，所以，我说这是"直抵内心的快乐"。

（2）笔记。思考而有所得，就做一些笔记，及时记录下来，"好记性不如烂笔头"，同时还体验了"认识升华"、"负而转正"的美妙。

一是随时的零散笔记，如老师们在教案右侧留出一小块空白，随教学流程进行旁批、旁注，一下课花上几分钟就可以记录完成；二是阶段的完整笔记，一天、一周、一旬……结合平时笔记加以提炼，形成有观点、有材料的文章。如果可以随时上网并且有自己的专业博客，那么，随时记录也好、完整笔记也好，都是一篇篇网络日志，不仅自己享用，还有同伴分享。这些思考和笔记，就像散落在沙滩的珍珠，你稍用心一穿就是华丽的项链——最可宝贵的物质财富和精神财富。

（3）提炼观点，形成文章。前面说，这些笔记只是"散落在沙滩的珍珠"，要成为精美的项链，还需要老师再思考、再琢磨，提炼观点，组织材料，形成文章。比如我备《去年的树》（人教社版四年级上册），教学方案设计好之后，到第一所学校上课，上完课和听课老师一起评议、改进，并且在我的专业博客"童年的心灵护士"①的这篇教案下"发表评论"②，及时记录反思所得，对教学方案进行调整。又到第二所学校上课，再评议、记录、调整；再到第三所学校上课……几个轮回后，课堂渐次完善、思考渐次深刻。然后我细读这些零散的网络评论，"开口即是练语言，提笔即是练汉字，下笔即是练思想"的观点慢慢清晰，形成文章《开口即是练语言　提笔即是练汉字》③。

"学而不思则罔，思而不学则殆。"（《论语·为政》）"学然后知不足，教然后知困，知不足，然后能自反也，知困，然后能自强也，故曰：教学相长也。"（《礼记·学记》）教学反思，应该是教师最好的"学"。

教而不研则浅，研而不教则空，只有边教边研、边研边教，不断调整、不断改进、不断完善，教学才能优质高效，教师才能成为研究者、成为名师、成为教育家。

## 拓展阅读

### 1. 于永正老师的教案④

不少教师想看我的教案，但常常让他们失望，因为多数写得比较简单。备课过程中，好多东西教案上是没有的，是无法写上去的，我称之为"隐性备课"。例如练朗读，练板书的字，看资料，还有更无形的东西——思考。真的，有时，早晨一睁眼就在想教材，想教法，想学生。

备课要备学生。要考虑学生的认知水平、心理特征、思维特点。教材中哪些地方要讲，哪些地方可以点拨，哪些知识要补充，哪些方面要拓展，都要细细思考。同样一篇课文，学困生应掌握哪些最基本的东西？同样是朗读、背诵，同样是一篇作文，学困生应达到什么程度？设计的课堂

---

① http://huangguocai.cersp.net.
② http://blog.cersp.com/userlog/1559/archives/2007/538915.shtml.
③ http://ktjx.cersp.com/jxkl/jxsj/200710/3568.html.
④ 于永正：《备课断想》，《福建教育》(A)2007年第2期。

提问,难易是否适度?甚至连哪些问题由学困生回答都考虑到了。课堂教学要关注全体学生,其实备课时我就开始关注了。

备课于心最要紧。

写教案,只是备课过程中的最后一个环节,它不是备课的全部。

阅读教学的教案,我大体上分为三个板块:初读课文、精读课文、作业设计。"初读课文"部分只是写个大体过程,因为多数情况下你料想不到学生会出现什么问题。指导初读的指导思想是一个"严"字,严格要求读正确、读流利,严格要求读出标点符号。必要时领读,即"跟着教师读"。"精读部分"着重引导学生品味词语,品味句、段,品味篇章结构,进而读出味道来。这个环节目的在于培养学生的阅读能力、鉴赏能力,并感受语言的魅力。第三部分是作业设计,如造句、片段仿写的设计等。近几年设计得较多的是"综合性学习"作业。下面举个这方面的例子。

比如,学习了《海底世界》,我设计了两个作业让学生选做。一个是:我国有哪四大海?我国的海岸线有多长?我国的最大岛屿叫什么?面积有多大,人口有多少?我国最南端的礁岛叫什么?一个是:中国人民解放军海军有哪三大舰队?你知道人民海军现代化的舰艇的名字吗?人民海军水兵服的衣领、袖口上为什么有四条白道,比国外的多一道?请你为中国人民解放军海军设计一艘现代化的军舰(用图画表示)。以上两题任选一题,通过查阅资料,写成一篇短文。

我还为五年级的学生出过这样一道题:(1)上网浏览一下各国先进的战斗机,并记下几种主要的战斗机的名称。(2)我国"超7"战斗机何时研制成功?它有哪些性能?它的研制成功有何意义?写篇文章,并把"超7"战斗机的图片下载下来,附在文章后面。

事实证明,我们的学生很了不起。

不过,教师一定先得聪明起来。

另外,我从不让学生做练习册,也不让学生反反复复地抄生字、新词。为了应试,考试前也做一些练习卷,但只是为了让学生见识见识。

## 2. 备课不能只注重写教案[①]

备课是教学工作中必不可少的重要环节，一节课教学效果的优劣很大程度上取决于备课是否充分，备课的重要作用不容置疑。但长期以来，由于管理者认识上的偏差，误将备课等同于写教案，并且过分夸大教案的作用，认为只要有好的教案，就能上出好课，就能有好的教学效果。

为了保证教案的质量，管理者不仅要求教案各种项目齐全、内容详细、字迹工整，而且把检查教案作为一项教学常规常年不懈地抓：期中查、期末查、每月查、临时突击查……有的学校还举行优秀教案评比，将教师的教案与本人的工作态度、工作业绩挂钩。于是，教师们为了避免背上不负责任的黑锅而影响自身的形象、利益，只得将手中的《优秀教案》《教学参考》进行剪辑、"再版"，本来用于记录课堂教学步骤提纲的教案，成了与课文内容相关的"百科文摘"，备课笔记成了书写美观、内容详尽的"备查"笔记。

新课改中，精心设计教案固然重要，但教师的备课绝不能片面理解为只是写教案。教师的备课需要在认真钻研课程标准、教学内容及相关参考资料的基础上，结合本校的学生情况，精心设计出适合本班学生实际的教学方法步骤，最后书写成教案。因此，从某种意义上讲，教案只是教师教学思路的记录，授课步骤的提醒，何必抄资料、搬《教参》？

备课理应备教材，但"尽信书不如无书"，即使是名家的经典篇目，有时也有值得推敲、商榷的词句，教师备课要备出自己对教材独到的解读、思考、见解，而不只是对教材一味地接受、照搬，充当"教材"、"教参"的传声筒。现实生活丰富多彩，教师要及时吸收生活中的鲜活素材，并把它巧妙地融合到课堂教学中。

备课应该备教法，备学法。每节课的教学设计，既要注重整体策划，又要考虑细节的处理。多一些弹性设计，少一些僵化形式；多一些学案，少一些教案。

备课应该备学生。教师不仅要考虑学生学什么，怎样学，更应考虑这样的学习对学生的今后发展会有什么作用。要时时把学生的需要放在首

---

[①] 裴礼年：《备课不能只重写教案》，《教师报》2006 年 12 月 10 日。

位，要经常反省你对教材的处理是否贴近学生实际，你提的问题是否能促进学生的思维发展。

备课还应重视对已写教案的补充、修改。布卢姆说过："没有预料不到的成果，教学也就不成为一种艺术了。"新课程改革下的课堂教学是师生共同合作、探究的过程，不仅有教师的"预设"，更有"预设"之外的"生成"。根据实际的授课情形，对已实施的教案进行必要的反思、补充、修改很有必要。从某种意义上讲，经过圈改批注的教案，比那些整洁、美观的"克隆"教案更实用，更有价值。

总之，教师的备课是一种综合性的脑力劳动，写教案只是备课的一个环节。钻研大纲教材、研究学生、设计教案是备课；教师的阅读积累、教学理论的学习也是备课；授课后的总结、反思同样是备课。备课决不能简单地理解为写教案，教学工作的检查不能只看教案是否详细、美观。一味地注重教案形式，无疑是舍本逐末，会使备课走向误区。

## 主题六　集体备课

### 一　引语

　　我们认为在促进教师专业成长的有效方式中，同伴互助是最便捷、最持久又最现实的一种方式。集体备课是"同伴互助"的一种，因此，集体备课是促进教师专业成长的最便捷、最持久又最现实的一种方式。在集体备课中，老师们以一个共同关心的课题或问题进行有准备的研讨和分享，彼此敞开心扉和思想，形成一种互相支持、互相帮助、互相促进、彼此分享、和谐共进的同事关系，日本学者佐藤学称之为"合作性同事"（collegiality）[1]。在"合作性同事"关系中，"一个老师，要紧的不是忙着去否定，不是去证明，更不是糊里糊涂地照搬，不加任何改变。他应当像蜜蜂一样，在教法的百花园中到处采集有用的花粉，回来酿造自己课堂教学的蜜。"[2] "君子和而不同，小人同而不和"。在集体备课中，每位教师都应该是"坦荡荡"的君子，而非"长戚戚"的小人。

### 二　案例

　　然而，在现实中，集体备课并非都如此，请看种种"怪"现象。
　　现象一：无"备"而来。集体备课时间到了，在教研组长张老师的催促下，教师们陆陆续续回到办公室。张老师先讲了些学校和教研室的通知，之后大家随意聊着其他话题。眼看时间过半，张老师才说：大家看看，我们今天备什么内容？老师们于是七嘴八舌，有说学习新课标感悟的，有说课堂教学的，有说单元测验的……最后，张老师确定一个话题让大家讨论发言，又临时指定小王老师做记录，时间一到，老师们各自

---

[1] ［日］佐藤学：《静悄悄的革命》，长春出版社2006年7月版，第63页。
[2] 魏书生：《魏书生文选》第一卷，漓江出版社1995年版，第14页。

散去。

现象二：集体备课等于集体备案。周三下午，某教研组开始集体备课。教师们纷纷拿出教案簿，按照惯例，由事先安排的李老师、宋老师分别说下周教案内容设计，然后其他教师提出修改意见，大家讨论确定教学目标、教学重点、教学难点、教学过程、教学方法、练习反馈、板书设计等内容。剩余时间，大家就一起写教案。备课结束后，教研组长又安排下一次集体备课的内容和人选。

现象三：集体备课就是"大一统"。某学校严格集体备课制度，规定集体备课的终极就是形成集体意见，要求同年级同科教师统一进度、统一内容、统一目标、统一重点、统一作业、统一检测。还让教师对教学重点难点内容的突破，对课堂教学及结构的研究，拿出统一的方法并按照实施，学校领导随机听课，检查执行情况。

现象四：集体备课一人唱"独角戏"。赵老师是学科带头人，也是备课组组长，有丰富的教育教学经验。每到集体备课，基本上都是赵老师一个人在讲，其他教师认真记录，有时虽然指定了中心发言人，但随着备课的深入进行，往往又是赵老师接过话题，一讲到底，其他教师尤其是年轻教师很少主动参与。

现象五：集体备课只看文本，不看学生。某校集体备课开展得有声有色，十分注重教材和教学方法上的准备，他们安排教师学习课标、研讨教材、制定计划。还让教师分工从网上搜集教案、资料，制作成课件。有人就问了：要不要备学生？回答：没有必要。只要把教学方案准备充分了，什么样的学生都能教。

现象六：照搬照抄与弃之不用。杨老师很看重集体备课，每次都认真做好记录，到上课时原封不动地按照教案的设计流程和内容不折不扣地进行教学。用她的话说，这样就不用再费时间备课了，拿着现成的方案去上课，多方便。江老师却不然，备课本总是随手一丢，看也不看。用他的话讲，备课记录只是给领导检查用的，对教学效果没有实际作用。[①]

显然，以上种种都不是集体备课的初衷，也不是集体备课的操作规程，更不是集体备课的价值追求。"我们认为，集体备课就是把理解和把

---

[①] 郑琰：《集体备课如何"旧貌"换"新颜"》，《基础教育课程》2006年第7期。

握课程标准、研究和分析各类教材、确定教学整体目标以及找寻普遍的教学规律等方面进行相对的统一，而在具体的教学方法、方式上，则不宜强求统一。我们应该将'和而不同'作为集体备课的思维指向，倡导把集体备课和独立备课有机结合起来，同时联系自己的教学实际，根据自己班级的情况，批判地吸纳集体生成的智慧，修正原先的教学思路，设计并撰写自己的教学方案，切勿使自己的思想完全被别人俘虏"[1]，也勿"空手套白狼"，等着别人的"施舍"。

## 三 要点

那么，集体备课怎样操作？备完又怎么用呢？

1. 建设"新的教研文化"。

刘坚教授认为"新的教研文化"是新课程的价值追求之一。他在《反思与行动》一文中描绘了"新的教研文化"，即"老教师与年轻的教师之间，语文、数学教师与美术、音乐教师之间，一线教师与教研员之间，不管学历与职称的高低，大家在学术上是平等的，充分尊重每个人的成果，充分调动每个人的主动性、积极性和创造性"[2]。可以说，建设"新的教研文化"，营造协作互助的氛围，架构智慧碰撞的平台，达成资源共享的目标，强化优势互补的功效，促使同事之间互帮互助共同成长，是集体备课的支撑、也是集体备课的归宿。一方面，集体备课只可能生长、生存、壮大在这样的教研文化中；另一方面，集体备课又催生、促进这样的教研文化的形成和发展。

（1）新的制度。说到底，真正束缚集体备课实效的是教师的评价机制。如果学校还仅以考试成绩论英雄，定赏罚，那么，谁愿意在集体备课中开诚布公、坦诚相待，公开自己管理学生、提高质量的"独门秘笈"？课程改革以来，各校都在积极探索改进评价机制，制定更有利于个人努力又合作共赢的教师专业成长的制度，如山东省高青县中心路小学的做法值得借鉴："我们对教师全过程量化条例进行了较大幅度的修改：变教学成绩占全过程量化总分的50％为35％，大幅上调备课、上课（随机听课）、

---

[1] 金绍荣，王德清：《对集体备课的理性诉求》，《教育科学论坛》2005年第12期。

[2] 刘坚：《反思与行动》，《福建论坛》2006年第4期。

作业批改等过程性管理项目，以及新课程理念的掌握、教科研能力的提高、学生特长的发掘和培养等项目的权重，由对终结性评价的过分依赖转移到切实关注过程性评价上来。同时，增加'捆绑式'集体性评价指标，即对教师教学成绩的量化增设'协作奖'，包含两个层面：一是'同荣同辱共进退'，即整体冒尖，则不考虑个体差别，个个受奖；整体落后，则人人无奖。二是'前呼后拥不掉队'，即平行班教师教学成绩差异不拉大到一定分值，且整体成绩居同类学校上游水准，即可享受该奖，反之不受奖，以此推动整体质量提升。教学评价管理制度的系列改进和完善，有效营造了集体备课的和谐氛围，为团队精神的打造和教学质量的整体提升奠定了精神基石。"[1]

（2）新的表达式。以往，我们常常听到校长或教研室在汇报集体备课的成果时，列数集体备课的人数、次数、学科数、文本数，还有论文数，等等，这些当然是集体备课的成果——"硬成果"。但是，我们更希望听到在集体备课中学习和运用了哪些教学法；在集体备课中解决了哪些问题，而且是个人力量不能解决的问题。同时又产生或提出了哪些新问题；在集体备课中诞生了哪些"点子"，哪些点子是原创，哪些点子在实践中被证明是"金点子"；在集体备课中不仅分享彼此的经验智慧，更凝聚了老师的人心、集中了老师的注意力、融洽了老师的关系等等，这些也是集体备课的成果——"软成果"——更重要的成果。

（3）新的聊天式。办公室聊天，是新的教研文化的日常表现，也是新的教研文化的"试金石"。如果教师在办公室聊的都是些"鸡毛蒜皮""流言蜚语""埋怨谩骂""股市行情""麻将扑克"的话，还谈什么教研文化？反之，如果教师在办公室聊的都是：刚刚在课堂上、作业中遇到的问题，请教同事，同事亦热心出点子、想办法；刚刚在课堂上取得的好经验、好方法，急着在办公室里传播；刚刚在课堂上捕捉到的精彩的生成、突发的灵感，急着在办公室里宣传；刚刚查找到的资料，急着与同事分享；刚刚设计的教学方案、创造性练习，急着请同事参谋……那么，我们说"新的教研文化"已经形成。事实上，这是另一种"集体备课"——一种轻松随意的聊天式的集体备课、集体备课的日常式。

---

[1] 孟宪波：《"加减法"，让集体备课见实效》，《中国教师报》2006年5月17日。

2. 个人备课，张扬个性。

新课程倡导自主、合作、探究的学习方式，这种方式适合学生学习，同样适合教师学习。这种方式，是以"自主"为前提、为基础、为核心，以充分"自主"的身份进入"合作"，在合作中还保持"自主"，当然这种"自主"不是刚愎自用、顽固武断。这样的合作才能形成真正的合力，整体大于部分之和。

集体备课就是这样的"合作"。在集体备课之前，每个人都充分地准备了，都有了自己的理解、自己的设计、自己的难以解决的问题或者独特的见解、特别的资料、有效的方法，等等，这些内容或形成文字、或上传网络、或储存大脑。

一般做法是，教导处（教研组、教研室）在学期初通盘考虑、初步设想，而后征求老师意见形成计划，让所有老师心中有数；再至少提前一周告知具体课题或问题，进行"一次备课"——老师们独立思考、查阅资料、生发点子、规划方案、设计练习、产生疑问，等等。

3. 集体研讨，和而不同。

集体备课（也称"二次备课"）时，主持人临时确定主题发言人——这样做的好处是显而易见的——谁都可能当主题发言人，谁都要认真准备，大家都得到公平的锻炼机会。也许有人会问，万一主持人点到的"主题发言人"没有准备或者不愿意，怎么办？

我们的回答是：更要让他锻炼！

如果经常这样，这本身就说明你的集体备课有问题，需要组织者（学校）检讨，"得道者多助，失道者寡助"。

主题发言人发言之后，其他老师或补充、或修正、或提问、或另辟蹊径、或针锋相对、或拓展延伸……最后，主持人稍加总结，去芜取精、求同存异，大家带回去的是"同伴中的自己、自己中的同伴"。总之，每个参与者都是独特的"这个"，都在倾听与发言中"拿来"与"付出"，都是赢家。

有人也许会问，集体备课就不要达成共识、统一意见、结集成果吗？

我们的回答是：要，但不是每次都要，也不是最重要。

我们认为集体备课追求的不是最后的成果、更不是统一的文本成果，而是过程——主动参与、思维碰撞、智慧启迪、辩驳纠正、丰富完善、分担分享的学习、研究过程。这个过程本身就是成果，是影响更广阔、更深远、更重要的成果。正如一句广告词所言："我们之所以攀登，不是因绝顶的风光，而是为沿途的风景和永恒的过程。"

4. 实践反思，完善丰富。

经"二次备课"，老师开阔了视野、打开了思路、灵活了方法、优化了设计、精进了课业、带回了"同伴中的自己、自己中的同伴"后，再结合具体教学环境和学生实际进行调整、改进，即"三次备课"，然后在课堂实践中应用、在实践中检验，最后反思得失利弊、优劣高下，在下一次集体备课中提出来，第二次分享、即"再二次备课"。经历这样几个回合，集体备课已然超越了"备课"，而真正成为教师行动研究、专业成长的过程。

5. 几种集体备课的模式。

（1）以学科为参照的横向分，有以下几种：①同年级同学科的集体备课。这是最常见的，只要同年级有三个班（三个老师）就可以举行（如果只有两个班、两位老师，加上教研组或备课组一位），三人成众，"三个臭皮匠，顶一个诸葛亮"。比如光泽县鸾凤中心小学同年级的"每周一课"，即同年级同学科的老师每周选一位上公开课。这节公开课先行集体备课，然后选一位老师上课，参与集体备课的老师听课；听课后进行评议，修正、改进设计、讨论解决课堂上发生的问题；最后整体优化，其他老师根据班级学生的实际"拿来"上课。②同学科不同年级的集体备课。同学科有许多相同的规律，也有许多相同的问题，比如语文学科的识字教学、朗读指导、习作指导等等，比如数学学科的生活中的数学、解法的多样化（优化）、创造性练习题的设计等等，大家就共同的问题搜集资料、出谋划策、集体攻关，总比"单枪匹马"、"单打独斗"强。比如光泽县鸾凤中心小学的"问题解决"集体备课，先由教导处印发"问题征集表"，老师填写教学中遇到的问题，再由教导处梳理，确定共同问题，交由老师们思考、查找资料，"八仙过海——各显神通"，再在集体备课上研讨，解决问题、共享资源、分享智慧。③不同学科同年级集体备课。这种集体备课模式主要是针对学生，解决学生一头的问题，比如学习习惯问题、组织教学问题、注意力集中问题、拖欠作业问题、思维训练问题，等等。这是各学科教学都面临的问题，应该集各门学科、各位老师的力量，集思广益，多管齐下，共同解决。

（2）以主题为参照的纵向分，有以下几种：①主题式集体备课。即每次集体备课有一个明确的主题，这个主题来自老师，由对该主题最感兴趣的老师牵头搜集资料，并结合自己的教学实践整理，其他老师既可协助也可独立思考。集体备课时，先由"牵头人"发言，其他老师分享、补充。"牵头人"的这一次牵头，可能就成为这个方面的"专家"了，即使成不了"专家"，也埋下了一颗优良的种子。②教学式集体备课。即大家借助一个课题或共同问题（或不同问题）先行备课（思考），在集体备课上，先由一位老师上课，其他老师就自己准备的问题有目的地听课，听完课后，就自己关注的问题进行评议——这个问题解决了吗？解决问题的方法可行吗？还有没有更好的方法？等等。③指导式集体备课。一般是由教导处（教研室）组织，邀请专业研究人员就共同的问题进行指导，并且在指导过程中与老师互动，或答问、或释疑、或解惑。比如我们县每个学期初举办的进入课改年级老师的备课会，备课会前，要求任课老师认真通读新教材、教师教学用书、聚焦问题，在此基础上，我们分块——如语文学科分为识字与写字、阅读、口语交际、阅读和综合性学习等，如数学学科分为数与代数、空间与图形、统计与概率、数学实践活动等，分配给若干骨干教师准备，在备课会上，先听课，然后分块发言，教研员总结辅导等。

（3）网络式集体备课。即借助专业网络，如教育部下属"新思考"网①、"中国课堂教学"网②等，借助这些网络的"论坛""博客"，进行研讨、备课。这是网络环境下的集体备课，是最方便、最快捷、最实惠、最有效、无障碍的新式集体备课。比如"中国课堂教学"网组织的"在线研讨"——《怎样备好一堂课》、《怎样上好一堂课》、《怎样确定学生的学习"起点"》等等，参与面广、人多、质量好、影响大，余文森教授还亲自"坐镇"答疑解惑。比如各团队博客上举行的"在线研讨""博文评论"等等，都是集体备课，如"一本书、一张嘴、一块黑板、一支粉笔，照样能上出精彩的课"③ 就是我县在我们团队博客"福建省光泽初教室"博客上的一次集体备课的主题，小小光泽县小学专任教师不足千名，阅读本帖的有1千多人次，发表评论的有1百多条。我们已经进入了网络时代，老师们要在网络、博客中快速专业化成长。

---

① http://cersp.com.
② http://ktjx.cersp.com.
③ http://blog.cersp.com//userlog/1559/index.shtml.

英国伟大的剧作家乔治·萧伯纳曾说过:"你有一个苹果,我有一个苹果,我们交换以后,还是一人一个;你有一个思想,我有一个思想,我们交换后,将会是一人两个思想,甚至更多的思想。"集体备课就是在交换思想。

## 拓展阅读

### 1. 对集体备课的理性诉求[①]

何谓集体备课?顾名思义,就是大家一起来备课。在新课改中,它得到了各级各类学校的推崇和喜爱。集体备课从其过程和结果上来看,优势是十分明显的。它可以使教师们在沟通、交流、研究、讨论中,对教案进行再设计、再补充、再创造,使教案更加规范、更加科学和更加完美;它可以更好实现教师之间的"传帮带"的功能,增强教师之间的凝聚力,提高教师们整体的业务水平;同时它也可以克服个人备课的惰性、片面性和随意性,提高教学的科学性。

然而,在实施过程中,集体备课也出现了一些弊端,引发了一些争论。一个重要的原因就是对其思维指向存在误差,对其功能定位存在偏差,对其目标和任务的认识不明确。要使集体备课真正成为促进教师专业化发展的平台,就要对其进行理性的分析。

一、和而不同:集体备课的理性思维指向。

受旧的教学和课程观的影响,传统的集体备课思维指向是求"和"。即如何吃透教材和怎样把教材教给学生,是从教师"本位"、教材"本体"、教法"本身"着眼,以追求教材的承载量、教师的传递量和学生的接收量。这样,集体备课的终极就是形成集体意见,实现五个"统一",即统一内容、统一目标、统一重点、统一进度、统一检测。

新的课程观认为,课程是教材、教师、学生、环境四个因素的整合。教师和学生对教材、知识的理解受到自己的经验背景、生活阅历、文化基础和独特感受等诸多因素的影响而不可能形成统一的理解,也就不需要统

---

[①] 金绍荣,王德清:《对集体备课的理性诉求》,《教育科学论坛》2005年第12期。

一的备课模式。因此，集体备课单单研究教材是远远不够的，还必须充分研究教学对象的先前经验，发挥教师的自身能动性，确定恰当的教学起点，选择合适的教学方法，设计出符合本班实际的教学方案。

我们认为，集体备课就是把理解和把握课程标准、研究和分析各类教材、确定教学整体目标以及找寻普遍的教学规律等方面进行相对的统一，而在具体的教学方法、方式上，则不宜强求统一。我们应该将"和而不同"作为集体备课的思维指向，倡导把集体备课和独立备课有机结合起来，同时联系自己的教学实际，根据自己班级的情况，批判地吸纳集体生成的智慧，修正原先的教学思路，设计并撰写自己的教学方案，切勿使自己的思想完全被别人俘虏。

二、解决问题：集体备课的理性功能定位。

利用大家的力量来设计教案，这是对集体备课的误解。课堂教学不能照搬理论体系或教学体系，而要求教育者必须在通晓理论体系和吃透教材的基础上，认真研究学生的实际接受能力，力求把学生感兴趣并带有普遍性的问题作为教学的切入点，引导学生介入、思考和探讨问题。同时对新的理论成果和学术观点进行实证分析和逻辑论证。

我们知道，教案一般都由一些基本的目标要素、教学流程和方法手段构成。集体备课的功能如果只是定位在设计教案，就容易使教师只关注教案的各个构成要素，而忽视自己的存在。最终导致集体备课求同而略异，丧失针对性，缺少特殊性，流于形式。集体备课的功能如果是定位在研讨问题，就有利于教师在设计教案的基础上开展自我反思，发现问题，探究问题；就有利于紧扣教学的需要，抓住那些关键或疑难问题进行集体攻关，依托群体智慧清淤除障，释疑解惑；就有利于避免备课中照搬照抄的现象，使每个教师都积极参与。在交流中获得共识，在争鸣中深化认识，在参与中提升水平，真正达到促进教师专业成长的目的。

三、共同进步：集体备课的互助合作内涵。

新课程改革要求大力开展教师之间的同伴互助活动，充分发挥每一个教师的作用。当前，无论是新教师还是老教师，都需要转变思想观念，完善知识结构，改进教学方式，提升教学水平。然而，许多学校的集体备课太多强调以老带新，注重老教师的专业引领作用。其基本模式是，先中心发言人发言，然后其他教师做补充。大多情况下，中心发言内容是在老教师的引领下拟订的，补充发言的也大多是老教师。他们或予以总结，或进行修正,或做出补充。而年轻教师基本上是听,很少参与其中。这种备课形式虽然利于发挥老教师的专业引导作用,有利于缩短年轻教师的成长进程,但不利于发挥备课组所有成员的积极性以及传播新理念、新方法。

我们应该紧紧抓住集体备课的互助合作的内涵,在实践中更加注意教师间的交流与合作,使大家在自我反思的基础上,可以诉说困惑、提出问题、展示案例、阐释设想,在各抒己见、共同分析讨论的基础上,产生灵感,达成共识,升华认识。这样,集体备课就从过去的以老教师为中心的单向信息传递转变为在平等基础上的双向或多向信息交流。不仅可以用老教师的知识经验弥补新教师的缺陷不足,而且还可以用新教师的新理念和新观点撞击老教师的旧思想、旧模式。这样,集体备课就真正实现了新老教师的同伴互助、资源共享的共同发展目标。

四、个性发展:集体备课的学生本位价值。

长期以来,我们的传统教学较多的着眼于教育的外部功能,把社会需求当作教育的出发点和落脚点,强调教学的目的主要是通过培养社会所需要的各类合格人才,为社会的政治、经济、文化发展服务。这种思想反映在集体备课上就是注重"统一",希望以"统一"来促进学生"同步发展"。诚然,教学必须为社会发展服务,但应该看到社会发展也是为人的全面、自由、和谐的发展而服务的。因而教育必须尊重学生的个性,必须坚持以促进学生的个性发展为本。

学生获取知识的过程是一个在已有经验的基础上主动建构新经验的生成过程。学生的人生阅历、生活背景、智力水平、知识基础各有差异,因而集体备课的价值取向不应是让学生"齐步发展",而应该通过多样化、个性化的教学使每一个学生都得到充分、自由的发展。要反对模式化,倡导个性化;反对整齐划一,提倡丰富多样。教师还要根据学生的具体情况进行分类,针对不同类型学生的特点设计有特色的个性化方案,使学生能在适合自己的体验、感悟、思考和探究中领会知识、理解文本、提高认识、增强能力,把文本课程转化为体验课程,使课程变成一种动态的"生态系统"。

五、教学研究:集体备课的科学任务追求。

在教学一线,许多学校和老师在旧的观念和思维定势的影响下,仍然坚持备课组的主要任务是写教案,这样一方面使学校的校本教研活动缺乏一种有效的组织形式和良好的展示平台,另一方面也使集体备课的教研功能无法得到充分发挥。这实际上是低估了教师智慧的力量，也是一定程度上的浪费。

在课程改革的新形势下，我们要对集体备课的任务和重心进行调整，不仅要使集体备课与教研活动融为一体，而且要把重点从过去的备课转向教育科学研究。以课题研究推进校本教研，提升教师的教学和科研水平。要做到这一点，我们首先要完善学校教育科研的组织结构和体系，要做到校本教研与教育科研的常规化、经常化，使集体备课真正成为教师专业化发展的一座平台。

## 2. 实践探索——我校的做法与思考[①]

一、我校集体备课的基本做法。

去年，我校以创县课改示范校为契机，通过举办教学沙龙等活动，共同研讨"我们今天该怎么备课"、"我们需要什么样的教案"，并结合我们学校教师个体业务水平高、整体联动能力强的特点，在集体备课方面深入探索，形成了具有我校特色的"钻研教材，收集信息，集体交流，专人形成教案，个性化处理"的五步骤集体备课法，力求每课的教学设计既凸显教师的教学个性，又融入集体的智慧，努力提高备课的实效性。

1. 钻研教材。教材是课堂教学中学生获取新知识、新信息的重要载体，也是我们课堂教学中最重要的课程资源，如何准确地把握教材，艺术地处理教材，同时又科学地补充教材，是上好课的基本要求。我们深刻地感受到，钻研教材，一定要在深入教材上下工夫。如何做到深入地钻研教材？我们要求每位教师首先要准确地把握教材的内容，抓住教材的重点、难点和特点，领会、揣摩教材编写者的意图。钻研教材一定要深刻、要透彻，处理教材则要在浅出上做文章。小学教材，尤其是低年级，浅显易懂，如何让学生在学习的过程中学得轻松愉快，如何让学生自主建构知识体系，发挥学生的学习主体性；如何实现教师、教材、学生之间的平等对话，如何实现知识与能力、过程与方法、情感态度和价值观这三个维度的统一，这都需要艺术地处理教材、补充教材。我们觉得，处理教材首先要遵循学生的认知规律，由浅入深，由表及里，由具体到抽象。其次要考虑

---

[①] 卢谦：《实践探索——我校的做法与思考》，《基础教育课程》2006年第7期。

到新旧知识间的联系，找准学生的最近发展区域。再次要符合学生的年龄心理特点。小学生的特点是好奇、好动，根据这一特点，我们在处理教材时避免千课一面，打破程式化，抓住每一课的特点，上出每一课的特色。这是我们集体备课的第一步。

2. 收集信息。当今社会是一个信息化、数字化的时代，报刊、杂志、网络可以为我们的课堂教学提供丰富的信息源。教师在深入研究教材之后，还需不断地完善、发展，深化自己的教学思路。我们要求，每一位教师必须广泛地查找资料，收集一些与本教材内容相关的教学信息，或者是一份教案、教学设计，或者是一篇文章的背景资料、作者简介，或者是与本课内容相似的一篇短文，努力开发、利用、整合课程资源，就教材的一些内容进行延伸、修改、重组，使课程资源更丰富，体现多样化、立体化的特点。如我校的一位老师在教朱自清《梅雨潭》这一课时，适当地补充了叶圣陶的现代诗《瀑布》，让学生体会不同体裁下所描写的瀑布的不同风味，并且在课堂上适时用多媒体展示庐山瀑布、黄果树瀑布那一泻千里、气势磅礴的画面，在使学生语言得到发展的同时，又受到了美的熏陶。再如我校的一位老师在教李白的《送孟浩然之广陵》的时候，又引申介绍了李白的另一首送别诗《赠汪伦》，还让学生复习已经学习过的送别诗《芙蓉楼送辛渐》、《渭城曲》，帮助学生积累和感悟。这种基于教材，又不囿于教材的思想，体现了教师主动开发课程的意识。

3. 集体交流。教师在深入思考、广泛收集信息之后，我们分课题组进行集体交流。集体交流是我们集体备课的核心，我们努力做到四个落实：一是集体备课时间、地点落实。每周二下午为全校集体备课时间，由备课组长准时召集本组人员举行备课活动。备课地点一般在各年级办公室。二是内容落实。开学初，各备课组认真制定好备课组活动计划，各组根据教学进度制订好每周备课活动的内容。三是中心发言人落实。每次根据备课组活动内容，由备课组中的一位老师做中心发言，详细介绍对教材的理解和初步的处理方法，提出有关的教学建议。四是讨论研究落实。各备课组每个成员将自己深入钻研教材的研究心得、设计过程以及设计理念做详细的介绍，在集思广益、群策群力的基础上共同研究出一条合理、新颖、有创意、可操作的教学思路。这个过程是相互争辩交流的过程、是思想碰撞的过程、是产生灵感造就智慧的过程。"水尝无华，相荡乃成涟漪，石本无火，相击而生灵光。"在这个过程中，备课组教师各抒己见，畅所欲言，在交流中进一步深化对教材的认识。

4. 指定专人形成教案。在个人钻研、收集信息、集体交流的基础上，由事先分配的一位教师按研讨的教学思路，合理地整合各人的教学思想，灵活地选择教学方法，巧妙地创设问题情境，恰当地选择一些电教媒体、教学图片等，写出一份详实的基础教案，打印、分发给备课组的每一位老师。这样免去了教师抄袭教案的无效劳动，使教师将更多的时间放在钻研教材、处理教材上。

5. 个性化处理。每位任课教师提前一周拿到打印好的基础教案，这还不是最终的上课教案。我们要求每位教师再根据自身的教学特点、教学风格、本班学生的实际情况以及自己最近获得的教学信息和研读教材的最新感悟，再在教案旁作旁注，可以增删教学环节、更换教学方法，添补教学内容和情节。如四年级语文老师在教《燕子》这篇课文时，普通话较好的教师增加一些范读，声情并茂，引人入胜；简笔画见长的教师，寥寥数笔勾画出一只活泼可爱的小燕子，形象直观；音乐素养高的教师，将音乐引入课堂，为学生营造一个鸟语花香、春意盎然的教学情境。他们各显神通，体现教学个性，这就是我们提倡的"二次备课"。"二次备课"可以是一个小教学环节的调整，一个大教学版块的变动，或者是一个教学步骤的细化。总之，是教师教学智慧、教学个性的充分体现。

二、关于集体备课的一些思考。

1. 集体备课一定要以个人深入钻研教材为基础。在我校实施集体备课的五个环节中，个人钻研教材是基础。没有个人深入地钻研教材，就不会有集体交流的思想碰撞和相互启发，集体备课就如同空中楼阁。当前随着课改的推进，教材内容也发生了很大的变化，有很多都是新选的课文，即使是老教材，教学的目的和要求也变了。怎样才能常教常新、体现课改新理念，这些都需要我们深入地钻研教材，吃透教材和课程标准。

2. 集体交流研讨制度一定要健全。这是集体备课成败的关键。备课组长要定期按时组织有关人员进行备课活动，切忌走过场，切忌让集体备课演变成轮流备课，演变成由抄全册书教案到抄一两个单元的教案。这种集体备课还不如个人单独备课，没有起到共同研讨、碰撞思想、激发灵感的效果。

3. "二次备课"要落实，要强化教学反思。教师在上课之前一定要对教案进行再次修改和补充，或批注、或圈画、或删改，绝不能随便地拿到教案就走进课堂。学校要加强"二次备课"的管理和检查，加强"推门"听课。上完课后，要及时地记下课堂中的成功与失败，写好教后记，将课堂上出现的偶发事件的处理、闪现教育艺术的火花、教学环节的巧妙衔接等记录下来，不断地反思，做到"吾日三省吾身"，在实践中思考，在思考中实践。

4. 处理好预设与生成之间的关系。教案是预先设计好的，教学环节、教学步骤紧紧相扣。但课堂又是千变万化的，因此教师"二次备课"后的教案，在实施的过程中，仍需视具体的课堂教学情况不断地调整。教师要尽量多考虑课堂上可能出现的学习情况，以学定教，真正地体现课堂教学民主，而不是拘泥于教案。这样，课堂往往能体现出教师的教学机智，出现无法预料的精彩。

5. 树立大备课观。有人一提到备课，马上狭义地理解为写教案，这是对备课的一种孤立的、片面的认识。有位著名的语文特级教师曾经说过"我在用一生备课"。可以说，备课的外延已经等同于生活的全部，因此作为一名教师要不断地学习，不断地积累，博览群书，厚积而薄发，努力使自己既有前沿的专业知识，又有较广的科学文化知识和教学心理学等理论基础知识，使自己成为一个智慧型的教师，让课堂充满教学智慧。

## 二　上课篇

**导读**

上课是最复杂、最核心的工作。

从"复杂"方面说，上课面对的是人——活生生的、有思想、有情感、有差异的、正在成长的未成年人。做人的工作是最复杂的，更何况是众多未成年人。上课的复杂性还表现在变化上，即课堂始终处在变化之中，有规律的变化，同时也有变化的规律。

从"核心"方面说，老师所有的准备都是为上课服务、所有的工作都是为上课而做。一堂堂课直接关乎孩子的健康成长、关乎孩子的美好未来。如果一堂堂课都有效益、充满生命活力，那么孩子的成长就越健康、孩子的未来就越美好，所以，教师追求课堂教学的效益、追求课堂教学的生命价值，就像追求幸福生活一样，应孜孜不倦，没有止境。

本篇我们就围绕提高课堂教学的效益、让课堂充满生命活力这个主题，选择影响课堂教学效益的主要问题（技能），如讲授、提问、情境创设、倾听、观察、点拨、课堂调控等，以丰富的案例进行解读，并从中总结出一些带有规律性的操作要点，供老师们参考运用。当然，影响课堂教学效益的问题（技能）远不止这些，所以，我们的另一个目的是以此引发老师们思考，在实践中不断总结、提炼，共同提高课堂教学效益，促进学生健康和谐发展。

# 主题一　讲授的技能

## 一　引语

著名特级教师斯霞曾说："我讲到主要的地方就重复一遍；讲到快乐的地方就露出微笑；讲到愤怒的地方就情绪高亢；讲到悲伤的地方声音就变得低沉。但是，这种'高低轻重的变化'是有要求的，即语调在其主旋律上应保持清新、平衡，在平稳之中再加以变化，做到'稳中求变'。"这话道出了"以舌耕为业"的教师职业的特性。教师的工作要靠自己的言说去传道、授业、解惑，由此可以看出教师讲授的能力和艺术对于教学过程的重要性。讲授是指教师通过口头语言连贯地向学生叙述事实、描绘现象、解释概念、论证原理和阐述规律并使学生理解的活动方式。讲授，不等于注入式，它不是"注入式地讲"，不是"灌输式地讲"，而是"积极创造性地讲"，讲在点拨、在启发，即教师在关注学生主观能动性和理解力的基础上，通过语言表达更好地激发学生的学习兴趣和内在动机，使学生的思维处于活跃状态，体验着学习的乐趣。新课程积极倡导"自主、合作、探究"的学习方式，但绝不能因此而谈"讲"色变，讲授仍是上好一堂课的重要教学技能。冯英杰先生撰文："中学有篇古文曰《口技》，其为精彩，所述艺人凭一口之技，摹声绘色，引人入'境'，迷顺听众，折服读者。妙哉！吾中学时有位历史教师，姓白名树申，特级也，讲起课来如评书大师刘兰芳，言语传神，声色动人，知识深入浅出，论谈以理服人，虽无视像辅助，无音舞护行，却也显得热烈，健康，民主，艺术。情为自然生。此等，非虚张浮躁者能为之。"[①]

## 二　案例

---

[①] http://acad.cersp.com/3002/1083122.aspx.

## 1. 教师要有出众的口才[①]

多年前有人建议我听一位教师的课，说他的课堂语言"简洁"、"清纯"、"一句废话也没有"。我听了两节课后发现，他上课的语言并非"简洁"和"清纯"，也不是"一句废话也没有"，而是他不善于表达，可以预先准备的内容他说得很流畅，而随机出现的问题，他至多是三言两语地解说，无法接过话题阐释和借题发挥。因此他的课既无新意，也无深度，过后即忘。学生回忆起他的教学，没有什么印象，最多说"他不大爱讲话"、"他的话不多"。我想这也许是他知道藏拙。

教师不善于表达或不愿表达，那他不仅很难和学生对话沟通，可能也无法展现所教学科的内在魅力，这样就有可能影响到学生未来的专业选择，因为学生最早的职业理想很可能来自学科基础学习。我问过不少从事文学创作或研究的人，他们之所以有这样的选择，和他们在中学的语文老师妙语连珠、能言善辩很有关系。

学生喜欢有激情的教师。有些拙于表达的教师把最富有活力的学科搞得索然无味，把精美的教学内容弄得黯淡无光，把最有诗意的生活糟蹋得鄙俗不堪，我不知道这样的教师有什么存在价值，当然，我由此也知道为什么一些学生会"厌学"。我们应当纠正一种错误认识，即，教师拙于表达非业务能力问题，而是性格问题。问题恰恰就在于此。简单而言，教师的工作就是要通过自己的言说，去传道、授业、解惑，就是得靠他的激情去感染学生。如果他不能说，不会说或是不肯说，那他作为教师的价值就不存在了。教师不善于表达，其原因可能就在于其学习的能力差。比如有些语文教师，除了翻翻教材教参之外终年不读其他书，因此他也不在意学生在他的课上打瞌睡。他们能把语文这种最有灵性的科目上得让学生讨厌，也真难为他们啦！

---

[①] 吴非：《教师要有出众的口才》，《吉林教育》2006 年第 6 期。

## 2. 教师的讲授不同于"话语霸权"[①]

人们往往把教师的讲授与话语霸权联系在一起。教学中要求教师少讲或不讲，一个重要的目的就是还学生的话语权。这种出发点是好的，但是不能说讲授就意味着话语霸权。

话语霸权是一种强制认同，一种单向性的灌输。笔者认为，当教师的讲授符合学生的认知规律，讲授的形式与内容高度统一，并为学生所接受，就不存在话语霸权问题。以前，在语文课堂教学中，确有教师的讲授有话语霸权问题，但不是所有的讲授都是话语霸权。同时，不能因为语文教学中出现了话语霸权的现象就否认师生在知识拥有上的不平等，否认教师的讲授作用。

语文学习要求学生阅读大量文学作品，而对文学作品，尤其是经典文学作品的解读感悟，需要阅读者原有的知识积累来发挥作用。这种积累不仅要靠读者的语言知识，更要靠读者已有的生活和文化积累，以及信息加工整合的能力。教师作为熟练的阅读者，这方面的积累显然优于学生。他们接受过专业训练，拥有相对高质量的信息储备及较强的信息处理能力，所以能使传输的信息高效而优化。学生由于人生阅历浅、基础知识薄弱和文学底蕴匮乏，解读作品时必然存在着一定障碍。这就需要教师能动地参与学生的阅读实践，当然，这种参与应因教学对象、教学内容的不同而异。

语文教学提倡对话，对话的本质应该是双方心灵的碰撞、情感的交流和思想的互动。教师的话语能够让学生受到感染，教师的激情能让学生产生共鸣，这才是一种深层次的对话。例如，学习《祭十二郎文》、《陈情表》，如果教师能把自己对亲情的真切感受和对家族、血缘关系的体验融入对课文的讲解之中，学生就能更快地深入文本中去。如果教师不讲解不分析，让阅历相对单一、没有经历过亲情波折的学生自己去阅读体会，效果肯定要大打折扣。

教学本来就是一种有目的、有计划和有组织的社会活动，教师的适当控制正是保证学生沿着社会所要求的方向发展的一个关键。毕竟学生还是

---

[①] 李斌辉：《新模式不应否定教师的讲授》，《语文建设》2005年第10期。

一个相对稚嫩、正在发展中的主体。有些"放羊"式的语文课堂中,表面上看,学生的主体性得到了解放,实质上是另一种消解。

### 3. "讲"得科学,"讲"得艺术[①]

从当前的教学实际来看,"讲"还是值得肯定、保留的传统方法。那么,如何在适当的时候通过"讲"更好地达成我们培养具备终身学习能力的、有个性的人的目标呢?那就要追求"讲"得科学、讲得艺术。

说讲课要"科学"似乎没有必要,难道谁能把错误的东西传授给学生?对理科而言,这可能是多余的,但是对语文来说,特别是新课程倡导文学作品的"多元解读"以来,这个本来不成问题的问题就凸显了。传统教学过分强调"统一",忽视甚至害怕进而试图抹杀"差异"。因此,语文教学提出了尊重学生独特体验及多样的阅读趣味的要求。但是,多元解读也必须有现实的基石,不能无中生有或喧宾夺主。

就《错误》一诗来说,其主题是表达"怨妇"思人不得的痛苦,其基调是忧伤的。这样理解的依据是什么呢?是作者自述的写作背景。这首诗写于1954年,当时作者21岁。他在原诗的"后记"中说:"童稚时,母亲携着我的手行过一个小镇,在青石的路上,我一面走一面踢着石子。那时是抗战初起,母亲牵着儿子赶路是常见的难民形象。我在低头找石子的时候,忽听背后传来轰轰的声响,马蹄击出金石的声音,只见马匹拉着炮车疾奔而来,母亲将我拉到路旁,战马与炮车一辆一辆擦身而过。这印象永久地潜存在我意识里。打仗的时候,男子上了前线,女子在后方等待,是战争年代最凄楚的景象,自古便是如此……母亲的等待是这首诗、也是这个大时代最重要的主题,以往的读者很少向这一境界去探索。"诗人这番话便是我们解读这首诗的钥匙。"这一境界"就是"母亲的等待",这"等待"而引起的"错误"更添了一番凄楚悲凉,比"过尽千帆皆不是"还深一层。读者当然可以多元解读,可以由"母亲"扩大到所有怀人的女子,可以认为不仅写了思妇对远行的丈夫的期待,也写了过客对家中妻子的思念,不仅写了幽闺之哀怨,还写了羁旅的愁苦。更进一步,可以理解为这事不仅发生在一对夫妇间,而且发生在所有分离的夫妇间。

---

[①] 郭家海:《新课程需要什么样的"讲"》,《人民教育》2005年第6期。

可是王老师这节课淡化了这个主题与基调，甚至连艺术上也淡化了——重点落在相关意象的引例上。王老师先以作者导入，引来一个诗句证明笔名由来；美读一番，以三个问题整体把握全诗；接着进入主体部分，逐个意象地引证，由"江南"到"莲花"，由"东风"到"柳絮"，再由"向晚"到"负心汉"。前前后后引用古今诗文名句 30 句，听得学生与听课老师"耳"花缭乱。其实，这 30 句只要 10 句就足够了，有的是重复，如关于"东风"、"柳絮"的引例；有的是多余，如开头关于"江南"的引例；有的则可能将学生往理解的褊狭里引，属于引例不好，如关于"负心汉"；还有的，可能不是太准确，如关于作者的笔名，一般论者认为源于楚辞"帝子降兮北渚，目眇眇兮愁予"。

这属于科学性上的重点偏离，结构安排得不妥。还有课堂动态生成处理得不当。一是学生对"错误"的理解，有学生说"我就是她等待的归人，但我只是经过，并不停留，我玩弄了她的感情，"这种理解偏离作者原意甚远，也与整首诗的基调不合，但是老师运用多元解读的理念充分肯定了这种说法。再就是在引例时老师一展歌喉引来学生"热烈地鼓掌"，甚而相机进行"双语教学"（问学生问题时用英语"Why"），博得学生轻松一笑。这一做法活跃了课堂气氛，但是破坏了诗歌理解的意境，就像在感伤的影片放映之间突然插放滑稽动画片一般。

## 4. 生动讲析，精美细腻[①]

讲析，一种基本的必要的教学手法。我认为，教师应该精心准备好讲析的内容，要用"生动讲析"的方法，对有关内容特别是教学的难点进行生动、形象、细腻的分析与讲解，以充分展示教师的主导地位。

一、教师的讲，要讲得实在。

如我在初一"单元复习课"教学中的学法指导：

从这个学习点开始，我就要介绍学习方法了。品味词语，一般来讲，作为我们初一的学生，可以用两种办法。一种是直接谈自己的体会——"我"觉得这个词用得好，它写出了……更难一点就是转一个弯——"我"

---

① 余映潮：《生动讲析，精美细腻》，《语文教学通讯》(B) 2007 年第 9 期。

觉得这个词是不可替换的，无论用什么样的词语来替换它，都没有这个词的意境好。这就是替换式的品读。第一种简单一点，第二种难一点，同学们可以选择一种方式表达，来品析某一个词。

像这样的讲析简明扼要，点拨到位。它在教学细节的设计上给我们这样的启迪：教师的讲析要生动易懂，要精要切题、要言不烦。

二、教师的讲，要讲得生动。

如我在教学《紫藤萝瀑布》时的讲析，内容集中在对课文写作技法的点示之上：

你们看，这篇文章从整体来看，从阅读品味来看，有这样一些美点被我们发现了。我们再从另外一个角度来看，发现这篇文章揭示了一种文章写作的规律。它首先是写花之美：啊！生命是如此的辉煌灿烂！然后写情之美：生命的喜悦荡漾在我的心头，给我宁静感，给我喜悦感。最后是立意之美：啊！生命的长河是无止境的。它的写作是由"物"到"情"到"意"。所以我们读这样的文章，心里就有这样一个轮廓：这类文章是由"物"写到自己的"情"，再写到它的主旨、它的含义。这样的文章，就是写景抒情、托物寄意的文章。好，同学们可以把"写景抒情、托物寄意"这八个字旁批在课文的标题处。

像这样的讲析充满感情，生动明了。它在教学细节的设计上给我们这样的启迪：教师的讲析中，知识的厚度、文化的厚度是第一要素。

三、教师的讲，要讲得细腻。

如我在《说"屏"》的教学中，在学生们对第一段进行品析之后的讲析：

这一段，第一，美在用词非常雅致，比如"纳凉"、"销魂"、"向往之情"、"微妙"、"擅长"等。第二，美在虚词中的情感表达，虚词是没有实在意义的词语，但"怪不得"、"真"、"总是"、"很"等等却表达了作者内心的丰富情感。第三，美在赞叹话语的运用，比如"神秘作用"、"实在微妙"、"齐声称道"、"富有诗意的名词"、"其情境真够令人销魂"等等，此类赞叹的话语很多。第四，美在引用诗句的手法，引用使文章更富有诗意了。第五，美在精妙的概括，比如"关键在一个'巧'字上"。此外，还美在这一段是一个抒情式的开头，并且和结尾形成前后照应；还美在这段话在全文中的作用巧妙地引出了说明对象——屏。还有它的层次也很美，你们看：先是"童年"，然后是"后来"，再就是"因为研究古代建筑"，这三个层次写出了作者从童年到中年感受屏、研究屏的这样一个过程。以上，就是这段话值得品味赏析之处，所以老师说这段话意味无穷，这就是精读。精读就要把文章的表面含义、一般含义和深层含义都品味出来。

像这样的讲析条分缕析，例证充分。它在教学细节的设计上给我们这样的启迪：教师的讲析，其层次的高下表现出教师研读教材水平的高下。

四、教师的讲，要讲得精美。

如诗歌《我愿意是急流》的教学中，我集中讲析了如下内容。这些讲析的内容在我的备课之中是反复进行了斟酌取舍修改润色的：

好，下面我就把同学们说的回顾一下。这首诗有三美：意象丰美，意境优美，意蕴淳美（课件显示）。

第一，意象，简言之，就是渗透着诗人情意的具体形象。咱们中国人往往用红豆表示相思，用杜鹃表示悔恨，用杨柳表示送别，这里的红豆、杜鹃和杨柳就是意象。这首诗的意象丰美就表现在连用了十几个意象，而且都是两两相依。不仅角度丰富，而且层层递进，从对爱人的呵护一直写到欣慰地看着爱人的成功，每两个意象之间是相依相存、不能分开的，有急流、小河就有小鱼，有荒林就有小鸟。

第二，意境优美。什么是意境？就是文学作品中表现出来的蕴涵着作者思想感情的艺术境界。我们读《天净沙·秋思》，它的意境是凄婉的，我们读《十一月四日风雨大作》，它的意境是悲壮的。《我愿意是急流》这一首诗的意境是开阔明朗的，是优美清新的，它具有悠远无尽的意味。

第三，再看意蕴。什么是意蕴呢？意蕴就是文学作品里面渗透出来的理性内涵。比如说作品中渗透的情感，比如说作品中表现出来的一种风骨，表现出的人生的某种精义，或者某种主旨。这首诗表现了一种甘愿牺牲的热烈的爱情，很纯粹。当然，由于人的世界观的不同，人的文化素养不同和人的性格不同，人们在爱情上往往表现出不同的想法、不同的看法，把它化为文学作品，那么也就表现出不同的意象、不同的意境、不同的意蕴。

像这样的讲析意境开朗，生动简明。它能够在细节的设计上给我们这样的启迪：教师的讲，要在关键之处绽出美丽的火花，要显山露水。

由以上内容可知，语文教师必须苦练讲析的基本功。我想，如果没有了教师的"讲"，很多很多的语文课就没有了点睛之笔。

### 三　要点

（一）讲授的基本形式。

1. 讲述（讲事）。

讲述是指教师运用生动形象的语言，叙述、描绘所要讲的知识内容的一种讲授方式。讲述有两种方式。一是叙述式。在文科课程中，叙述式用于叙述学习要求、政治事件、社会面貌、时代背景、人物关系、故事梗概、写作方法、历史事实、地理状况等；在理科课程中，叙述式用于叙述学习要求、数量之间的关系、自然现象的变化、物体结构和功能、元素符号和化学式、生物种类和遗传、实验过程和操作方法等。二是描述式。描述式在文科课程中用于刻画人物、描绘环境、介绍细节、渲染气氛、表达感情等；在理科课程中，描述式用得较少，比如用极少的时间描述与课题内容密切相关的科学家或发明家的某一经历或业绩。叙述式与描述式的区别在于：叙述式的语言简洁明快，朴实无华；描述式的语言细腻形象，生动有趣。但不管是叙述式还是描述式，其侧重点都在于讲事而不是说理，其目的在于帮助学生形成鲜明的表象，并从情绪上受到感染。

2. 讲解（讲理）。

讲解是指教师对所要讲的知识内容进行解释、说明、分析、论证的一种讲授方式。比如，教师对数学、物理中的概念、公式、定律，化学元素的化合与分解，生物的生成、发育与成长现象进行解释，引用有关事实材料进行论证，讲清其实际应用等。与讲述相比，讲解侧重于讲理而不是说事，其目的在于帮助学生发展理论思维能力。讲解在中小学各科教学中普遍采用，尤其是数、理、化等学科运用较多。从讲解过程，我们可以看出一个教师的逻辑思维能力。讲授能力强的教师可以有条理地把事情的道理表达出来，并折射出清晰的组织教学的思路。

讲解主要包括三种方式。一是解说式，即引导学生从情境中接触概念，从感知到理解概念，或者把已知与未知联系起来，说明事物的本质属性和基本特征。如对古文、外语、专业术语进行准确的翻译，对疑难词语给出恰当的解释。教学中有许多概念、术语、关键字词句、典故等，往往成为学生理解的要点和难点，这就要揭示它们的内涵、意蕴、语境以及其他相关因素。忽视它们，教学效果将大打折扣。因此，解说式讲解是一种常用的、简单而又不可缺少的讲解方式，它常常与例证配合进行。这种方式多用于文科教学。二是解析式，即解析和分析规律、原理和法则。解析有两条途径。一条是归纳，即遵循学科自身的规律和思维的规律，通过分析事实、经验或实验，抓住共同因素，概括本质属性，综合基本特征，用简练而又正确的词语作出结论，再把结论用于实践，解决典型问题，最后对相似的、易混淆的内容进行比较，指明分界点和联系点。另一条途径是演绎，即首先讲解规律、原理和法则，再举正反实例应用。讲解的第三种方式是解答式，即先从事实材料中引出或直接提出问题，接着明确解决问题的标准，再提出解决问题的办法，进行比较、择优，进而提出论据开展论证，通过逻辑推理得出结果，最后进行总结。这种方式以解答问题为中心，具有一定的探索性。

3. 讲读（范读）。

讲读是指教师把讲解和阅读材料内容有机结合起来的一种讲授方式，主要用于语文和外语教学，也可用于其他课程教材中重点句段的教学。这种讲授方式的特点是讲不离文、解不离句，能把学和练结合起来。通常是一边读一边讲，以讲导读，以读助讲，讲读并进，随读指点、阐述、引申、论证或进行评述。具体说来，讲读主要有五种方式。一是范读评点式。一篇课文由教师或学生分段范读，范读一段，评点一段。二是词句串讲式。在朗读课文时，联系具体的语言环境分析词句，筛选重点词句板书。三是讨论归纳式。读到容易引起学生思考、激发学生探究的地方，提出讨论的问题，学生发言后，教师作小结。四是比较对照式。读完课文后，将文中的人与人、事与事、物与物进行比较，在同中求异或在异中求同的过程中讲解知识，进行思想教育。五是辐射聚合式。把讲读的课文向先前已学过的文体相同、主题相近、写法相似的课文辐射，再聚合成知识规律。

讲读，对于教师的语言语调有较高的要求，教师应尽量发音标准，吐字清晰、节奏和谐、语调生动而自然，语流畅达，可以使学生产生良好的语言审美体验，让学生在动听悦耳的语声中学习知识。

4. 讲演（讲座）。

讲演又叫讲座，是指对某一事件或事物作深入广泛的叙述和论证，并得出科学结论的一种讲授方式。它要求教师不仅要系统而全面地描述事实、解释整理，而且进行系统的理论阐述，通过深入分析比较、综合概括、推理判断、归纳演绎等抽象思维手段，作出科学的结论，向学生传授知识，培养立场、观点和方法。与讲述、讲解、讲读相比，讲演的作用在于：(1) 向学生呈现他们未曾有的信息，扩大学生的视野；(2) 激发兴趣，通过课外知识的呈现，增加学生探究的兴趣。另外，那些与课本内容联系紧密的讲演，还可以帮助学生理解和回忆已有的重要的事实和概念，起到复习巩固的作用。

(二) 讲授的基本要求。

1. 深入浅出。教学是以知识为载体的活动，对于知识的表达、分析应努力贴近学生的现实生活。因此，教师在教学过程中要善于运用贴近学生生活的事例，化抽象为具象，变难懂为易懂，学生则可能更深刻地理解知识。

2. 富有感染力。教学语言是师生双方传递信息和交流感情的载体。亲切感人的教学语言能使学生保持积极舒畅的学习心境，最能唤起学生的热情，从而产生促进理解的作用。正如古人讲的"感人心者，莫先乎情"，教师在教学中不仅要晓之以理，以理喻人，而且要动人以情，以情感人。

3. 营造听讲的氛围。讲授过程中，教师一些"必要的废话"可能营造出更为轻松、风趣的氛围。轻松幽默只是一种手段，而不是目的，不能脱离教材的实际需要，一味地哗众取宠，否则只会给学生粗俗轻薄、油腔滑调之感。

镁条放久了以后，表面会变黑，因为被氧化，实验时要用砂纸擦拭，这样里面银白色的镁就真正露出来了！在课堂做完这一步时，我跟同学们讲了一句："内在镁才是真正的镁！"大家都会心地笑了！再适时加了一句："大自然也揭示了这道理！大家要记住！"笑声中，我相信，学生都会记住这堂课，不一定要记住镁有什么性质，但这句话能有印象已经很成功了,这堂课没白上!!①

4. 针对性。有的教师唯恐学生"消化不良",课堂语言机械重复,废话连篇,降低了学生大脑皮层的兴奋程度,不利于学生掌握知识的重点和理解知识间的联系,更不利于发展学生智力、能力。因此,教师讲授要力求语言精炼,指向明确。讲授语言精练、针对性强,并不是单纯地削减语言的数量,而是要提高语言的质量,要求教师有洞察关键的眼力,避免漫不经心,言不及义。

5. 启发性。讲授要有启发性,是指讲授要以启发性教学思想为指导,并且渗透到讲授的每个环节、每个步骤中去。启发式教学强调教师从学生的知识基础、思想水平、学习方法、接受能力等实际出发,运用各种手段充分调动学生学习的积极性、主动性,引导学生充分展开思维,主动地去获取知识,真正达到发展智力和培养能力的目的。在讲授中,该教师讲的内容,要讲清楚(思路清晰,要点清楚),但不要讲得"一览无余",要给学生留下思维的空间,给学生设置思考的点和线,让学生通过自己的思维来掌握知识,形成能力。

6. 适时性。教师要善于体会学生的思维状态,要相时而讲,"不愤不启,不悱不发",但也要适可而止,不能自我陶醉、滔滔不绝。

讲授技能,从表面看属于教师的口才问题,实质上反映了教师的学识与修养,即言如其人。它涵盖了教师的语言功底、专业知识水平、文化修养等诸方面的综合素质。这就要求教师长期学习,不断积累。

## 拓展阅读

### 1. 新课标不排斥讲授法②

在新的《语文课程标准》出台之前,语文教学法中备受倡导的是启发式教学法。而传统的讲授法却被很多行内行外的人冠以"注入式"或"填鸭式"之名,语文课堂的死水状似乎也全因其而起。一时间讲授法好像成

---

① 吴志云,http://blog.cersp.com/userlog/17701/archives/2006/60971.shtml。
② 王克武:《新课标不排斥讲授法》,《阅读与鉴赏》2007年第9期。

了过街老鼠，成了落后的压制学生个性发展的教学方法。新的《语文课程标准》已开始实施，它倡导的是学生在老师指导下的自主、合作、探究的学习方法。这更加深了不少人对讲授法的否定。这种跟风式的做法对讲授法是不正确的，是一些人误解了讲授法的错误表现。

教学方法的选择是以学习理论为指导的。就目前理论界有关学习的两大理论：接受学习和发现学习来看，这两种理论并不是相互排斥的，而是一种互相促进、相得益彰的关系。因此讲授法和启发式教法也不是互相排斥的。

讲授法是教师通过简明、生动的语言，向学生叙述事实材料或描绘所讲对象，传授知识和技能的教学方法。它具有严密、系统、深刻的特点。在语文教学中如能恰当运用讲授法，学生的学习不仅不会是机械被动的，相反会表现出深刻积极的意义。这就要求我们老师要在"讲"上下工夫："讲"一定要服从于教学目的和学生学习的需要，不该讲的不讲，学生已懂的不讲；"讲"一定要选择好时机，相时而讲，在引导学生根据教学要求阅读思考之后，教师再突显重点地选择出学生可能忽视，或理解还不够到位的地方作点睛式讲解；同时"讲"也要把握住深浅度，要有深度，但又不能过深。举例来看：鲁迅先生很得意的短篇小说《孔乙己》最后一段话是："我到现在终于没有见———大约孔乙己的确死了。"

全段只有18个字，绝无生字词，而且"大约"和"的确"还明显矛盾，这里的"大约"和"的确"恰恰是当讲必讲之处。不讲的话，或给学生留下难解之疑，或让学生认为鲁迅也居然写出病句。这对理解小说的主题无疑是有害的。教师应该讲明："大约"是一种猜测，因为始终没有见到过孔乙己了。也许他远走他乡另谋生路去了，也许是死了。而"的确"是肯定的，看看孔乙己最后一次来酒店喝酒的情形：时间已深秋，将近初冬；自身双腿已断，黑而且瘦，靠双手爬来，已经不成样子；众人对他依旧是无情的取笑；掌柜除取笑之外，还催要他欠的十九个钱。想一想：在这样一种境况中，会有人帮助孔乙己吗？他自己能爬到他乡自谋生路吗？加上这么久没有见到，也没有听到关于他的消息，孔乙己不死还会怎样呢？因此，"大约"与"的确"这两个词不仅不矛盾，而且引人深思，让读者更深地理解当时社会的冷漠、孔乙己的可怜可悲。这两个词教师是当讲的，而且应当重点讲解。

再看茅盾的《白杨礼赞》里的一组句子：

"难道你就只觉得它只是树？难道你就不想到它的朴质，严肃，坚强不屈，至少也象征了北方的农民？难道你竟一点也不联想到，在敌后的广大土地上，到处有坚强不屈，就像这白杨树一样傲然挺立的守卫他们家乡的哨兵？难道你又不更远一点想到，这样枝枝叶叶靠紧团结，力求上进的白杨树，宛然象征了今天在华北平原纵横决荡，用血写出新中国历史的那种精神和意志？"

这是一组由反问句构成的排比句式。学生很可能就简单地理解为：它不只是树，它还象征了农民，象征了哨兵，象征了那种精神和意志。字面上看，这样的理解没有错，但让学生比较一下表达效果，其深浅优劣就自知了。首先从修辞角度看，反问句启发读者深入思考白杨树不平凡之处，排比句式又增强了语言的表达气势，所以这组句子不仅形式优美，而且更强烈地表达了作者对白杨树的礼赞之情；再看"朴质、严肃、坚强不屈"、"傲然挺立"、"枝枝叶叶靠紧团结，力求上进"这些修饰语的运用，突出了白杨树的象征意义，也就更便于读者理解作者这样浓墨重彩地状写白杨树的深层目的，毕竟这篇文章发表在国统区，为了能够发表，又避免麻烦，作者可谓用心颇深。所以这组句子也是当重点讲解之处，否则，学生难免理解肤浅，也难以理解作者为何要用象征手法来写作之用心了。

像上面所举的例子，一个讲词，一个说句。这样的词句文章中很多，学生看了往往似懂非懂，难以深察入微。对这样的句子，我们老师就应该讲，否则就不能说学生真正地理解了课文，更谈不上阅读理解能力的提高了。

苏霍姆林斯基说过"教师的言语是一种什么也代替不了的影响学生心灵的工具"。讲授法在新的语文课程标准下仍应该有其不可替代的地位和作用。

## 2. 回归讲授法真谛[①]

在政治课堂教学中，为了提高讲授法的效果和让学生进行有效的学习，政治教师在运用讲授法进行教学的时候还需要注意以下三个方面的技巧。

---

① 徐文祥：《回归讲授法真谛》，《教育艺术》2006年第8期。

一、为教学内容提供先行组织者。所谓先行组织者就是上课前为学生提供的、与教学内容有关的、并组织起来的引导性材料。在进行思想政治课教学前，教师应准备一些和教学内容有关的材料来说明教学内容的背景、重要性、作用等等。比如在进行价值规律教学的时候，可以介绍一些价值规律是如何发现的材料，以及一些违背价值规律所带来危害的材料，或者介绍价值规律这部分教学内容在整个高中经济学中的地位和重要性，例如把一些近年来的高考题目呈现给学生。让学生明白这部分教学内容的背景，以及这部分内容的重要性，提高学生学习的注意力。奥苏伯尔认为，先行组织者有助于学生认识到：只有把新的学习内容的要素与已有的认知结构中特别相关的部分联系起来，才能获得新的内容。

二、在教学过程中给学生提供理解教学内容的时间。我们知道学生理解教师授课内容是需要时间的，讲授法一个重要误区就是授课教师进行不间断的、连续的讲授，没有提供给学生消化和吸收的时间。政治教师特别应该注意到，由于学生的工作记忆是有限的，所以在讲授教学内容的时候，应把握教学的节奏。连续讲授的时间不要太长，一般8~10分钟就需要间歇，其间可以让学生进行讨论、相互提问、记笔记、与教师探讨等等方式让学生加工所学到的信息和教学内容。对于比较重要的内容，教师在讲授过程中，应该多次呈现，或者用不同的例子来说明这个观点或者原理。在教学间隙，主要让学生自主表达对这部分教学内容的理解，比如用自己的话说明自己是如何认识这个观点的，让学生有一定的有意义学习和信息加工的时间，才能做到高效学习。这是在讲授法运用过程中特别要注意的一个问题。

三、在教学内容结束的时候提供最后的总结。讲授法的高效运用还在于在讲授结束时，教师要进行讲授内容的概括和总结。在进行这个阶段的时候，授课教师要明确告诉学生要对本课内容进行概括，并指出本课的重点、难点，以及常见错误类型等，这样有助于学生学习。总结性发言往往有以下几个好处：通过总结使学生对教学内容有了一次比较全面的回顾；通过概括使学生形成一个有组织的知识结构；有利于学生明确这节课最重要的内容。不要小看这个概括性的总结，这短短的几句话，往往可以让学生的学习更加有效。总之，讲授法，想说爱你并不容易。但是只要我们广大思想政治教师认真思考和研究，就能用好讲授法这个重要的教学方法。认真分析讲授法运用的条件，克服其缺陷，发扬其长处，才能运用得更有效，思想政治课才能讲授得更加精彩；讲授法才能走出被误解的泥潭，散发出迷人的光彩。

## 主题二 提问的技能

### 一 引语

课堂提问是教学过程中师生之间进行思想交流的重要方式，是沟通教师、教材和学生三者之间的桥梁和媒介。教师通过提问来激发学生的兴趣，启发学生的思维，引导学生积极主动地探求知识，培养学生的表达能力和思维能力。善教者必善问，善问是一种艺术，只有"善问"，课堂气氛才会活跃，学生的思维才能激活。正如钱梦龙先生所说："问题提得好，好像一颗石子投向平静的水面，能激起学生的思维的浪花。"在我们的教学实践中，都有这样的体会：同样的问题，这样问，学生懵住了，那样问，学生会豁然开朗；这样问，可以"一石激起千层浪"，而那样问，则会"一潭死水，微波不现"。原因全在于此。能否科学地设计出新颖、巧妙、击中重点、触及难点、激发思考的问题，是教学成败的关键。曾有位教育家说："教学的艺术全在于如何恰当地提出问题和巧妙地引导学生作答。"

### 二 案例

#### 1. 从"2秒思考"看"课堂提问"[①]

笔者在一次随堂听课中，详细记录了任课教师在一节课中的提问数量，课后统计居然达到110个之多！无独有偶，笔者在一本教育杂志中也看到了类似的案例：一位教育局长在调研听课中遇到的一位教师在短短的

---

[①] 傅海洋：《从"2秒思考"看"课堂提问"》，《中国教育报》2007年6月15日第5版。

5分钟时间里，随口问了学生38个问题，学生也相应地回答了38次！笔者针对这一现象，计算出这样一组数据：在40分钟的课堂里，从教师提出问题到学生回答完毕，平均每个问题只有20秒的时间。假如老师平均每个问题占用8秒，学生回答每个问题平均占用10秒时间，那么学生思考每个问题的时间实际只有2秒！试想在2秒的时间里学生能思考什么样的问题呢？

无论是常态的课堂教学还是公开课教学，我们经常能发现教师在教学中频繁地提问学生，且有的问题不需要学生思考就能回答，大量的教学时间消耗在无效的问题上，从而降低了课堂效率。

课堂中的问题必须具备足够的驱动力，应具有一定的难度，足以让学生进行一番苦苦的思索；它也应当有一定的成果再现，让每一个学生都能通过自己的努力品尝到解决问题的喜悦；同时它又必须是重要的，否则，就不能称之为"问题"。教师的问题应当有思考价值，有一定的深度和广度，需要让学生历经真实的思考，在运用多种思维方式的组合进行思索、研究后，才能寻求到问题的结果；要适合学生的思维水平，应当让绝大多数学生经过思考后都能解决问题，并且让那些学习基础或能力暂时较差的学生在老师的引导或同学的帮助下也能够不同层次地解决问题。

笔者对课堂提问还有另一种思考，在师徒关系上，"学"的就应该问"教"的，是符合逻辑的。在现代教学中，"课堂提问"至少也应该包含学生向老师提问，学生提出问题的过程就是问题生成的过程，是在课堂教学中问题的酝酿、产生、完善和发展过程。在课堂里，问题生成的价值在某种程度上是大于问题解决的，因为"发现一个问题比解决一个问题更重要"。学生发现和生成问题的过程，实质上就是他们主动探求知识、构建知识，并运用已知经验和学习能力批判性地审视学习内容的过程。因此，注意鼓励学生自行发现并生成问题才是"课堂提问"的初衷。

## 2. 老师，你为什么要问这个问题[①]

从前一段时间学生的学习情况中，我发现学生们普遍缺少主动观察周

---

① 李英：《老师，你为什么要问这个问题》，《中国教育报》2007年9月28日第6版。

遭生活的意识。于是，我决定用身边的常见事物来激发学生的观察欲望：

上课伊始，我提出问题："校园中树叶的颜色和形状分别是怎样的？"

根据我对学生的了解，我预计学生应该简单地回答："绿色的、椭圆的。"随后，我提出我的看法，让学生听了我的看法后带着没有注意观察周遭生活的懊悔去观察校园里的树叶。

我原以为，这样的提问既能激发学生的观察兴趣，也是学生学习观察方法的导入，因此学生是应该能够感兴趣并积极发言的。

但是令人遗憾的事情发生了——没有人发言。

一段漫长的等待过后，有个学生举手了："老师，你能告诉我们，你为什么问这个问题吗？"其他学生都向他投去了赞同的目光。看得出来，他们也不知道我为什么要问这个问题。

我哑然。我要把自己的教学意图直白地告诉学生吗？我能说"同学们，老师就是要培养你们的观察习惯"吗？课后，学生的问题总是在我的眼前晃动。反思这个问题，我有了不少发现。

首先，我的课堂提问中还存在着一定的教师话语霸权。课堂上，我是提问者，学生只需要回答我的问题，他们是课堂教学的配角。我的教学理念还是要求学生适应我的教学习惯，而不是我去创造适合学生的教学方法。在落实尊重学生的课堂主体地位的理念上，我还有很长的一段路要走。

其次，学生有权力知道教学目标。学生的提问，折射的是他们希望成为学习的主人，他们希望知道老师要把他们带到什么地方去。

反思自己以前的一些教学设计，为了能够让教学更"精彩"，我往往会在课堂上提一些看上去和教材毫无关系，但又有着内在联系的问题让学生解答，随后再告诉学生所要学习的内容。这个过程表面看上去是一个能够激发学生学习兴趣的学习过程，但在这个过程中我犯了一个错误，那就是课堂的主人——学生往往还不知道这堂课的学习目标是什么，他们在学习的时候很可能就会不知所措，不知道该往哪儿使劲。

即使有时候学生在课堂上回答问题时表现积极，那往往也有可能是一种虚假的"繁荣"。因为从教学的实际情况来看，问题解决的主动权往往还是掌握在我的手上。我在备课过程中发现了问题，然后自己设计出一个解决问题的过程。我是解决问题的导演，学生不过在其中跑龙套，看上去跑得热火朝天，但其实还不知道究竟是为什么在跑。这，也许就是学生提出"老师，你为什么要问我们这个问题"的真正原因。

## 3. 认识倍数和因数

师：一起看大屏幕，数一数，几个正方形？（"12"）第一个问题是如果老师请你把12个正方形摆成一个长方形，会摆吗？行不行？能不能就用一道非常简单的乘法算式表达出来？

生：1×12

师：猜猜看，他每排摆了几个，摆了几排？

生：12个，摆了一排。

师：（屏幕显示摆法）是这样吗？第二种摆法我们只要把他旋转一下就跟第一种怎么样？（"一样"）。我们可以把它忽略不计。还可以怎么摆？同样用一道乘法算式表达出来。

生：三四十二。

师：这一次每排摆了几个，摆了几排？（屏幕显示摆法）同样第二种摆法也可以省。还有吗？

生齐：2×6

师：张老师来猜测一下同学们脑子里怎么想的，有同学可能想每排摆6个，摆2排。也有同学可能想每排摆2个，摆6排。（屏幕显示摆法）同样第二种摆法也可以省。

师：还有不同的想法吗？每排能摆5个吗？12个同样大小的正方形能摆3种不同的乘法算式，千万别小看这些乘法算式，今天我们研究的内容就在这里。咱们就以第一道乘法算式为例，3×4＝12，数学上把3是12的因数，以往我们把他叫约数，现在叫因数，3是12的因数，那4……（"也是12的因数"）。倒过来12是3的倍数，12……（"也是4的倍数"）。同学们很有迁移的能力，这就是我们今天所要研究的因数和倍数。

师板书：因数和倍数。

师：这儿还有两道乘法算式，先自己说一说谁是谁的因数？谁是谁的倍数？行不行？

师：谁先来？

（生说略）

师：刚才在听的时候发现1×12说因数和倍数时有两句特别拗口，是哪两句啊？

生：12 是 12 的因数，12 是 12 的倍数。

师：虽然是拗口了点，不过数学上还真是这么回事，12 的确是 12 的因数，12 也是 12 的倍数。为了研究方便，以后来探讨因数和倍数的时候所说的数都是什么数啊？

生：自然数！

师：而且谁得除外？

生：0。

师：好了，刚才我们已经初步研究了因数和倍数。（屏幕显示）试一试：你能从中选两个数，说一说谁是谁的因数？谁是谁的因数和倍数？行不行？先自己试一试。

……

老师通过问题的巧妙设置，引导学生拾级而上，先提出用 12 个小正方形摆出一个长方形这个任务，再提出一个富有挑战性的问题让学生用乘法算式表示自己摆的结果，再引导学生根据乘法算式想象自己所摆的长方形的形状，最后通过三个乘法算式，揭示因数与倍数的概念。这样以问题为主线，从摆图形——乘法算式——想象图形——乘法算式的认知链条，让学生自主建构知识的意义。[①]

## 三 要点

（一）明确提问的功能。

1. 提问可以帮助教师了解学生是否已经学会了指定的任务，也可以通过提问来理解学生的种种错误理解。如果不向学生提出问题，就可能意识不到学生学习过程中的问题。

2. 提问能够使学生参与教学，更确切地说，是使学生"处于思考状态"，"集中精神"或"集中注意力"。有效提问可以激发全班学生的参与欲望，表达学生自己的想法。

3. 提问能够引导学生进入"学习瞬间的问题"，"这些问题要求学生

---

① 张齐华：《倍数和因数》课堂实录，来自 http://www.sowerclub.com/ViewTopic.php？id＝266123。

理解，或真正弄懂，要求学生运用他们的批判思维技能"。课堂提问应具有发展智力的价值，应该有利于学生灵活地运用已有的知识和经验，创造性地发现问题、分析问题、解决问题，提出不同凡响的创见，以培育学生的创造力。

（二）课堂提问的误区。

在实际的教学中，教师往往不太注意课堂提问的艺术和技巧，影响了学生的积极思维和学习效果。当前课堂提问主要有以下几点误区：

1. 表面热闹，华而不实，一问一答，频繁问答。重数量，轻质量。盲目追求活跃的课堂气氛，对教材和学生研究不深，使提问停留在浅层的交流上。如讲等腰三角形的性质定理时，已知：△ABC，AB＝AC，求证：∠B＝∠C，师："△ABC中，AB＝AC吗？"生："是。"师："你怎么知道？"生："这是已知条件。"师："AB＝AC，那么∠B＝∠C吗？"生："相等。"师："要证∠B＝∠C，作∠A的平分线行吗？"生："行。"由于问题的结果已明示，这样的提问表面热闹，实质流于形式，显得肤浅，不能启迪学生的思维，毫无意义。

2. 提问只关注结果，忽视对规律的揭示。只关注结果是什么，如"答案是什么""对不对""是不是"等，很少引导学生探究过程。如很少问"你发现了什么""你是怎么想出来的"。这些提问重形式轻实效，表面上看是教与学的双边活动，热闹非常，实际上并无实效。

3. 提问离题遥远，脱离学生的"思维最近发展区"，启而不发。设计的问题过难、过偏或过于笼统，学生难以理解和接受，启而不发。如讲角平分线定理时，问："你知道△ABC三边有什么比例关系吗？"学生茫然，又问："AB/AC＝BD/DC吗？"学生还是沉默以对，接下来的教学，教师只好自问自答。

4. 提问无目的性，随心所欲，淡化了正常教学。教学设计时对提问未精心设计，上课时，随意发问，有时甚至脱离教学目标，影响了学生的正常思考。如：

一位语文教师在教《刘胡兰》一文时，与学生进行了这么一段问答。师问：这篇文章是写谁的？生答：是写刘胡兰的。师问：你怎么知道？生答：题目就是刘胡兰。师问：这个故事发生在什么时候？生答：1947年1月4日。师问：你怎么知道？生答：课文第一句就是这么写的。师问：这个云周西村在什么地方？有学生答是在陕北，有学生答是在延安。师说：云周西村在革命根据地。课文中有敌人对刘胡兰说了这么一句话："你说出一个共产党员给你一百元钱。"师问：谁知道那时发什么钱？有学生答是发银圆，有学生答是发铜板，而另有一位学生则说，那时候的钱中间是有窟窿的。教师最后总结说：反正那时候的钱比现在的钱值钱。

5. 反馈性提问流于形式，教师诊断效果失真。新课讲授前，教师一般要通过提问，以诊断学生对旧知识的掌握程度，以判断能否顺利引入新问题，但这种提问有时只限于浅层次的记忆性知识的问答，并没有真正诊断出学生的理解、掌握的程度，诊断效果失真。

6. 提问只求通法或标准答案，排斥求异思维。有些教师提出问题后，总是一个紧接一个地指名回答，而对于每个学生的发言则不置可否，不作评价。最后当某个学生答对了，教师便喜形于色，对这位学生大加表扬一番，于是这一提问回答的环节就随之结束。至于答错的学生错在哪里？是不准确？不完整？还是答非所问？答对的学生对在哪里？学生都一概不知，教师也从未关注。

7. 提问措辞不清，指向不明，学生难以理解。提问时叙述过快或者使用冗长而凌乱的措辞，使学生不明其意。

**案例**（小学五年级，"找规律"一课）

师：长加宽是什么……长加宽是周长吗？

这位数学教师在回忆了长方形的特点后，突然提出一个问题，问"长加宽是什么"。面对这样的问题，学生无所适从，是回答长加宽是"一个长度数"呢？还是回答"长加宽是9米"呢？抑或是其他回答？

这时，教师又追问一句：长加宽是周长吗？学生当然可以回答：不是。

老师的本意是想让学生回答"长加宽是长方形的半周长"，因为后续的问题中要用到"半周长"这一条件。同时，老师看到学生对于回答自己的问题不知如何回答后，想通过追问，把前一问题"长加宽是什么"的答案往"半周长"上引。尽管这位老师把问题答案的发散性控制了一些，但却一下收敛得太多，学生会觉得奇怪：老师怎么会问这个问题？如果老师能通过对原问题的分析，问学生：知道周长是18米，如何确定长与宽？这样就会很自然地推导出，已知周长，要定长与宽，那长与宽和周长是什么关系？这种自然而然的方法，可能更能顺应学生的思维特点。

8. 提问后没有停顿或先点名后提问，学生无时间思考。提问后立即回答，本意可能是为了节约时间，但学生由于没时间思考，结果往往问而不答或答非所问，容易造成学生对问题的麻木和对教师自问自答的依赖性，适得其反。重提问轻反馈。

9. 提问面向少数学生，多数学生成"局外人"。提问只面向少数尖子生，多数学生成了陪衬，被冷落一旁，他们学习中的问题难以暴露，也缺乏体验成功的机会，逐渐对提问失去兴趣。

（三）更有价值的提问。

教师提问的内容和形式决定着学生的思维方向，教师如何提问才能更好地促进学生的学习是值得关注的问题。一个提问的教师并不一定就是启发的教师，也不一定是民主的教师。教师应该很少提那些答案是显而易见的问题，更注重听取学生看法和批判性思考的问题。真正有价值的问题是教师和学生都想探讨的问题。用真实的问题来建构知识的质量，还要善于运用问题来沟通不同主体之间的知识建构。好的课堂提问应该具有以下几个特征：

1. 现实性。教师的问题不仅是对所学内容的回忆、再现，也不局限于对教材的分析，而是要求学生围绕现实生活展开分析或批判性思考。问题的设置应以知识的建构与应用为出发点，立足于更为广阔的思维领域，如对于社会问题的思考，对于人生的思考。因此，教师要注意问题的相关情境的设置，要求学生通过批判性或创造性思考解决问题，把学生的学习与学生的课外生活联系起来，调动学生的生活经验，而不是仅仅局限于教材。局限于教材的问题会限制学生的思维，同时也不利于对问题的迁移。

2. 开放性。根据学生回答问题时的思维方向，戴维斯把问题分为封闭型问题和开放性问题。"封闭型问题"是指要求朝某个特定的方向去思考，只有一个或几个固定的标准答案的问题；"开放型问题"是指没有明确的、固定的标准答案的问题或者说有多个正确答案的问题。

3. 逻辑性。提问应该有连贯性，问题与问题之间能够相互转换或具有逻辑性，而不是分散、孤立的知识识别与再现。富有逻辑性的提问，会使学生的学习建构形成一个网状的知识系统。有逻辑性的提问，要求教师考虑如何以有效知识为核心组织学习内容，从深度上探讨发展这些理论。

4. 双主体性。犹太民族是世界上极富智慧的民族，他们的教育观念成就了民族的智慧与精神。小孩子放学回家后，父母问孩子的第一个问题是"你今天向老师提问题了么？"学生们自己的问题最能反映他们所关注的事情，教师可以通过尊重学生的兴趣来达成目标，激发学生学习动机的钥匙正是他们自己提出问题。学生在自己提问的过程中逐步意识到并不是"成人"提出的问题才有价值，他们自己也可以控制学习的进程，而且在提问的过程中让学生学会学习。教师还应该启发学生思考他人提出的问题，使他们学会认真听取同学相互之间提出的问题及教师的问题，并积极地进行思考。

（四）有效提问的策略。

1. 建构弱权势的课堂文化。

弱权势课堂文化，即是师生相互平等尊重的课堂文化。很多学生害怕老师提问，不管是容易的还是复杂的题目都不敢回答，主要原因在于没有建立一个开放、平等的课堂环境。教师需要以平等、开放、诚实的态度向学生提问，注意自己的语气和用语，避免消极的提问，因为消极的提问会降低学生回答的渴望。教师还要尊重并认真思考学生的提问，肯定问题的重要性，即赋予儿童"权威"，相信他们自己有能力去探索知识。通过培养学生的提问能力，使他们真正了解学习的真谛：不在于获得已有的知识，而在于学会发现新的问题。

2. 以主题和情境贯穿教学。

思维从问题开始，问题的起点是"疑"。所以教学过程中创设问题情境，是唤起学生自觉的学习活动，并给这种活动定向的手段；是激发思维、开发智力和培养问题意识与创新精神的重要方式。教师应该根据知识的内部联系和学生认知发展的规律，把设疑作为教学的关键环节，精心设计课堂教学的进程，把课堂教学组织成：设疑——质疑——释疑的过程，最终培养学生的问题意识，使学生成为提出问题的主体。

3. 尽量让学生证明自己的回答。

提问的过程不仅仅是诱导学生参与，它还要尽量使学生给出他回答的理由。也就是当学生给出回答后，教师要继续追问他们以什么证据、理由或推论支持自己的答案。教师的深度追问能够帮助减少学生盲目简单回答的消极心态，也可以激发学生的深入思考。

4. 关注不确定性的回答。

在回答老师的问题时，有的学生会表现出模糊、冲突、迟缓的想法，或者陷入等待的时刻。此时，老师不能简单地判断学生发言不积极，而要意识到这种不确定性思考的价值。"明晰的思考或表现容易变成一种把思想和情感定型化的行为，而不确定的思考和表现往往在创造性的思考和表现中更能发挥威力"。[①] 尊重这种模糊的多义的意见，能建立起教室里对个性多样性的意识，从而在相互的交流中，能使每个人的认识更加丰富。

## 拓展阅读

### 1. 课堂提问后的导答艺术[②]

在提问后出现与提问者初衷相违背的情境时，怎样才能把学生从"山重水复"中引入"柳暗花明"呢？

1. 投石问路，摸清"卡壳"症结。由于师生的文化层次、生活阅历、思想方法等方面存在差异，造成提问"卡壳"现象的原因是多方面的。需要教师能及时而又准确地抓住来自学生的信息，采取相应的措施进行现场探测，方可抓住其本质，采取相应的对策去排除"卡壳"现象，以求得问题的解决。

2. 多向疏导，各方寻求解答突破口。对所提问题的思考，常常受学生的生活体验所制约：课文中表现出来的生活、人物、场景及其所蕴含的内容，不是所有学生都能体会得到的，他们的体验和感悟与答案之间会有明显的差距，而换一个角度则可以取得比较理想的效果。

3. 暗示点拨，开启学生思维的门户。学生思考老师所提出的问题，有时会走入死巷子，仿佛进入"八卦阵"，尽管东闯西撞，就是找不到"活"路。此时，提问者则可采用暗示点拨的形式，给学生指点迷津。

4. 触类旁通，从问题的外围入手。有些问题由于问得太深，学生回答起来就显得难以直奔中心，特别是在有人听课等比较严肃、有一定压力的场合，有时会让执教者急得脑门直冒汗。面对这样的情况该怎样处理呢？可以采用军事上"先攻克其外围据点，再攻占司令部"的原理，先从

---

[①] ［日］佐滕学：《静悄悄的革命》，长春出版社，2006年7月版，第21页。
[②] 丁步洲：《课堂提问后的导答艺术》，《小学教学研究》2007年第9期。

问题的外围入手，然后再向中心挺进。

5. 以退为进，降低提问的坡度。提问时学生答不上来的原因，比较多的是问题提得深、提得难，超出了被提问对象的认识和理解的范围。

6. 直观示现，靠形象给学生以启示。在课堂教学中，学生对老师提出的一些抽象问题百思不得其解，处于进退两难的境地时，如果单靠老师语言的解说，以抽象概念、抽象的道理来诱导学生认识和理解抽象的问题，学生肯定还是难以找到解决问题的突破口。而引入形象有时会让学生即刻就心领神会。

7. 举一反三，通过示范给学生以启示。学生面对提问一筹莫展，有一种情况是因为不知道该如何回答。此时要想达到预期的提问效果，教师则有必要对学生进行回答示范，让学生从教师的示范中摸索和思考解答的路子，悟出方法来。

8. 划定答域，控制思考和回答的范围。提问时令教师烦恼的莫过于学生回答的是教师所不需要的，而教师提问所需要的答案，学生则一句也没有答上来。面对这种情况，提问者最要紧的是划定答域，把学生的思考和回答控制在提问所涉及的范围内，这样才可以取得相对理想的效果。

## 2. 教师怎样把握"课堂提问"的时机[①]

在课堂教学中，教师设疑提问的质量高低，直接影响着课堂教学的质量；而提问时机的选择是否准确，直接影响着学生思维的训练。所以，教师选择什么时间设疑提问成为课堂教学的重要环节之一。那么，什么时间提问容易收到最佳效果？

一是提问于学生的疑惑处。提问，是为了启发学生通过自己的思考来获得知识、培养能力。因此，教师在组织教学时，要善于根据教材内容，或课前设疑，或课中置疑，或课后留疑，引导学生"生疑"、"质疑"、"释疑"，使学生始终处于一种对知识的积极探求状态。例如，高中语文课讲授课文《荷塘月色》，教师可以在学生阅读课文之前给出问题：作者为什么在文章开头就说"这几天心里颇不宁静"，"这种感觉与观赏荷塘月色有什么联系"？这种开篇设疑提问，不仅引导学生准确地理解作品的时代背

---

[①] 王德勋：《怎样把握"课堂提问"的时机》，《人民教育》2007年第7期。

景，打破了传统的介绍作者生平、作品背景的教学模式，而且激活了课堂教学气氛。

二是提问于教学环节的关键处。所谓"关键处"，是指教师课堂教学目标中的重点、难点，是那些对学生的思维有统领作用即"牵一发而动全身"的地方。例如，初中语文教材中《孔乙己》一课，有多处出现了"笑"字，这个"笑"实际上就是作者精心构思的一个"文眼"。如果教师在课堂教学中能围绕"笑"字提出一连串的问题，"孔乙己一出场就有一个字伴随着他，这个字谁知道"，"课文中哪些地方表现出孔乙己的可笑之处"，"周围的人为什么都讥笑孔乙己"等等，就可以引导学生层层深入地发掘课文中所蕴含的深意。

三是提问于学生思维的转折处。事物本身往往具有多面性，这对于阅历较浅、涉世不深的中小学生来说，有时对课堂教学中的知识点不容易理解，这就要求教师在学生思维处于转折时给予适当点拨。例如，小学语文教材中的《养花》一课，在讲到养花的乐趣时写道："养花有喜有忧，有笑有泪，有花有果，有香有色，既须劳动，又长见识，这就是养花的乐趣。"小学生对"喜"和"笑"是乐趣很容易理解，但为什么说"忧"和"泪"也是乐趣呢？这就需要教师通过多角度、多方式的提问，引导学生在指定的目标下进行思考，直至到达"理解"的彼岸。

## 主题三　倾听的技能

### 一　引语

日本东京大学研究生院教育学研究科教授、教育学博士佐藤学在《静悄悄的革命》一书中提醒老师"不是听学生发言的内容，而是听其发言中所包含着的心情、想法，与他们心心相印。应当追求的不是'发言热闹的教室'，而是'用心地相互倾听的教室'"。是的，教师不仅要"学会倾听孩子们的每一个问题，每一句话语"，而且要"善于捕捉每一个孩子身上的思维火花"，为教学获得更为丰富的资源，构建平等互助的师生关系。倾听，不仅是一种教学技巧，还是一种艺术，是促进师生生命共同成长的凭借。学生在教师的倾听与应答中体验到自己的想法被关注，自己的生命被理解和尊重。教师学会倾听，可以为学生营造一个安全的成长氛围，自己的生命也在倾听与理解中丰富。真的，如李镇西说："课堂上，没有比倾听孩子们心灵的声音更幸福的了。"

### 二　案例

#### 1. "万万"是多少[①]

于漪老师有一次上公开课，讲《宇宙里有些什么》，让学生自由提出疑问。有一名学生站起来发问："老师，课文中有这么一句话，'这些恒星系大都有一千万万颗以上的恒星'，这里的'万万'是多少？"话音刚落，全班同学都笑了。"万万"就是亿呗，这是小学数学知识呀！提问的学生非常后悔自己提了一个被人讥笑的问题，深深地埋下了头。于漪老师见

---

① 孙瑞欣：《"万万"是多少》，《中国教育报》2006 年 10 月 19 日第 9 版。

状，便微笑着对大家说："同学们不要笑，也不要小看这个问题，它里面有学问呢。哪位同学能看出其中的奥妙？"经于老师这么一问，课堂一下子沉寂下来了。过了一会儿，一位学生站起来回答："我觉得'万万'读起来响亮许多，顺口许多。"于老师说："讲得好！其他同学还有高见吗？"另一位学生站起来说："还有强调作用，好像'万万'比'亿'多。"在确认没有不同看法后，于老师总结道："通过对'万万'的讨论，我们了解到汉字重叠的修辞作用，它不但读起来响亮，而且增强了表现力。那么，请同学们想一想，我们今天这个知识是怎样获得的呢？"全班同学不约而同地将视线集中到刚才发问的学生身上。这个学生如释重负，先前的惭愧、自责一扫而光，仿佛自己一下子聪明了许多。

在课堂上如何面对学生提出的问题，特别是如何面对学生提出的比较幼稚的问题，于老师的课给了我们有益的启示，它告诉我们什么叫"唤醒"和"激励"，什么叫尊重与平等，什么叫"师生互动"，什么叫探索与创新。

上述教学片段中，那个学生所提的问题层次较低，因而引起同学们的哄堂大笑，如果老师引导不好，就有可能造成课堂上的混乱，引起学生注意力的分散；对于提问的那个学生而言，自尊心、上进心必然受到伤害，很可能从此以后再也不敢提问题了。于老师的高明之处就在于，面对学生提出的比较幼稚的问题，不讽刺、不嘲笑，而是因势利导，"化腐朽为神奇"，变"幼稚"为有益的新的教育资源生成点，引导学生深入思考，不但使全班同学在热烈的讨论中掌握了汉字重叠的修辞功效这一知识点，又使那位提问的学生受到了鼓舞和激励，感受到了师生在人格上的平等，提高了学习的自信心，还使全班同学受到了一次尊重他人的教育。这一教学片段也体现了师生互动的教学理念。

## 2. 倾听时只听不导[①]

[现象]

教师在课堂教学中只是充当一般的旁听者，或者在参与学生的对话时

---

① 蔡明忠：《课堂教学中"倾听偏差"的分析与对策》，《基础教育课程》2007年第1期。

缺少对学生的专业引领。课堂上出现了学生喜欢说什么就说什么，学生说什么都有道理的现象。师生和生生间的对话内容只放不收，甚至对话内容游离于课堂主旨之外，学生因缺乏对教材文本的解读，缺乏从字词到内涵的深层体验，造成教学场面虽"十分热闹"，但学生的认知却在原有的水平上徘徊，最终导致对话的低效或无效。如在九年级的一节语文作文写作指导课上，教师采用了如下教学程序。第一个教学环节是教师向同学展示三则各约100字的阅读材料后，要求同学用一句话或名人名言说明自己的读后感。教师将学生说的诸如"不以物喜，不以己悲"、"世上无难事，只怕有心人"、"一分耕耘，一分收获"、"无限风光在险峰"等12个短语或短句一一写到黑板上。同学们说完后，教师板书也结束了。可是教师并没有结合同学们的发言进行说明与引导，就将这些板书擦掉了，随后进入下一个教学环节。第二个教学环节是教师展示两则各约200字的材料，并问同学从中能获得什么信息。教师随着同学的发言，将同学们所讲的9个句子也一一写到黑板上。同学们发言结束后，教师同样没有进行总结与分析就把这些板书擦掉，随即进入下一环节的教学，直到下课。这样虽然学生说出了许多短语或句子，却因教师没有进行必要的总结与引导，导致学生无法进行知识的内化与提高。这种听而不导的倾听方式其实并不能为教学主题服务。

〔原因分析〕

首先，教师在理解新课程所倡导的理念方面出现了偏差，没有真正理解倾听的实质，没有真正把握新课程所提倡的"自主学习、合作学习、探究学习"等多种学习方式的实质，在操作过程中明知无效或低效也不知如何进行有效的引导。在理解学生与教师地位方面，只从表面理解学生的主体地位的重要性，却忽视教师主导作用的重要性。其次，有一部分教师没有把握好生成性教学的种种前提条件，没有认真备好课就走上讲台，因而对学生的发言无法做出较为准确的判断而有意回避，让学生自由漫谈而不进行引导。

〔对策〕

倾听是一种主动的行为，倾听的核心是思考。教师倾听时，需要伴随着观察、辨别、选择的过程，需要在最短的时间内做出教育的决定，或是肯定后的点拨，或是以此展开的议论，或是片刻沉静中的回味、思索，或是借景抒情，借题发挥。因此，教师要加强对新课程新理念的学习与理解，准确把握精神实质。虽然新课程倡导生成性教学，但预设是生成的前提，生成是预设的超越和发展。动态生成并非盲目生成，它必须围绕课程的教学目标来进行，围绕着师生的知识、情感、思想背景来进行。教师需要在系统研究教材内容和认真分析学生的知、情、意等的实际情况，以及对以往相关教学行为结果深刻反思的基础上，对教学过程进行规划和设想。在教学过程中，教师既要让学生发出自己的声音，又要以个人的经验丰富学生的思考，适时地引导学生讨论，使讨论更能集中在焦点上。要将尊重学生的个性差异与追求思维的最优化相结合，将理解的个性化、独特性与理解的普遍性、有效性相统一，使学生获得一个比较正确的结论。

### 3. 倾听，使生命润泽[①]

"听"由耳朵、眼睛、心与脑合成。

"我们天生以为自己有耳朵会听，但用心听、用脑子听，和只用耳朵听，差别很大。"卡内基训练大中华区负责人黑幼龙如此说。

教育变革应该让每一位普通教师学会做"家常菜"——倾听，在自己的课堂中寻找到"润泽"。

"润泽"这个词表示湿润的程度，也可以说它表示了那种安心的、无拘无束的、轻柔肌肤的感觉。"润泽的教室"，教师和学生安心地、轻松自如地构筑着人与人之间一种相互倾听的信赖关系。

教室里我们经常会听到教师激情的音调："同学们，来，勇敢地说出你自己的意见！""你有不同的想法吗？""你一定能读得超过她！""来，把手举高一点。"这看似是"鼓励学生张扬个性"，可这样的课堂里，时间一长，学生不仅不会形成良好的习惯，获得丰富的知识，反而会变得浮躁、自大、拒绝倾听、心灵闭塞。这是"润泽的教室"吗？我们究竟离它有多远？

我们来看看《小鱼的梦》的教学。

周老师为了不放过任何一个能使孩子感悟美、欣赏美的途径，巧妙创造情境，倾听学生的声音，抓住生成点，让课堂洋溢梦境般的诗情画意。

---

[①] 金岳春：《倾听，使生命润泽》，《北京教育》2004年第7期。

甜美的语调、缓缓的叙述,将"小鱼""带入"学生当中,也将学生领入美好的情境中。引导学生反复地、充分地朗读,在读中倾听、想象,再现语言画面,引导学生感受课文的优美意境。

……

教室里那样安静,每当有同学发言时,其他人都侧着脑袋倾听着,教室里每个人的呼吸和其节律都是那么柔和。那份润泽,是师生日久生情的默契,是耳濡目染的熏陶。它真真切切地告诉我们:如果希望在课堂上更好地培养学生的言语表现力的话,那么与其鼓励他们发言,不如培养他们倾听的能力。不要以发言为中心来考察学生,而要以是否学会了倾听来考察他们。

"倾听比发言更加重要。然而,大多数教师却仍然以学生的'发言'为中心来了解他们的看法,而并不认真地对待'倾听'。""倾听学生的发言,如果打一形象比喻的话,好比是在和学生玩棒球投球练习。把学生投过来的球准确地接住,投球的学生即便不对你说什么,他的心情也是很愉快的。学生投得很差的球或投偏了的球如果也能准确地接住的话,学生后面就会奋起投出更好的球来。这样的投球般的快感,我认为应当是教师与学生互动的基本……"日本佐藤学先生的精辟之言,让人耳目一新,发人深省!是啊,在我们的教学活动中,有多少教师认真倾听了呢?多数的教师只注意自己的教学进度,并没去想准确地"接住"每个学生的发言,未能与那些倾心"投球"的学生的想法产生共振。因此,说授课过程中学生的"投球"纷纷落地的确是不为过的。还有更严重的是,有的教师自己没接住球还让学生去替他捡,像这样的互动如果持续的话,那么投不好球、投偏球的学生就会变得讨厌投球,甚至还会讨厌他们自己。

### 4. 倾听受教育者的课堂诉说[①]

[案例] 有位教师在讲平面图形的复习课时,课间教师向学生出示了这样一道题:

---

① 王庆明:《倾听受教育者的课堂诉说》,《教育科学论坛》2007 年第 10 期。

有一个圆的面积正好等于一个长方形的面积,已知圆的周长是12.56厘米_____？

师：根据以上条件，你会提出哪些问题？先独立思考，然后交流、讨论。

各小组同学信心十足，合作探究的气氛非常浓。

生1：我会算圆的半径，算式是：12.56÷3.14÷2＝2（厘米）

师：讲得非常好！请接着往下说！

生2：我还会算圆的面积，算式是：$3.14 \times 2^2 = 12.56$（厘米）

（教室里响起了热烈的掌声。）

生3：我会算长方形的长，算式是：12.56÷2＝6.28（厘米）

生4：我会算长方形的周长，算式是：12.56÷3.14÷2＝2（厘米）
12.56＋2×2＝16.56（厘米）

生5：（自豪地）老师，这道题实际上反映了圆面积计算公式的推导过程！

师：是吗？你能具体说说吗？

生6：（接着说）能！把圆分成若干等分的等腰三角形，然后再把这些等腰三角形拼成一个近似的长方形，那么这个长方形面积就是圆的面积，这个长方形的长就是圆周长的一半，宽就是圆的半径。我认为这道题就是考我们这些知识。

教室里再次响起了热烈的掌声。

生7说：我会算重叠部分的面积……

生8：我会算空白部分的面积……

有一种十分重要的教育理念，叫"倾听着的教育"。该教育理念认为："教育过程是教育者与受教育者相互倾听与应答的过程"，是"师生、生生之间交流互动的过程"。在上述教学过程中，教师以人为本设计了一个开放性的问题："根据以上条件你会提出哪些问题？"引发了学生浓厚的学习兴趣，在教师的鼓励下，学生用自己的独特方式提出了一个又一个精彩的问题。教师关注学生、倾听学生、发现学生，把自己看成是教学活动中的一员，认真地倾听学生的讨论、答问及思考过程等，引领学生彼此调整和完善自己的认知结构，充分尊重了学生的意愿，体现了一种人文关怀。在倾听学生发言的过程中，教师能敏锐地发现学生的闪光点，及时给学生提供一个展示才能的空间。

## 5. 倾听学生思维的创意[①]

倾听是一种智慧，它引领生命超越我行我素、自以为是的封闭；倾听是一种境界，它造就涵容万象、兼收并蓄的人生气度；倾听是一种思想，它涵摄着沉思默想、贯通物我的明达——教育中真正的倾听，是一种心灵美好的相互期待与相互唤醒。

美好的倾听，不是言语与耳膜的漠然的物理接触，而是内心追随着语言中潜含的情绪、思想、感悟，并细腻的有节律的舒张。如同贝壳在细致地吮吸着起落的潮音；也似木耳在谛听山间幽静的鸟鸣与涧声；又如树叶沉静地倾听阳光的细语与温谧……

教师真实的倾听，不是仅用耳朵在工作，更多的是心的敞开与吸纳，只有心灵才能发现外在肉眼及感官看不到、听不到、摸不到的最珍贵的东西。竖起心灵的耳朵才能抵达言词不断延伸的世界。

想起有位老师在上《凡卡》（语文十一册第21课）时的一个小片段，感慨颇深。他在引导学生一起分析"'在写第一个字以前'凡卡为什么要看了一下那个昏暗的神像"时，让学生们进行小组讨论，而后再展开全班交流。有个孩子说："老师，我觉得凡卡不是想求神像保佑，他在鞋匠家受尽了非人的折磨，神灵从来就没有保护过他。我想凡卡的心里是恨透了神灵。你看，他不是'斜着眼'看了一下那个'昏暗的'神像吗？"老师一愣，显然与教参中的答案大相径庭（教参中分析凡卡是想求神灵保佑自己写信不会被老板发现），他不置可否地问全班同学："还有什么想法？"那个满心兴奋的孩子悄无声息地坐下。有个学生说："老师，我想可能老板经常在神像面前打凡卡，因此凡卡一看到神像就毛骨悚然。"可这些与教师心中的想法不相吻合，他又轻描淡写地说："还有吗？"终于有一位女同学站起来说，凡卡是想祈求神灵保佑自己写信不会被老板发现。老师一听有如获"我"心之感，忙连声表扬道："好！"并一字一顿把这位女同学的话再重复一遍。坐在后排的有位男同学小声嘀咕："其实凡卡在写信之前就是随随便便看了一下神像。因为天黑，他又点着蜡烛，因此神像才显

---

[①] 林高明：《倾听学生思维的创意》，《生活教育》2007年第6期。

得昏暗。凡卡才九岁,怎么会那样的头脑复杂。"……老师也没听到,依然一成不变地沿着教案设计一丝不苟地上课。

其实,细想几位孩子的"恨神像""因为担惊受怕""随便看一下"的说法,完全是"言之有理,持之有故"的,孩子们完全能"自圆其说,自创一体",然而,教师却充耳不闻,或置若罔闻。学生们的思维空间如此的宽广无边,他们的回答,透露出各自思维的独特性。在教学上,只有关注了孩子独特的思考方式,尊重孩子的思维差异,才有可能创造出丰富多彩的课堂生活。课堂中学生思维火花的迸发是一闪而过、稍纵即逝的,如果,我们无法"耳"明手快地探测到学生内心最隐秘、最复杂的角落中心弦微颤,那么,生命中的一些不期而至的精彩就会与我们擦肩而过。

## 三　要点

(一) 教师"失聪"——缺少倾听的课堂

教师拒绝倾听学生的言说,或者有意无意地忽略了学生的言说,其结果使得教师失去了倾听学生的能力,这即是教师的"失聪"。教师失聪,孩子的思想火花可能被武断地扼杀,孩子的意愿可能被无情地剥夺,孩子的生命可能被无意地冷落。

1. 拒绝倾听。

拒绝倾听,即是教师对于学生的言说视而不见,在剥夺了学生被倾听的权力的同时,也放弃了自己的倾听权利和义务。这种拒绝倾听的现象在教学中屡见不鲜。例如,课堂上,老师行云流水般地讲课:"课文第五自然段让我们明白了人民大会堂的雄伟壮丽,我们把这一自然段连起来有感情地读一读……"正当教师抑扬顿挫地讲课时,教室一角,一只小手高高地举起:"老师,我有个问题!老师……"老师似乎没有看见,仍在声情并茂地讲着课文……学生的手越举越高,心情也似乎越来越急切,但由于老师的默然,那只举起的小手放下了,脑袋也耷拉了下来……

2. 片面地倾听。

片面地倾听,即是教师有选择地倾听那些自己喜欢的声音,如可以维护自己的形象和尊严、满足自我成就感的言说,对那些有损自己的尊严和形象的声音则加以拒斥。教师的地位使得他们的言论及思想倾向可能成为学生的话语方向,因而有意无意地诱导和强迫学生发出能使教师愉悦的声音,但是这些并不是从学生内心产生的声音,反而充满了欺骗和谎言。它们既扭曲了师生的心理,也扭曲了教育本身。片面倾听的原因在于教师专注于自我,以自己的观点、立场来考虑学生的言辞,而不是以平等沟通的心态来倾听学生。

3. 虚假地倾听。

所谓"虚假",是指摆出了倾听的姿态和形式,但实际上却没有真正意义上的倾听。"教师打开了一只耳朵,接纳学生的声音,但却让它从另一只耳朵悄然流出,未能让这声音在自己的内心之湖激起任何涟漪,未能使教师的言行和态度发生任何与这倾听有关的改变"。[①] 更糟糕的倾听是这样的,教师连一只耳朵也没有打开,他只是坐在那里,让学生自说自话,没有针对学生的言说给予任何的反馈和评价。这样没有在教师和学生之间、学生和学生之间产生深层的对话,虽然有了形式上的倾听,实际上未对学生的认知和心灵的发展产生任何实质的影响。

例如,一位老师在上《敦煌莫高窟》一课时,为了让学生加深了解"敦煌莫高窟是世界闻名的艺术宝库",设计了这样一个教学环节:

师:请同学们自由朗读课文第三自然段,想一想敦煌莫高窟中的壁画就只有这几种类型吗?

生(齐说):不是!

师:那么你们想一想,敦煌的壁画中还有表现什么内容的?

(学生马上举手。)

生1:有小朋友在学习的壁画。

生2:有大家上课的壁画。

生3:有大人在烧饭的壁画。

生4:有大家到商店里买东西的壁画。

师:同学们,敦煌的壁画表现的内容有许许多多,45 000平方米的壁画让我们看也看不完,想也想不尽。

在这个教学过程中,教师听了学生的回答,并且作了总结肯定。

4. 错误地倾听

---

① 李政涛:《倾听着的教育——论教师对学生的倾听》,《教育理论与实践》2001年第7期。

错误地倾听是指教师误读了学生的想法。"对于学生声音的内涵、方向和潜在意义,教师未能准确把握。他要么将'不是'听成了'所是',要么未能听出这些声音中的象征意义,用语言学家索绪尔的术语来说,教师只听出了'所指',但未能听出'能指',他只满足于把那些能激起情感和思维泡沫的声音概念化,错过了泡沫掩盖下的真实的东西"。[①] 学生的语言所指称的东西犹如浮出的冰山一角,语言的大部分含义则是位于冰面之下,如果教师只关注浮出表面的冰山则可能忽略了"弦外之音"。

（二）倾听的具体内容[②]

教师倾听的根本目的是倾听生命和呼应生命。但生命并非抽象的生命,它具体体现在各种欲望、需求、情感、思想,体现在个体生命的差异和区别之上。

1. 倾听学生的欲望和需求。学生在教育生活中的欲望和需求往往不是通过他们的行为,而是通过他们的声音表达出来。它可能是一段叙说、一个句子或者一个简单的感叹词,以及一声呼喊和连绵不断的啜泣。对这些声音所表达的欲望和需求的倾听、理解和应答,就成了教师倾听的重要任务。

2. 倾听学生的情感。对学生情感动向和状态细致入微的把握,并及时加以协调和引导,是教育者成功的重要标志。一个善于倾听的教师,能迅速准确地从学生发出的各种声音中听出愤懑、悲哀、快乐和喜悦等各种情感,同时在教学上作出适当及时的反应和调整。

一个实习老师上完《滥竽充数》,让全班同学评说南郭先生,绝大多数同学们都顺着老师的意,把南郭先生给批评了一通,最后有一个同学怯生生地站起来说:"老师,我觉得南郭先生也不是一无是处的,要是大家都肯帮他一把,他就不会滥竽充数了。"课后,班主任告诉我们,这位同学就是班上的南郭先生,因为他学业成绩最差,没人理他,更没人主动帮助他。

3. 倾听学生的思想。一个具有倾听意识和习惯的教师不会满足于仅

---

[①] 李政涛:《倾听着的教育——论教师对学生的倾听》,《教育理论与实践》2001 年第 7 期。

[②] 李政涛:《倾听着的教育——论教师对学生的倾听》,《教育理论与实践》2001 年第 7 期。

仅倾听学生的欲望和情感，他还善于倾听声音背后的某种思想和观念的萌芽，并尽量认可他们的价值和意义。当学生发现自己那些隐藏不露的思想被教师倾听并认可时，他们就与教师建立了更深一步的交往关系——思想上的交往。

4. 倾听学生的差异和区别。倾听始终是面向具体和特殊的生命个体的倾听。当各种声音汇集在教师耳边的时候，教师的任务是听出这些声音的差异，听出它们所反映的不同个性和人格。"异口同声"的课堂被一些教师和学生理解为是和谐的课堂，仔细思量之后会醒悟，没有异议的课堂是思维与灵性被窒息的课堂。

5. 倾听学生与他人之间的关系。作为正在社会化的人，学生的每一个声音，都不是纯粹自我的声音，不是自我对自我的反映和表达。他的声音总是处在与其他声音相互缠绕的关系之中。与其说学生的声音是自我的反映，不如说是对他人与自我关系的反映。因此，教师的倾听对象既是"具体的人"，也是这个"具体的人"与另一个或另一些"具体的人"之间的关系。

（三）倾听的有效策略

倾听，是一种用耳朵来摄取信息的方式，但它不仅仅需要耳朵来听学生的言说，还需要全身心的投入和专注。倾听里凝聚着无限的教育智慧，倾听里有开放的理念、民主的态度，倾听里有尊重的姿态、现代的方式。

1. 接纳与平等。

教师倾听学生，不仅是用耳，更是用心，用整个身心，不是把学生仅作为教育对象来接纳，而是把学生作为一个鲜活的生命来接纳。这种接纳也体现了一种真诚的平等和尊重，教师要用儿童的眼睛看世界，这样才会与他们产生共鸣。通过倾听，教师领悟了学生首先是一个生命的存在，不是物质或观念的存在，相应地施之以对应于生命的教学方法。

2. 专注与耐心。

当我们面对学生的时候，我们专注的神情、真心的倾听，是将一个生命的所有能量聚焦在另一个生命上，迸出生命的火花。教师要善于通过自己的目光、神情和倾听的姿态向对方传递一个信息："你所说的一切都是十分有意思的，我非常希望了解你的一切"，从而给予对方最大的关注。

在课堂交流讨论中，教师要注重倾听学生的声音，哪怕是错误的声音。教师要在深沉的静穆中，坚持不懈地进入学生心灵深处，去倾听他们的呼喊和需求。当学生的见解、行为出现错误时，教师不能打断、制止孩子的话语，更不能取笑孩子，把自己的观点强加给学生，而要从学生的内心深处捕捉到他们的情感体验、知识能力的细微变化，鼓励他们再想一想，再说一说，用足够的耐心包容孩子。

3. 回应与互动。

在课堂教学中，教师不仅要认真地倾听，而且还要适当地做出回应。回应的方式可以有很多种，一般常用的有下面几种。①认可，对学生所说的话表示已经听见，可以用点头或"哦、哦"、"说得对"等附和声，以及身体语言对对方表示及时的认同和鼓励。②重组，把受访者的话按照自己的理解重新组织一下，以便检查自己的理解是否正确。③总结，把学生的话进行归纳概括，一方面突出中心和主要的思想，另一方面，检验是否理解正确。④追问，指对学生所说的某一个观点、概念、事件或行为进一步探询。⑤自我暴露，教师就学生所谈的内容，通过述说自己的经历或经验作出回应，从而拉近双方的心理距离。教师要选择适当的时机予以回应，注意不要打断学生的话头。

佐藤学把倾听学生的发言形象地比喻为"和学生玩棒球投球练习"。"把学生投过来的球准确地接住，投球的学生即便不对你说什么，他的心情也是很愉快的。学生投得很差的球或投偏了的球如果能准确地接住的话，学生后来就会奋起投出更好的球来。这样的投球快感，我认为应当是教师与学生互动的基本"。[①]

4. 理解与共情。

倾听，不仅需要思维和智力的投入，更需要"有感情的听"和"共情的听"。教师在倾听的过程中，对学生的话语和情感要适时表露自己理解和认同的感情，并在情感上达到了共鸣，让学生感受到教师与自己同思索、同欢乐、同悲伤。

5. 鉴赏和学习。

教师在倾听的过程中，应该以鉴赏的态度欣赏每一个独特的声音，这也是教师向学生学习的过程。童心是一个求索的世界，孩子对各种事物保持着浓厚的好奇与猜测；童心也是一个纯洁的世界，保留着人类的许多纯真品质。所以，在倾听中向学生学习是教师必要的态度，在反省自己的

---

[①] [日]佐藤学：《静悄悄的革命》，长春出版社，2006年7月版。

"倾听"的同时与对方进行平等的交流,与对方共同建构出对现实的定义和理解,实现着成人与孩子的教学相长。

## 拓展阅读

### 1. 倾听学生的内在生命尊严[①]

日本黑柳彻子的《窗边的小豆豆》中写道,小豆豆因为"淘气"被迫退学后来到了巴学园,而见到了校长后的第一句问候竟是:"你是校长先生呢?还是车站的人?"对于这样一个不礼貌的学生,校长竟然也是笑着回答"是校长先生啊"。而且这个笑着的校长开始聆听这个因"捣蛋"闻名而被迫转学来到巴学园的"坏孩子"长达 4 个小时的"倾诉",直到最后"小豆豆绞尽脑汁地想啊想,但这回却是真的找不出什么可说的了"为止。而且,在这次长达 4 个小时的倾诉中,校长先生一次也没有打哈欠,一次也没有露出不耐烦的样子,还像小豆豆那样,把身体向前探出来,专注地听着,还不时地边听边笑边点头,有时候还问:"后来呢?""已经没有了?"就这样,小豆豆感到平生第一次遇到了真正喜欢自己的人,从而产生了"能和这个人永远在一起就好了"的念头。更让人叹服的是,小林校长在那时候也和小豆豆一样,怀着这个想法。这是何等真诚而又细腻的倾听啊!让人感受到高山流水遇知音。正如美国教育家帕尔默在其著作中告诫我们的:"如果我们想要支持彼此内心的生活,我们一定要记得一个简单的真理:人类的心灵不想要被别人'解决',它只是想要被人看到和被人听到。人类的内心深处无不渴望着被灵犀相通的人来关注或回应,否则,就会感到枯寂与孤独。"小林校长就是一位谙熟人性、明悉倾听意味的教育大师。在他身上,我们可以深刻而敏感地体味到:倾听就是一种爱。这种爱的含义正如一则寓言所解释的:爱情使者丘比特问爱神阿佛洛狄忒:"LOVE 的意义在哪里?"阿佛洛狄忒说:"'L'代表着倾听(LISTEN)。爱就是要无条件无偏见地倾听对方的需求,并且予以协助。'O'代表着感恩(OBLIGATE)。爱需要不断地感恩与慰问,需要付出更多的爱,灌溉爱苗。'V'代表尊重(VALUEO)。爱就是展现你的尊重,表

---

[①] 吴丽娜:《倾听课堂的脉搏》,《思想理论教育》2007 年第 24 期。

达体贴、真诚的鼓励和悦耳的赞美。'E'代表着宽恕（EXCUSE）。爱就是仁慈地对待、宽恕对方的缺点与错误，维持优点与长处。"

然而，我们的教育教学中缺乏的就是真诚的真实的倾听。留心观察课堂，可以见到许许多多关于倾听的生命元素流失的状态：

1. 心不在焉。在课堂中经常会发现这样的场景，教师提问时，许多学生纷纷举手，被点名回答的同学昂起胸脯很兴奋地说着。可是教师一会儿眼睛紧盯书本，一会儿目光游移不动，一会儿忙着在黑板上抄写中午的作业……或者，在学生回答的中间含含糊糊地发出一些"哼哼哈哈"的言词敷衍了事。而有些教师连学生说完了没有都不甚了了。等教师完成自己的教学准备后，轻描淡写地将刚才问题的答案说一遍，就继续下一环节的教学活动。至于那个回答问题的学生，则被不知不觉地遗忘了。

2. 拦腰截断。由于课堂教学是在一定的时间内活动的，于是，有些教师为了"节约时间""提高课堂效率"，总是在潜意识深处，要让学生能直截了当、简洁明了地回答问题。但除非是做选择题或是非判断题，否则很难如教师所愿。时间与教学任务的焦虑感让教师失去了倾听的耐心，他们常常迫不及待地打断学生的话语，很少去注意学生是否显得不安与不自在。

3. 断章取义，自作解人。如我曾经听过的一位教师上《幸福是什么》的教学片段。教师引导学生读导读要求：学习这篇课文，想想，三个孩子是怎样寻找和认识幸福的？再谈谈你对幸福的理解。在读后进行交流，同学们七嘴八舌地谈到（找出文中的语句）：第一个青年为人们治病，病人康复了，他感到幸福；第二个青年十年间走了很多路，勤勤恳恳做了许多事，对别人有帮助，所以感到幸福；第三个青年在家耕地种麦子养活了许多人，对别人有帮助，所以感到幸福。接着，教师便向全班同学提出这样一个问题：结合你们自己的生活来谈谈，你认为幸福是什么？有的孩子说，幸福就是有一个温暖的家；有的说幸福是和爸爸妈妈在一起；有的说有母爱才有幸福；有的说学习是一种幸福；有的说帮助别人就是幸福……学生们的体验可谓五彩缤纷。可教师总结道：对，我们就要像文章中的孩子一样，因为，幸福就是帮助别人，否则一切都不幸福！

扪心自问，幸福真的只是这么狭窄吗？孩子们所说的教师听而不闻，那么幸福的感觉被书中的观点轻而易举地替代了。这就是在学生回答问题时，教师心中已经有了既定的答案，于是，孩子们讲得再有道理，再精彩,但是,与"我"不符则不理,与"我"相同就赞同,听其所听,不听其所不听。

4. 居高临下的判断而非兼容并蓄的开放。马克斯·范梅南在《教育机智——教育智慧的意蕴》中剖析了这样的一种现象:对于孩子来说,他们常常发现,即使当成人询问他们的体验时,成人并没有真正地带着兴趣聆听。比如,成人问"你为什么这么做"或"你这样做究竟是为了什么",但在这样问的时候很少是想给孩子提供一个倾诉的机会,成人已经在心里对孩子做了判断。这个"为什么"经常意味着责备孩子,即便孩子的回答——如果成人真的愿意聆听的话——可能会促进成人对孩子世界的理解和思考。

诸如此类的"倾听",在课堂中层出不穷。它使我们课堂生活的魅力与吸引力日渐衰减。马克斯·范梅南指出:"被动地聆听还不足以令人满意;仅仅是开放性的、接受性的聆听还不够。只有当非判断性的理解的目的是为了培养孩子的自我责任意识、自我理解、自我方向感以及应该如何面对生活的时候,它才能变成教育学理解。"非判断性理解也具有某种意向性的特点。这样的聆听知道何时应该保持沉默,何处应该给予支持,以及如何提出一个问题,以便让双方分享的思想和感情的意义更加明了。因为,课堂不仅是"倾听"知识之所,更重要的应该成为互相"倾听"生命的内在尊严之所。

# 主题四  观察的技能

## 一  导语

课堂上，老师的眼睛看哪里？

课堂上，老师的注意力怎样分配？

聂在富老师说："课堂上，我的眼睛不是盯在教案上，也不是盯着正前方，而是用来和学生进行情感交流。这样做，不仅是为了让学生学得轻松，而且可以在教风上为学生作个示范。"于永正老师认为，"一旦进入课堂，就要像京剧演员一样，精气神十足。走进课堂，要把90％注意力放在学生身上，10％的注意力用在教学方案的实施上"。这些都是课堂观察的经验之谈，值得借鉴。

课堂观察是教师通过自己的感官、思维来获得教学信息反馈的渠道，是理解学生、理解自我的一种重要手段。观察的具体内涵可以从两个层次来理解，一是教师要尽量、充分地关注学生的行为，要尽量地"看到"，另外则是有针对性地对所观察的行为予以反思，以提高教育教学能力。在教学过程中，教师的观察是获得学生学习信息的渠道，也是使师生展开对话的基础。现代教学思想尤为突出教学的活动性、对话性和个体性，教师要尽量根据每一个儿童的学习情况来调动他们的学习积极性并帮助他们探究，这就更需要教师对学生行为进行细腻又细致的洞察，在观察的基础上深入思考、及时正确判断，并采取恰当的行动。

## 二 案例

### 1. 看窗户的老师[①]

1992年我在湖北一所"子弟中学"教英语。

学校有一位周老师，教化学，个子很高，又英俊，很受学生喜欢。但这个老师有个毛病：上课时，他从不拿正眼看他的学生。好好的一个人，一旦上课，就牢牢地盯着右边的窗户：上课——，同学们——，今天学第三章……

有一天上午我和另外一个同事去听周老师上课。他点学生回答问题时尤其特别。

他问："有谁知道这个问题的答案？"

学生不说话。

周老师眼睛盯着右边的窗户，用左手的食指指着教室中间的某个位置："好，你说！"

教室里很安静。周老师眼睛盯着右边的窗户，左手一动不动地指着教室中间的那个位置：你说，就你啦！

很奇怪，居然有一个学生站起来回答问题。

全校老师都知道周老师有这个毛病，有位姓戴的年长的女教师和周老师提过这件事，但周老师只是说："哦——哦——"后来不了了之。

人们常常讲教师要有个性。也许在周老师看来，这是教师个性的一个部分。因为很多学生喜欢他，他就更不在乎。

其实他不知道学生是在乎这件事的，很多学生在周记里写了这件事。但学生也找不到合适的办法让周老师改掉这个毛病。

我有一位朋友，学心理学专业的。她说这个事其实好办。办法很简单，但管用。她说，可以在教室右边的窗户那里挂一张美女图像！

周老师后来究竟是坚持看窗户，还是看学生，我不知道。我只在那所中学呆了一年。

每次我和朋友讨论周老师的"看窗户现象"时，朋友们常常说这样的

---

[①] 刘良华：《教育自传》，四川教育出版社2006年6月版。

老师是特例，不具有代表性。但我以为，这样的老师恰恰很多。

"看窗户"的老师确实不多，但"不看学生"的老师却不算少。如果一个老师上课基本不看学生，那么，这个老师究竟在看什么？就值得思虑。

2002年，我指导华南师范大学的十几个本科生到中小学去实习。实习结束后安排了专门的实习总结会。

在总结会上，一位学生总结经验说：我最初上课时怯场，每次走上讲台，就浑身发抖。后来我的一位师姐教了我一招。那位师姐说："你每次走上讲台时，千万不要把你的学生当学生，你就想象你的面前是一堆土豆，那样你就不会怯场。"

我问他是不是真的用了这个办法。他说："用了，很管用。我后来慢慢真的就不那么怯场了。"

我现场提出一个结论，虽然是玩笑的语气，但已经有些不满。我说："你原来怯场，还算是一个心里有学生的、善良的好老师。现在你不怯场了，却成了一个目中无人的土豆老师。"

如果一个老师讲课时目中无人，这个老师就不见得是在教学而是在自言自语。

自言自语的人要么是哲学家，要么有强迫症。

## 2. 捕捉精神突围的灵光[①]

孩子在课堂上每一个细微的发现都蕴含着儿童生命成长的喜悦，就像"每一滴露水在太阳的照耀下都闪耀着无穷无尽的色彩"，有时是不经意间滑出生命的律动，让我经常含泪感受学生的思维自由之美，学生的每一点新感觉都让我激动不已，让我怀着一种深深的敬意聆听他们精神发育的美妙之音。

《江雪》是柳宗元写的一首诗，寒江独钓图那凝固的美丽让许多人神往、赞叹，亦让许多人悲凉、扼腕与遐想。在熟读背诵后的交流中学生对这首诗的解读让我吃惊。"千山鸟飞绝，万径人踪灭。孤舟蓑笠翁，独钓寒江雪。"当有学生从"千万孤独"看出这是一首藏头诗时，我的内心并

---

[①] 侍作兵：《捕捉精神突围的灵光》，《江苏教育（小学教学）》2007年第6期。

未觉太多的惊奇，但是接下来有同学说：千万孤独，写出了诗人很孤独，而且这四个字都是数字，只是前两个表示多，后两个表示少，而且"孤"也是"一个"，"独"还是"一个"，与"千"和"万"形成鲜明对比，这个中隐含的意蕴让人回味无穷。

多么深刻的发现，这是我从教多年学生告诉我的最激动人心的发现中让我非常难忘的一次，他从数的大与小、多与少的对比，看出映衬了诗人孤独的深刻意蕴，他也无意间发现了我国诗词美学中古诗独特的结构之美，对孩子来讲是对已有知识创造性的建构，是学生精神发育之旅中建立的一个光芒四射的坐标，在孩子的成长旅程中留下的将是刻骨铭心的记忆。这对成人来讲也许不算什么，但对成长中的孩子来讲却非同一般。

### 3. 善待"开小差"[①]

讲教学"分数的意义"一课时，当我引导学生概括出分数的意义后，发现学生小张低头若有所思，时而翻翻书，时而念叨着。看着他的举动，我不免埋怨起来，责怪他没有认真听讲——"开小差"。听我这么一说，小张同学非常委屈地说："我没有开小差！我在思考一个重要的问题！"我嘲笑他："那么就请你给我们介绍一下'重要的问题'吧！"只见他慷慨陈词："分数的意义中有个'平均分'，而除法中也有一个'平均分'，它们会不会有什么关系？"听了他的发言，我不禁深深地自责起来，为刚才自己的鲁莽而感到不安。他能根据分数的意义进行积极地类比、迁移，这才是注意力高度集中的表现啊！于是我真诚地宣布："小张同学确实发现了一个重要的问题。老师错怪你了！"得到我的肯定，他的脸蛋顿时红扑扑的，激动地说："分数线表示平均分，整个分数看起来多么像我们学过的'÷'呀！既然分数与除法有关系，我又想到除法中商不变的性质，那么分数中会不会有什么不变的性质呢？"我带头为他精彩的发言鼓起掌来，他又狡黠地说："我刚才偷偷地翻了书，果真有个'分数的基本性质'……"

课后我深深地思索：数学课堂教学到底要关注什么？国家数学课程标准指出，数学教学除了要关注知识技能外，更要关注学生在学习活动中的

---

[①] 冯凯：《善待"开小差"》，《教学随笔》2007年第1、2期。

学习方法、学习过程以及情感、态度与价值观。在上述教学片段中，我埋怨学生注意力不集中，很显然关注的是学生知识的获取，忽视了学生学习过程与情感需求。新课程改革提倡的自主学习，其学习过程不是教师整齐划一地硬性规定，而是由学生自我调控的一种探究体验。否则，"让学生成为学习活动的主人"就成了一句空口号。学生的学习能由此及彼、触类旁通，表明他思维活跃、思路开阔，这才是一种高层次、高品质的学习。因此，在课堂教学中教师一定要明确自己与学生的关系，摆正教师与学生的地位，树立"我为人人"的意识，而不是"人人为我"，以满足学生的学习需要为前提，力争使教师的"教"服务于学生的"学"，从而真正地落实以学生发展为本的教育教学目标。

因此，对于这种另类的"开小差"，教师不但不要呵斥，而且要精心地呵护！愿这样的"小差"开起来！

## 4. 精彩源于一声"耶"[①]

随着天气的渐渐变暖、变热，课堂上孩子们的学习状态也开始有所变化：一个个懒洋洋的，有时虽然是正襟危坐，却也是在强打精神。俗话说，春困秋乏夏打盹。看着这群"昏昏欲睡"的小可爱，我真是爱恨不得。

一节数学课上，我领着孩子们做练习，在核对完答案的时候，我让做错的孩子举起手来，在我一一了解完每个孩子出错的原因之后，不经意地说了一句："这道题女同学只有一人做错，真了不起！男同学可得加把劲了。"我的话音刚落，只听女同学"耶——"的一声，如同沉闷的夏日一声响雷，那么美妙而久违的声音！这清脆的一声，让我如梦初醒：何不就势来个大比拼！于是，我对孩子们说道："第二道题我们来个男女大比拼。看看这回是男同学对得多，还是女同学对得多，好不好？""好——"男女同学几乎是异口同声。看着孩子们瞪着小眼睛，小手不停地画呀、算呀，个个跃跃欲试的样子，我忍俊不禁。这一节课下来，孩子们在竞争机制的引领下，你追我赶，学得不亦乐乎！

---

① 季美娜：《精彩源于一声"耶"》，《山东教育》2006年第7、8期。

## 三　要点

（一）观察的内容

1. 观察学生的情绪状态。

观察学生的情绪状态时，要看学生是否有适度的紧张感和愉悦感，如眉头紧锁，则表明疑窦丛生；如点头微笑，则表明理解接受；如表情呆滞，则说明听课走神。此外，也要观察学生能否自我控制并调节学习情绪。学生在课堂上喜形于色、凝神沉思等不断变化适时转换的外显化情绪反应，以及课堂会从激烈的争论转入专注的聆听的动作行为，都是他们自我调控学习情绪能力的有力表现。

2. 观察学生的交往状态。

观察学生在学习过程中是共享合作、相互依赖，有多边、丰富、多样的信息联系与信息反馈；还是封闭孤立、相互排斥，相互间没有对话与交流。另外，也要看整个课堂气氛是否民主和谐，在人为不适当地强化学业竞争的学校班级里，会滋生自私、冷漠与厌学，把学生变得不想合作也不愿合作。

3. 观察学生的认知状态。

观察学生的认知状态，主要是看学生是不是积极开动脑筋，进行深度思考。具体说，可以观察学生对于老师的问题是否给予流畅、有条理的回答，学生是否善于置疑，提出有价值的问题，并展开激烈的讨论。另外要观察学生的问题与见解是否有挑战性与独创性。

4. 观察学生的参与状态。

从学生的参与状态可以看出学生是否注意力集中，是否在真正进行学习。观察学生的参与状态，可以看学生是否全员全程参与学习，也可以看学生的目光是否关注老师，是否踊跃举手发言，兴致勃勃地阅读、讨论；也可以看学生是否积极投入思考；还可以看在小组学习讨论时，是否有学生给予别人指点帮助或大胆发表与众不同的见解。

5. 观察学生的生成状态。

观察学生是否对后继的学习更有信心，感到轻松且有信心；也可以看学生是否提出了深层次的问题，并积极寻求解答。

（二）观察的原则

1. 同步性原则。课堂里的许多事情是同时发生的，教师要完成自己的教学，还要注意学生的行为表现。对于观察到的问题，教师要灵活处理，要尽量保持上课的进度。同步性原则需要教师对于课堂的教学有充分的理解，在课堂教学上尽量将自己的教与学生的学相统一，力求学生积极参与教学活动。教师要注意保持观察的自然状态，不干扰学生的学习活动。

2. 即时性原则。课堂情况多变复杂，经常会有突发性的问题，因此需要教师及时地进行课堂观察。课堂的进度也很快，需要教师在许多事情发生的瞬间给予关注，有些问题是稍纵即逝的，因此需要教师保持观察的高度敏感。

3. 全面性原则。班级授课是现代教学的主要组织形式，在大部分时间里，教师要面对全班的学生或某小组的学生。尽管学生的数量比较多，但教师还是要努力关注到每一个学生的反应，尤其要注意教室里容易被忽略的"盲点"。教师不仅要观察教学中学生的反应，还要观察学生的个体随意性的行为。教师的关注，哪怕只是短暂的一瞥，都有可能调整学生的课堂行为，使他们集中精力参与教学。

4. 客观性原则。在观察时，教师要尽力摒弃一切个人的主观偏见，使自己的思维具有较大的自由度和充分的空间，展开较为客观的观察。实践证明，教师的心理活动有时会影响课堂观察，从而产生不准确甚至错误的观察结果。比如"期待效应""平均效应""中心论倾向""光环效应"等都可能增强观察的主观性，因此教师要尽量纠正这些主观心理倾向的影响。

5. 反省性原则。课堂观察的目的是为了改进课堂教学和加强师生之间的理解和沟通，教师不能仅仅满足于看到了什么，还要进一步反省自己所看到的问题并进行深度的反思。这样才能实现观察的价值。

（三）观察的策略

1. 注视。注视并不是以较长的时间盯住某个学生看，而是指在教学过程中，教师主动地和单个学生发生目光接触。这样不仅可以获得来自学生的丰富的反馈信息，而且可以收到较强的教学监控效果，对学生的学习态度具有十分重要的影响。

2. 扫视。要做到在一堂课的教学中跟每个学生都进行目光接触，是不现实的。这里边既有教师自身的原因，也有学生与教学环境的原因。因此在教学中，教师随时用目光扫视全班学生，是十分重要的。如果说注视强调的是"点",那么扫视则重视的是"面"。扫视不仅可以了解学生的整体情况,还可以及时发现一些课堂上存在的问题行为。

3. 环视。环视是按一定的观察路线(O形或S形),对学生的各种表现进行观察。如果说扫视的目的在于发现,那么环视的目的则在于观察和交流。如果教师在教学时总是低头看教案,或抬头看天花板,即使看学生也是心不在焉、目中无人,那么他很难获得来自学生的丰富的反馈信息。尽管教师在环视时与学生目光接触的时间比注视要少得多,但毕竟可以和学生形成一种短暂的交流,因而就可以获得较多的教学反馈信息,同时也比扫视具有更好的监控效果。

4. 巡视。教师和每个学生的空间距离不一样,观察的准确性也就不同。另外,教师的视力、学生人数以及教学环境等因素,都会对观察的效果产生一定的影响。因此,无论在授课过程中,还是在学生做练习时,教师都不应该始终站在讲台上,而应不定时地到学生中间进行巡视。以此来收集来自学生的更为准确的反馈信息,并对学生的学习进行监控。

## 拓展阅读

### 1. 学生眼神表情语言读解[①]

眼睛是心灵的窗户,课堂上学生的眼神无时无刻不在传递着各种微妙的信息。学生眼睛瞳孔的大小、亮度、视角的俯仰、注视的时间、变化的快慢都映照出内心的疑惑、赞否、好恶、欢乐、惊奇、恐惧、懒散。因此,教师善于解读学生眼神表情语言,掌握其变化规律,对于及时调节课堂教学,力求最佳教学效果有着十分重要的作用。

瞳孔的变化。人的瞳孔变化是中枢神经系统活动的标志,课堂上学生瞳孔雪亮、脸有喜色,则表明兴趣盎然;瞳孔深浊黯淡,多半表明疲倦或心绪不佳。听课时学生瞳孔突然异常增大,则表明大有收获,或产生惊讶;瞳孔慢慢变细缩小,多半表明听课索然无味,或产生疑惑。

注视行为。课堂上学生目光凝聚往往是思虑深邃的特征,左顾右盼是心猿意马、学习态度不端正之表现,听课时学生目光闪烁传达两种不同的

---

① 李满生:《学生眼睛表情语言读解》,《教育评论》1995年第6期。

信息，在一秒内连续眨几次眼，是神情活跃对教学内容感兴趣的表示；时间超过一秒钟的闭眼则表明对教学内容厌烦。学生举头仰视，表明对教师讲课非常满意，眼睛平视或视角向下，则表明冷静思索或略带不满情绪。

目光接触。教师讲课时，学生不断接触教师的目光表明十分尊敬老师，喜欢这个课程，师生之间相互信赖。学生与教师目光接触若即若离，则表明师生心理有一定的距离，学生对教师有一定的抵触情绪。课堂提问时，学生敢于和教师进行目光接触，则表明学生对问题有自己的看法并想起来回答；学生避免或不敢和教师进行目光接触，则表明学生对问题不能正确回答或把握不大。

## 2. 教师观察能力的要求[①]

教师的观察能力，应具备如下三个方面：迅速而准确，细致而深入，全面而客观。

1. 迅速而准确。少年儿童正处于生长发育阶段，其兴趣、情绪、心理常处于波动状态中。特别是在课堂上，他们的情绪、表情常常呈多变状态。如果他们对老师所讲的内容能够心领神会，眼睛里就会充满智慧的光芒，流露出兴奋、喜悦的表情。如果他们对老师所讲的内容不明白、不理解，就会皱眉蹙额，表现出压抑、疑惑的情绪，有的还会开小差，做小动作，甚至说话打闹。如果老师在课堂上能够迅速及时地采取应对措施，或适当调整教学内容，或稍作教学停顿，就能够改变课堂气氛，及时把学生的注意力、思维引向教学的中心。如果对来自学生方面的反馈信息迟迟不能觉察，作出反应，那么课堂教学就不能很好地得到控制，教师也难以完成教学任务。

2. 细致而深入。细致观察就是要能观察到学生语言、行为、服饰、态度等细微变化。比如说有的女同学，本来学习勤奋，衣着朴素，但一段时间内逐渐变得非常注意自己的发型、衣着，上课有"走神"现象，喜欢交外班及外校的朋友，这往往不是好兆头。如果教师尤其是班主任老师及时注意到这些细微的变化，及早做工作，防患于未然，就会避免学生走弯路。反之，对学生的变化视而不见，任其发展，等问题大了，再去扭转，

---

[①] 刘厚强：《教师的观察能力及其培养》，《教育艺术》2004年第1期。

恐怕已是无力回车。所以教师观察问题，一定要细致而不粗疏。

3. 全面而客观。教师对学生的观察应力求全面。全面观察要求教师在观察学生时注意多角度、多方面、多途径地观察，了解学生的全貌。教师对学生的观察可以从不同的角度进行，如智力程度、自身素质、性格气质、家庭教养或环境影响等等。只有从多角度去观察，才能对学生有较为客观的完整的印象，而不致犯"盲人摸象"的错误。教师对学生的观察，还应注意把学生的校内表现和校外表现结合起来，把观察和调查结合起来，做到多方面观察、多途径观察。比如有的学生因为迷恋电子游戏机，影响了作业的完成和学习成绩。这些情况，教师仅靠学校和课堂上的观察往往难以找到病根。这便需要调查了解。了解他的同学，调查学生家长，掌握他在校外的表现。通过多方调查，结合平日观察，对症下药，才会药到病除。

# 主题五　点拨的技能

## 一　引语

什么是点拨？点拨，就是"指点、启发"的意思。说得再具体一些，"所谓'点'，就是点其要害，点中重点；所谓'拨'，就是拨其疑难，排除障碍"。点拨是帮助人们在分析问题和解决问题时理清思路、找到最佳途径的一种艺术手段。

什么样的点拨有效？孔夫子早就提出"不愤不启，不悱不发，举一隅，不以三隅反，则不复也"。当学生"愤""悱"时，你点拨、启发，才是最有效的，才能达到举一反三之境界。

课堂中的"点拨"，就是教师针对学生学习过程中存在的知识障碍、思维障碍，运用理清思路、排除故障的"艺术手段"，"画龙点睛"，启发学生开动脑筋，进行思考与研究，寻找解决问题的途径与方法的教学技能。

新课程强调学习方式的转变，积极倡导"自主、合作、探究的学习方式"，并不意味削弱教师的点拨作用，相反，对教师的点拨提出更高的要求，即"点"在关键处，"点"醒学生的潜智；"拨"在关节处，"拨"云见日。因此有必要提高点拨、指导的有效性，力争做一个第斯多惠式的"好教师"——"一个坏教师奉送真理，一个好教师教人发现真理"。

## 二 案例

### （一） 适时点拨胜过一味启发[①]

**课标人教版小学数学二年级下册《统计》例 2 教学片段。**

教师播放一分钟内某条道路上通过的不同数量不同类型的四种车辆的动画。让学生分小组记录四种车辆的数量，接着根据记录完成统计表，绘制统计图，最后，教师组织学生讨论："20 分钟后，来的车辆最有可能是哪一种车，为什么？"

学生纷纷举手回答。

生 A：可能是轿车。

师：为什么？

生 A：因为轿车比其他三种车跑得快，所以 20 分钟后最有可能出现的是轿车。

师（感到有些意外，但随即又恢复平静）：车辆出现的可能性大小与车的速度有直接关系吗？请坐，再好好想一想。

生 B：20 分钟后最有可能出现的是面包车。

师（有些疑惑）：为什么？

生 B：因为刚才你播放的动画中最先出现的就是面包车，所以我想，20 分钟后它出现的可能性最大。

师：你再想想，20 分钟后出现的车和首先出现的车有必然的联系吗？

生 C：是货车，因为……

……

（5 分钟过去了，教师有些沉不住气了）

师（加重语气）：小朋友们，你们想一想哪一种车的数量多？

生：轿车。

师（强调的语气）：那么轿车与其他三种车相比谁出现的可能性大呢？

生：轿车。

师（追问）：那么 20 分钟后最有可能出现的是什么车？

---

[①] 李桃：《适时点拨胜过一味启发》，《教师博览》2006 年第 12 期。

生：轿车。

教师如释重负，接着向下进行教学。

新课标指出，"学生是学习的主人，教师是教学活动的组织者、引导者和合作者。"强调学习活动要围绕学生的发展展开，让学生成为学习的"主人"。

本节课初看起来，似乎这位教师做到了这一点。对于要探究的问题，不是直接告知学生答案，而是指名一个一个地回答，通过一步步细心地引导、启发，最终解决了问题。但细究起来，不难发现，尽管学生的回答和思考角度多种多样，但当学生进入思维的误区时，教师仍是一味地启发，让学生自己去解决问题，把自己置身于学习活动之外。最后实在不行，就将学生的思维硬拉到课前设计好的思想轨道上来。在教师的强烈暗示之下，学生似懂非懂地说出了答案。（课后调查了十几位学生，证明的确如此。）

记得一位特级教师在上这节课时也遇到了同样的问题，一番启发，效果不太理想。于是教师就顺手从粉笔盒里取出不同数量的四种颜色的粉笔（红色的最多），用手把它们掰开，混合放在一个盒子里，问："你们说说老师随手从盒子里取一根粉笔，最有可能是什么颜色的？为什么？"生："红色的。因为红色的粉笔多，所以取出的可能性大。"教师趁机追问："那么大家想想，这一题中哪种车数量多？20分钟后谁最有可能出现？"问题迎刃而解。特级教师的成功之处在于不是一味地启发，当学生思维受到限制，面临难以克服的困难时，对其进行适时的点拨，从而使学生能够触类旁通、举一反三。

在教学中教师切忌一味追求形式，时时、处处皆启发。子曰："不愤不启，不悱不发。"适时的点拨，转换学生的思维方向，帮学生找到解题的途径，寻找到跨越障碍的办法，不仅有利于问题的解决，使学生获得成功的快乐，更能提高学生的学习兴趣，往往会起到事半功倍的效果。

## （二） 浅议课堂生成中的相机点拨[①]

在新课程背景下，语文课堂发生了很大变化。在课堂操作方面，教师的设计有了更大的开放性和自由度，学生拥有了更多自主学习的时间和空间，学生的思维空前活跃，自己的发现更多，自己的体悟更深。在这种课堂背景下，课堂信息更丰富，课堂生成常常会出乎意料。这就需要教师更加关注课堂的动态生成，及时捕捉有效信息，高效处理信息，把课堂生成转化为课程资源，为教学目标服务。这种信息的处理能力就是因人而异的教学智慧，即我们常说的"相机诱导，顺势点拨"。

1. 点拨是纠偏。

当学生对文本的理解出现了知识或价值观方面的偏差甚至错误时，教师就应及时辨析错误的根源，调整学生的思维方向，巧妙地给学生以引导。如某教师执教《伤仲永》一课，讨论"怎样评价仲永的父亲"这一问题时，一学生回答："仲永的父亲应该保证孩子的学习时间，为孩子的将来负责，等他将来学有所成当了大官再挣大钱也不晚，没有必要浪费孩子本该用来学习的宝贵时间挣钱。"应该说，学生指出了仲永父亲目光短浅，对孩子的将来不负责任，有一定的分析能力。但我们也不无遗憾地看到学生对"怎样才算成才"还存在认识偏差。这时教师给学生以肯定并追问一句："你看出了仲永父亲目光短浅，但如果你是仲永的父亲，是不是你就把当大官挣大钱作为培养孩子的长远目标？"巧妙一问，稍加引导，学生就会有比较正确全面的认识。如此点拨，还体现了教师价值引导的作用。

2. 点拨是激活。

学生的思维受阻时，教师于关键处"一石激浪"，教室里就会荡起思维的涟漪。如上《屈原列传》课，某教师讲至屈原"于是怀石，遂自投汨罗以死"，学生寂然，突然一学生抛出一句评语："死何裨益！"执教者暂不急欲讲下文，而是鼓励这位学生充分发表自己的看法，之后教师抛出问题："屈子自投汨罗，是不是一种可以肯定的爱国方式？屈原有没有更好的救国之路？"学生引经据典，侃侃而谈，屈原的爱国主义思想在辩论中熠熠生辉。

---

[①] 郭莉莉：《浅议课堂生成中的相机点拨》，《中国教师报》2007年2月12日。

3. 点拨是拓展。

点拨可以是背景知识的拓展，相关内容的延伸，也可以是思路的变换。如宁鸿彬老师执教《我的叔叔于勒》一课时，曾设计这样一个问题：给课文另拟标题，并尽量陈述理由。课上交流时，学生纷纷亮出了"可悲的于勒"、"于勒的变化"、"家人与于勒"等标题。宁老师说："刚才你们拟的标题大都把注意力集中在于勒身上。课文除了写于勒，还写了好多人。可以打开思路，从另外的角度入手拟题，使标题更加丰富。"一句点拨，学生灵感奔涌，答案精彩纷呈。

4. 点拨是评价。

我们提倡课堂上教师有针对性地评价，对于做得好的学生，我们不能只用一个"对"字或一个"好"字就了事，要具体赞扬学生哪里说得好。评价及时、到位，既可以激励学生，又能起到示范作用。当学生讨论问题各执一词时，教师一语中的的点拨，往往能帮学生自我判断。

某教师在一学生深入点评完别的同学的朗读后即时进行了这样的评价："这位同学的分析令我瞠目，它能如此评议同学的朗读，源于他对文章语言的深刻品味，源于他对文体细致入微的解读！"如此评价，既实事求是，又对该生进行了有效激励，同时还起到了在方法上示范他人的效果。如此评价，比起"很好，请坐"这样的课堂用语不知要好多少倍！具体点拨时，教师可采用铺垫、暗示、追问、比较、联想、总结、升华等方法。

## 三 要点

（一）点拨的策略。

1. 整体性点拨。

学生学习的知识不是彼此孤立的，不仅某一学科内部的知识存在着关联，不同学科之间的知识也是相互联系。所以教师要注意，引导学生建立知识的整体性概念，这对于训练他们高层次的思维能力具有十分重要的意义。整体性点拨就是教师在教学时，注意引导学生从总体上感知教学内容，掌握整体知识的核心内容的粗线条的认知结构。

2. 重难点处点拨。

点拨如果不分主次，面面俱到，巨细无遗，那就失去了点拨教学技能的基本特点。点拨应该针对教学的重点或难点，集中力量攻坚克难。重点，是教材中具有关键性的知识内容，它在整个教材的知识的相互关系中，处于主导地位，起着支配的作用。难点是学生在学习中存在的知识障碍和思维障碍。教师应采用画龙点睛的办法，点重点，拨疑难，帮助学生化难为易，拨疑为悟。

3. 迁移性点拨。

迁移性点拨是通过课堂知识的辐射和延伸，让学生学会举一反三、触类旁通，从而达到开发智力、培养能力的目的。叶圣陶先生说："教材只是一个例子。"教师教给学生学会这个"例子"仅仅是个基础，教学的根本目的还在于要教给学生借助已有的知识去获取新知识的本领，并进一步培养起学生的创新能力。

4. 终结性点拨。

某一阶段的教学过程终结时，教师要引导学生对所学的知识进行总体性的概括和总结。一方面，可以让学生在更高层次的水平上理解所学的知识，另一方面把新学的知识纳入已有的知识结构中，更深入地理解这些知识在整个知识体系中所处的地位和作用。

（二）遵循的原则。

1. 启发性原则。

课堂点拨是教师的一种教学技能，但在深层次上来看则是启发式教学的运用，应注意尊重学生的主体意识，注重对学生学习的引导，促其主动学习。教师的点拨要确认学生的自主地位，调动学生的积极性与主动性，为学生的多向思考提供契机和空间。

2. 适时性原则。

课堂点拨，关键是教师明察学生思维发展的时机和特点，在适当的时机予以点拨，让学生有豁然开朗的感觉或深入思考的欲望。在教学活动中，学生的思维往往会出现一个由活跃到受阻、停滞的过程，所以洞悉学生思维的量与质，在学生思维临界状态下适时点拨，促使学生产生"顿悟"。在学生的思维出现偏差时，教师应迅速捕捉这样的信息，作为一种新授内容，凭机智的点拨把学生的思路引到正确的轨道上来。另外，适时性原则也指当学生遇到疑难问题时，教师还要注意留给学生一定的思考时间，不必急于点拨。

3. 适度性原则。

学生的思维如同琴弦，只有用合适的力度点拨才能弹奏出美妙的音乐。教师点拨过轻，不能触动学生思维的弦；点拨过重，则可能越俎代庖或者给学生带去更多的困惑。点拨的言语应该简明扼要，一语中的，击中肯綮即可，不必多加引申和阐发，否则容易影响学生思维的主动性和积极性。要想达到"点到为止"的境界并不是一件容易的事，它要求教师了解儿童的认知水平，把点拨的尺度定位于儿童的最近发展区。

4. 灵活性原则。

"点拨"的灵活性表现在两个方面：其一为方法上的灵活。学生在学习过程中会遇到各种各样的障碍，这就需要教师随机应变，对不同障碍采取不同的"点拨"方法。此外，由于学生个性差异及学习环境的不同，导致学生思维能力的差异，而思维能力不同的学生，在解决问题的过程中所遇障碍的大小多少则必然不同，所以"点拨"要因事而论，因人而异，灵活多变。

（三）点拨的方式。

1. 语言点拨。

语言点拨是指在学生的思维或语言产生障碍时，教师采用精练恰当的语言进行点拨，帮助学生突破障碍，使之思维进程加快，语言表达流畅。教师的语言点拨可以开门见山，也可以通过启发、设疑等方式暗示地、间接地点拨学生。

2. 体态语点拨。

在学生困惑时，教师可以借助手势、动作、目光、表情等身体语言进行点拨，尤其是目光、表情的运用能够巧妙地把教师要表达的十分复杂的愿望、态度、情感迅速传递给学生，可产生"润物细无声"，"无声胜有声"的效果。研究表明，体态语言的交流作用和效果不但远远大于语言交流的作用和效果，而且也是任何语言无法比拟和代替的。在教学中运用体态语言，不仅促进了学生的学习，同时也增添了教学的乐趣。

3. 符号点拨。

符号点拨，即是以符号代替语言的点拨方法，教师可以用各种符号提示出教学的重点或问题的核心，也可以利用符号表达自己的情绪，也借此来激发学生的学习情绪。有些知识比较抽象，教师可以利用多媒体创设生动的情境，把抽象的知识变得直观形象，使无形化有形。

（四）点拨技巧注意的事项。

1. 处理好教师主导和学生主体的关系。

在教与学、师与生的关系上既要充分发挥教师的主导作用，进行启发、诱导、激励，同时又要充分发挥学生的主体作用，引导他们主动探索、积极思考、自觉实践、生动活泼地进行学习。不要把点拨变成了变相的灌输，因此要倾听理解学生的想法，以学生的思路来引导师生之间的对话与互动。

2. 立足于学生的全面发展。

点拨教学的着眼点是促进学生整体素质的发展，其终级的目的是在传授知识的基础上发展思维，提升人格和情感。有些老师片面地把点拨仅仅看作是一种单纯的教学方法或教学技术，认为"点拨"的目的仅仅是为了"教书"，只是引导学生掌握知识。以学生的全面发展为目的实施点拨，要求教师了解学生的心理，了解他们的认知水平，这样才能点学生之所需，拨学生之所疑。

3. 把握点拨的时机。

点拨时机的出现，有时是稍纵即逝的，这就需要教师善于发现和把握，"当点则点，当拨则拨"。发现时机，把握时机，它要求教师具备相当敏锐的洞察力，做到见微知著。在长期的教学实践中，要捕捉好利用"点拨时机"，就必须注意以下三个方面：

第一，从思维角度看，要注意思维形成的转换阶段。学生的学习过程也是一个聚合思维和发散思维不断转换发展、相互作用的过程，并且循环往复，层层深入，最终达到学习目标。在这个过程中，蕴藏着很多的"点拨时机"。

第二，从认知上看，要注意新旧认知的过渡阶段。学习变化的实质就是具有内在逻辑结构的材料与学习者原有认知结构关联起来，新旧知识发生相互作用，新教材在学习者头脑中获得了新意义的过程。因此，学习不能不重视学生原有的认知发展水平，教学生进行"新认知"，就要与学生的原有认知挂起钩来。这个"挂钩的区域"就是"点拨时机"频繁出现的"区域"。

第三，从心理上看，要注意学习心理的转化阶段。当学生在学习过程中受到外在刺激而引起某些需要、动机、思想认识、情感、意向的心理冲突并成为兴奋点时，学习的积极性最强，思维活动也处于最佳状态。这种心态既是教师和学生的心理交流的接触点、共振点，也是教与学的共同机遇。

## 拓展阅读

### 1. 课堂教学中的"点拨术"[①]

课堂教学中的点拨，被喻为培养学生创新思维、创造能力，使学生获得正确学习方法的"点金之术"。"点"就是教师对学生要善于启发诱导，使之获得认识问题的正确方法；"拨"就是教师拨开学生思维上的迷雾，拨正学生认识问题和解决问题的思路。课堂教学中，教师要善用"点拨术"，就要讲究点拨的方法。

1. 循循善诱，引向深入。课堂教学中常出现这种情况：老师提出问题后，学生也能答出一二，且思考方向正确，但认识深度不够。这时教师就应在肯定学生认识方向的基础上启发诱导，顺势点拨，使其认识更加系统和深入。

2. 造阶搭梯，指点迷津。当学生遇到难度较大的问题感到束手无策时，教师就应善于在到达认识彼岸的道路上造阶搭梯，指点学生解决问题的思路和方法，从而启发学生的创新思维。

3. 发散聚合，训练思维。从思考探索解决问题的方向上看，思维可分为发散性思维和聚合性思维两种形式。对一个事物或一个问题的看法或认识，既需要全方位、多层次、多角度地认识，又需要从某个方面考证，以得出准确的答案。因此，发散和聚合两种思维方式在认识问题或解决问题时应是紧密相连的。中学生由于经验、知识及年龄等方面的特点，他们对问题的认识往往有时是片面的，有时是模糊不清的。这时教师就要及时进行思维方式的点拨，训练学生科学的思维方式。

4. 归谬正误，转变认识。当学生对一个问题产生错误认识时，教师如果只是简单地予以否定，难以使学生信服，且易使其产生逆反心理。这时教师如果采用归谬法，让学生认识导出明显错误的结论，学生就会幡然醒悟，转而寻找正确的认识。

---

[①] 叶学范：《课堂教学中的"点拨术"》，《河南教育》2002年第8期。

## 2. 抓住点拨的最佳时机，讲究一个"准"字[①]

教师面对的是一个个活的个体，是一个个的"小世界"，每个学生情况各不相同。这就要求我们教师能有一双火眼金睛，善于捕捉学生的困惑，抓住时机，看准火候点拨。

1. 于"愤悱"之时点拨。

教师的点拨，首先要建立在学生具有积极求悟的心态的基础上。因为对学生来说，教师的点拨外因只有通过学生求悟这个内因才能发挥作用，否则会劳而无益。其次，学生心愤求通，口悱难达，急需教师点拨，教师适时点拨，能收到"指点迷津"之效。

如：一道数学题：一个长方体木块，长2分米，沿横截面切成大小相等的两块，表面积增加0.5平方分米，求这个长方体木块的体积。

乍一看题，学生无从下手，情绪低落。我提示学生画图，同学们画着，讨论着，探索着，似乎明白了点什么，但最后还是张着一双双渴求而迷茫的眼睛。我灵机一动，顺手拿起两个粉笔盒拼上，又掰开，然后把多出来的两个面对着学生。学生茅塞顿开，一下子就明白了，增加的表面积就是两横截面的面积。

2. 于众说纷纭之时点拨。

一堂课，有些学生常为一个问题争得不可开交。这往往说明学生遇到了思维障碍，产生了认知冲突。如果教师适时给予学生一些点拨，为学生指明思维的方向，便有"拨开云雾见明月"之效。

一位教师在教学"求长（正）方体体积"后，设计了这样一道题：把一个苹果摆在讲台上，要学生求苹果的体积。学生起初愣住了，接着纷纷议论起来。有的说：没学过计算苹果的体积；有的说：苹果的形状不规则。教师点拨：可不可以把这个不规则体积转化成规则体积呢？经过一番动脑，有的学生说：用橡皮泥捏一个苹果，再改捏成长（正）方体，就知道了；有的说：把苹果切成长方体；有的说：这都不精确。这时教师并没有直接判断，而是端来一个盛了一些水的长（正）方体容器，将苹果放入。学生一下子悟出只要量出水面升起的高度，就可以算出苹果的体积，

---

[①] 张英：《课堂教学巧点拨》，《广西教育》2002年第22期。

既方便又精确。这一设计不但帮助学生走出了困境，而且提高了运用数学知识的能力，可谓一石二鸟。

3. 于似"通"实"未通"之时点拨。

一位有经验的老师在课堂教学中总能善于捕捉学生表面通实际未通的情况。那么，什么是表面通实际未通的情况呢？一是部分好学生的正确答案起了迷惑作用，看起来人人都会说，就觉得学生都懂了，实际上大部分学生还云里雾里，没理清头绪；二是书上的答案起到迷惑作用，学生跟着教材照搬下来，而没有理解内在的深层含义。这两种现象都披着"正确答案"的外衣，所以，要求我们教师必须有敏锐的洞察力，看清学生对正确答案是否真理解。这时候，我们的点拨就应该是一种"主动出击"了。如，教应用题时，题目问：小红用了多少钱？学生都说18元钱。教师不动声色地把算式写在黑板上，在括号里填上单位（钱），边填边说：如果问用了多少钱，就说18钱；如果问用了多少时间，就说18时间；如果问小红有多重，就说18重……此时，学生哄堂大笑，议论纷纷，很快指出了答案的错误。这位教师以丰富的经验洞察到学生没有实实在在建立起人民币的概念，才来这一招"自问自答"，不着痕迹地进行了点拨，相信他的学生头脑里对人民币单位的记忆永远会是这生动的画面。

# 主题六　情境创设技能

## 一　引语

德国一位学者有过一句精辟的比喻：将 15 克盐放在你的面前，无论如何你难以下咽。但当将 15 克盐放入一碗美味可口的汤中，你早就在享用佳肴时，将 15 克盐全部吸收了。情境之于知识，犹如汤之于盐。盐需溶入汤中，才能被吸收；知识需要溶入情境之中，才能显示出活力和美感。教学情境是课堂教学的重要组成要素，创设有价值的教学情境是促进学生学习、提高教学质量的必然要求。"作者胸有境，入境始与亲"，学习亦如此。在新课程实施过程中，很多教师都注重通过创设情境来吸引学生，营造学习氛围，激发学生的求知欲；提供认知背景和停靠点，促进学生理解和思维。但是，情境创设中也存在形式化和喧宾夺主等误区和问题，从而影响了学生的学习。我们要从促进学生有意义学习的高度，创设体现学科特点和儿童年龄特征的既简洁有效又生动活泼的教学情境。

## 二　案例

### 1. 先吃透教材，再研究情境[①]

一位教师在教学《平移与平行》时，用课件演示出汽车急刹车后车轮所留下的两条痕迹，并以此为情境，要求学生观察它们的位置关系，目的是引出"平面内两条不相交的直线是平行线"的概念。从表面上看，创设这样的教学情境无可厚非，也合乎从具体到抽象、从直观到概括的教学原

---

[①] 郭红兵：《先吃透教材，再研究情境》，《教育时报》2007 年 10 月 24 日课堂版。

则。但是，通过研读教材，我们却会发现教材编写组的专家在编制这一课的时候，并没有对四年级的学生提出能抽象出平行线概念这一要求，而是设置了借助学生平移线状物体（如铅笔、小棒等）的操作活动，使学生感知、认识平行线的目标要求，突出的是学生参与知识形成和发展的过程性理解，并暗含"知识小步子、螺旋式上升"的新课程教学要求。而授课教师却越俎代庖、擅作主张，进行了不应有的深化，不但客观上加重了学生学习的负担，还降低了教学效率。

一位教师在其博客上描述了自己在教学《圆的周长》时的困惑。究其原因，同样是因为教师没能吃透教材所致。下面是这位教师的课堂描述：

"圆的周长"这个知识点是六年制小学数学第十一册第四单元的教学重点之一。本课时的重点是圆的周长计算，难点是建立圆周率的概念。为了突破教学难点，课前除了布置学生预习，还让学生精心准备实验工具，如细线、圆形物体、刻度尺、三角板等。为了使实验科学、顺利地进行，首先引导学生探讨总结出测量圆形物体的直径和周长长度的方法，如滚动法、线绕法等。清楚了测量方法，学生开始实验，探究在同一个圆里周长与直径的关系，即在同一个圆中周长与直径的比值（c/d）。很快有9名学生举手示意，通过实验完成了对这一知识点的学习。

我窃喜，惊叹于学生的动手能力和计算能力，以及为自己精心的预设而得意。但是，当我一一检查后，心里凉了大半截。原来，完成的学生中有8名学生得到的c/d的比值全部是"3.14"。（课后经调查得知，同年级平行班也不同程度地出现了这种现象）是偶然？是巧合？还是别的原因？

其实，通过对"割圆术"的解读，我们不难发现，之所以要找到圆的周长与半径或直径之间的倍数关系，主要是基于"直线测量"的需求，即线段长度的测量可以直接由测量工具得出相对精确的数值，而弧线长度的测量却需要借助外在的辅助手段，如此难免会存在误差。为了避免测量上的困难和误差，人们才有了通过测量直径或半径间接得到圆周长策略的产生，圆周率因此才被发现。但是，这位教师因为未能对教材进行深入研读，因此教学时绕开了这一关键性问题，不但自己"不知其所以然"，而且也"殃及"了学生。

## 2. 教学情境应有思考价值[①]

在教学"9加几"时，甲老师借助多媒体创设了如下教学情境：小动物们在玩拍皮球的游戏。小猴拍了9下，小熊拍了5下，一共拍了几下？同样的教学内容，乙老师创设了这样的教学情境：两个小朋友用大小一样的10毫升量杯各倒了一杯水，1号杯的水面在9毫升刻度线处，2号杯的水面在5毫升刻度线处，他俩一共倒了多少毫升水？

显而易见，乙老师创设的教学情境更能启发学生学习。学生们有的用数刻度的方法计算；有的动手操作，先把2号杯中的水倒入1号杯，凑成10毫升，再加上剩下的4毫升，得14毫升；也有的学生把1号杯中的水倒入2号杯，凑成10毫升，再加4毫升，得14毫升。甲老师创设的教学情境尽管非常优美，也很吸引学生的注意力，但随着课件画面的消失，学生的情绪也很快低落下来。究其原因，是该情境对学生理解进位加法中的"凑十法"没有任何启发。

因此，教师要正确认识教学情境，不要把它当成课堂的"装饰品"，要在教学情境的"思考性"上多琢磨琢磨。

## 3. 探索儿歌规律[②]

师：记得你们上幼儿园的时候有一首叫《数青蛙》的儿歌，大家还记得吗？

师生齐声念：1只青蛙1张嘴，2只眼睛4条腿；2只青蛙2张嘴，4只眼睛8条腿；3只青蛙3张嘴，6只眼睛12条腿；……

师：这首儿歌你们还能继续读下去吗？

（学生很高兴，抢着把儿歌继续编下去）

师：你们是根据什么规律继续往下编的呢？谁能说说？

生1：每增加1只青蛙，就增加1张嘴、2只眼睛、4条腿。

生2：我还发现眼睛的只数是青蛙只数的2倍。

---

[①] 王光辉：《教学情境应有思考价值》，《教育时报》2007年12月12日课堂版。
[②] 陈志祥：《让学生在具体情境中探索》，《江苏教育》2007年第3期。

生3：腿的数量是青蛙只数的4倍。

生4：青蛙的只数和嘴的张数是同样多的。

师：根据你们发现的规律，能不能用你们刚才学到的本领，用一句话说出规律呢？

（学生同座交流）

生5：我用字母表示这个规律：a只青蛙b张嘴，c只眼睛x条腿。

生6：不对。我们知道，a、b、c、x这些字母可以表示任何数，b和a不一定相等，c不一定就是a的2倍，x不一定是a的4倍。

生：是啊！

师：对！a、b、c、x等字母可以表示任何数，因此他的表示不符合我们发现的规律。

生7：如果青蛙的只数用a表示，那么青蛙嘴的张数也只能用a表示，因为青蛙嘴的张数和青蛙的只数相同。

生8：我能用字母来表示这个规律：x只青蛙x张嘴，x×2只眼睛x×4条腿。

（多数学生鼓掌称赞）

生9：我觉得说起来不顺畅。

师：对，x×2和x×4说起来是不顺，现在老师介绍一种简写的方法，x×2可以省略乘号，简写成2x，x×4可以简写成4x。

师：好，我们一起用含有字母x的方法说说规律。

生：x只青蛙x张嘴，2x只眼睛4x条腿。

师：真好！当x是125时，有多少张嘴、多少只眼睛、多少条腿？

生：有125张嘴、250只眼睛、500条腿。

教师充分运用学生熟知的《数青蛙》儿歌，在学生揭示青蛙嘴、眼、腿的数量与青蛙只数之间的数量关系后，让学生用一句话概括这些数量的关系，激发学生从数学的角度运用所学过的知识和方法寻求解决问题的策略。在学生经历把实际问题抽象为代数问题的过程中，教师针对学生表述的"a只青蛙b张嘴，c只眼睛x条腿"，让学生质疑、讨论、交流，使学生认识并理解用字母表示数的两个深层次的问题：（1）字母可以表示任何数；（2）在同一个问题里，同一个字母表示相同的数，相同的数要用同一个字母表示。引导学生建立了用字母表示数的科学方法，加深了对用字母表示数的认识。针对"x×2"和"x×4"在儿歌中表述不顺畅的问题，教师适时介绍省略乘号的写法，把抽象的数学知识与实际需求相联系，最后通过"x 是 125 时，求 2x、4x 的值"的运用，让学生初步理解用字母表示数的应用价值。

### 4. 为外套找主人[①]

英国伯明翰地区科尔摩罗小学的艺术合作者圣伊莱斯·汉格斯为六年级学生设计了一堂趣味盎然的作文课，具体的组织情况如下。

（1）特意准备一件外套。

在上课之前，圣伊莱斯·汉格斯准备了一件外套。外套的风格和样式可以根据教学的具体内容设计，比如，可以在外套上装上几个口袋，然后在口袋里装一个皮夹或者钱包，钱包里可以有诸如照片、会员卡、各种票据。此外，也要考虑外套的样式和用途，比如这件外套是新的还是旧的？是时尚的还是过时的？是用来参加某个特殊活动的还是生意场上穿的？

（2）让学生写外套的主人。

上课后，圣伊莱斯·汉格斯带着他准备好的外套走进了教室，然后向全班学生展示了外套，并且告诉学生，这节课要写一篇关于外套主人的作文，要求学生尽其所能去搜寻各种线索。

（3）学生想象外套主人什么样？

通过观察，学生们在头脑中慢慢形成外套主人的基本轮廓，比如性别、年龄、身高、体重、可能从事的职业、已婚、未婚，然后逐步增加诸如业余爱好、兴趣、近期活动、个性、生活方式之类的信息。

在观察过程中，圣伊莱斯·汉格斯还让学生轮流检查衣服的口袋，讨论他们发现的东西，鼓励学生合乎逻辑地想象，把在口袋里发现的东西和对主人身份、爱好等特征的猜测联系起来。

当然，每件东西都可以用多种方法来解释，没有正确或错误答案之分。

（4）专门设计一个关于外套的活动。

在上课过程中，为了加强作文情境的真实性，圣伊莱斯·汉格斯还设

---

[①] 杨桂青主编：《英美精彩课堂》，教育科学出版社 2005 年 6 月版。

计了这样一个活动：警告他们不要靠近以前在学校操场上看到过的那个穿黑色皮夹克的男人。十分钟后，另一个班的学生拿来一件在操场上"发现"的皮夹克。

过了很长时间，学生们才意识到这是一次活动，之前他们都在全神贯注地写自己的作文。

(5) 为外套主人画一幅肖像。

汉格斯先生要求学生在写完作文之后，按照他们自己的想法给外套的主人画一幅肖像。

## 三　要点

（一）教学情境的创设途径。

在中小学教学中，创设教学情境一般有下列途径：

1. 借助实物和图像创设教学情境。

教学中的实物主要指实物、模型、标本以及实验、参观等。实验过程能够呈现出丰富生动的直观形象，以化学实验为例，从仪器装置到药品配制，从实验过程中复杂的物理化学变化到新物质生成，其中有形、色、态、味的变化，又有气体的生成和沉淀的析出，或光、电、热现象。学生学习化学正是立足于对这些现象的感知和观察。如讲氯气时，一般先由教师演示实验（或学生实验），学生观察实验现象后，再通过学生看到的直观形象，概括出氯的重要化学性质，即氯是一种比较活泼的非金属元素。

在教学中，图像是一种直观的工具，它包括板书、画图、挂图、幻灯、录相、电影、电脑等电化教学手段。图像可把课文中所描写的景色，具体直观地表现在儿童面前，使他们获得生动的形象。

2. 借助动作（活动）创设教学情境。

教师在教学中以姿式助语言，打手势，比如讲"这个孩子这么高"、"这根棍子这么长"，对人"高"和"长"，用手比划一下，这也是形象性。但是，这里我们所要强调的动作的形象性从理科的角度来说主要指操作，从文科的角度来说主要指表演。

（1）操作。

教学中通过让学生操作学具可以使许多抽象知识变得形象直观。如一位教师在教学"平均问题应用题"时，先让学生把4根、5根、7根、8根四堆火柴棒分成每堆"同样多"，使学生通过直观操作领悟"移多补少"

的"平均思想",然后将四堆合在一起(总数量),要求很快地平均分成四堆(总份数),每堆多少根(每份数),得到求平均问题的通法。操作的特点是通过动作而直观,从而把动作思维和形象思维有机结合起来。

(2) 表演。

表演是高一层次的形象性,因为它不仅是教学内容的外观形象,而且展现了人物内心世界。教学中除教师表演外,还可让学生表演,学生表演有独特的教学意义。正如苏霍姆林斯基所说:"从本质上,儿童个个都是天生的艺术家。"实际上,儿童不仅具有潜在的表演天赋,而且还有着爱表演的个性特征。表演能够有效地调动并发挥儿童的积极性和创造性。

(3) 活动。

学生活动所产生的直观情境也有其教学意义。一位数学教师在教行程问题时,感到学生对"同时"、"不同地"、"相遇"、"相遇时间"等概念难于理解,于是他组织学生活动,通过活动帮助学生理解。

(4) 演示。

演示也能创设直观情境。一位数学教师在讲授"数学归纳法"时,便是通过摸球演示,引入归纳法的。一上课,教师从袋子里摸出来的第一个是红玻璃球。第二、三、四、五个均是红玻璃球,问:"这个袋子里是否全是红玻璃球?"学生:"是。"继续摸,摸出一个白玻璃球,问:"是否全是玻璃球?"学生相互争论,高度兴奋(少部分):"是。"再摸,摸出一个乒乓球(大笑),教师问:"是否全是球?"学生:"不一定。"教师小结:"这个猜想对不对:若知道袋里的东西是有限的,则迟早可以摸完,当把袋里的东西全摸出来,当然可以得到一个肯定的结论。但当东西是无穷的时候,那又怎么办?"(静)"如果我约定,当你这一次摸出的是红玻璃球的时候,下一次摸出的也肯定是红玻璃球,那么袋子里是否全是红玻璃球?"学生:"是。"……这种直观有助于学生真正地理解数学归纳法的实质。

3. 借助语言创设教学情境。

(1) 朗读——声情并茂。

声情并茂的朗读能把学生带到作品的艺术境界之中,使学生如临其境,如闻其声,如见其人地在头脑中浮现出教师所描绘的情景。

(2) 描述——绘声绘色。

教师绘声绘色地描述,也能够把抽象概念变得生动形象。在理科教学中，愈是抽象的概念的建立，往往越需要形象的描述与想象。

(3) 比喻——贴切精彩。

比喻就是用某些有类似点的事物来比拟想要说的某一事物，以便表达得更加生动鲜明。善用比喻，不仅会使抽象的东西变得具体，化平淡为生动，还能把难以理解的内容变得浅显易懂。有位化学教师特别善于运用比喻，从而在教学中收到了奇特的效果。

4. 借助新旧知识和观念的关系和矛盾创设教学情境。

学生在学校里所学的不是零散的、片面的知识，而是"提炼浓缩"又"易于消化"的系统的、整体的知识。任何知识都是整体网络上的一个点或一个结，离开了网络，也就丧失了生存的基础。知识只有在整体联系当中才能真正被理解、被掌握，从而体现其有意义的价值。这也就是说，学生对新知识的学习是以旧知识为基础的，新知要么是在旧知的基础上引申和发展起来的，要么是在旧知的基础上增加新的内容，或由旧知重新组织或转化而成的，所以旧知是学习新知最直接最常用的认知停靠点。

5. 借助"背景"创设教学情境。

所谓背景知识是指与教材课文内容相关联的知识的总称。背景知识与新知的关系不如旧知与新知的关系那么密切、直接，它们之间没有必然的逻辑联系，但背景知识同样是学生学习和理解课文的一种重要的认知停靠点。没有必要的背景知识，阅读思考往往是无法进行的，背景知识越丰富，阅读理解水平就越高。课堂教学的背景知识主要包括：作者介绍、时代背景、历史典故等。

6. 借助问题创设教学情境。

教学情境有多种类型、形式，其中特别要强调的是问题情境和问题意识。问题是科学研究的出发点，是开启任何一门科学的钥匙。没有问题就不会有解释问题和解决问题的思想、方法和知识，所以说，问题是思想方法、知识积累和发展的逻辑力量，是生长新思想、新方法、新知识的种子。

(二) 当前教学情境创设存在的误区。

在新课程实施过程中，很多教师都注重通过"情境"吸引学生，激发他们的求知欲，提供攀爬支架，课堂因此有了生气，有了效率，但是，有的教师只把它当作点缀，还有一些教师却因此迷失了教学的方向。

1. 形式化的情境。

教师创设的教学情境与课程的内容没有实质性的联系，是在课程内容（糖果）上人为裹的一层糖衣，学生可能只是被花花绿绿的糖衣所迷惑，对五颜六色的糖衣感到兴趣，至于自己吞下去的糖果是什么，他却全然不知。如某教师在讲"两步计算式题"时，课始，创设了去游乐园玩的情境。课件演示：两个学生乘车来到游乐园门口，遇到了"拦路虎"，要求学生闯过"迷宫"才能进门，教师充满激情地问："同学们有信心闯过吗？"同学们异口同声地回答："有！"课件显示迷宫图：把算式和正确的答案连起来，连对了就能走出迷宫（只有一题是两步式题，其余均为一步式题）。学生顺利闯关后，教师表扬："真能干！"追问："这些题目中哪一题是与众不同的？"从而揭示课题"两步计算式题"。可以说，这种情境与教学内容并没有任何内在的实质性的联系，只是外加的一顶"高帽子"。

2. 假问题的情境。

所谓假问题是指没有思维价值的问题或不能引发学生思考的问题。

**案例：《梯形面积的计算》一课中"推导公式"教学片段（吴烈）**

师：我们可以把梯形转化成什么图形来探索它的面积计算公式？

生：已学的图形。

师：请拿出两个完全一样的梯形拼一拼，你发现了什么？

（学生操作发现拼成了平行四边形，合作讨论梯形与拼成的平行四边形之间的联系）

学生在日常生活中对拼图已具有丰富的经验，在平行四边形、三角形面积计算公式的推导中，也具有了推导面积公式的基础，但这不是全面、系统的，而是零碎的。教学中，教师让学生拿出"两个完全一样的梯形来拼"，学生也就顺利地探索出了结果，整个教学过程比较顺利。但这是真的探索吗？"用两个完全一样的梯形来拼"这好像是理所当然的，因为教材就是这样安排的。但怎么一开始就知道要"用两个完全一样的梯形来拼成一个平行四边形"呢？这是怎么想到的？学生不知道。这也就在他们的认知上存在了一道空白，我们的探究也就成了一个空壳，有形而无实。看起来是问题，却没有激发学生思维的功能。

3. 缺乏真情的情境。

情境不仅包含场景，而且内含情感。任何情境如果没有教师的感情投入，都会失去其教学功能。有些情境从认知层面看是到位的，是有价值的，但是教师却以一种机械的方式来展示它，结果正如前苏联教学论专家斯卡特金所指出的："我们建立了很合理的、很有逻辑性的教学过程，但它给积极情感的食粮很少，因而引起了很多学生的苦恼、恐惧和别的消极感受，阻止他们全力以赴地去学习。"当然，我们强调的是真实的情感，而不是虚假的情感。如：

一位教师上《董存瑞舍身炸暗堡》一文时，为了活跃气氛，问学生："你们最崇拜谁？"学生纷纷举起了手。有的说崇拜球星罗纳尔多，有的说崇拜影星赵薇，有的说崇拜棋圣聂卫平……学生交流结束后，老师反问学生："你们猜，我最崇拜谁？"话音刚落，学生们异口同声说："老师崇拜董存瑞。"一听这么整齐的回答，在多媒体教室坐着的近百名听课教师顿时爆发出一阵哄笑。

4. "猜谜式"的情境（偏离教学的情境）。

教学情境顾名思义就是指向教学的情境，促进学生学习的情境。有些教师创设情境却是兜圈子、猜谜语，让学生不知所云，反倒影响和干扰学生的学习。如：

有位教师上《乡愁》，设计了一个提问导语，目的是想让学生说出课题来。于是他叫起一个学生，启发道："如果有个人到了一个遥远的地方，时间一长，他开始想念自己的亲人，这叫做什么？"

学生答道："多情。"

"可能是我问得不对，也可能是你理解有误。好，我换个角度再问：这个人待在外乡的时间相当长，长夜里他只要看见月亮就会想起自己的家乡，这叫做什么？"教师又问道。

"月是故乡明。"学生很干脆地答道。

"不该这样回答。"教师有点急了。

"举头望明月，低头思故乡。"学生回答的语气显然不太自信了。他抬头一看，教师已是满脸阴云，连忙换了答案："月亮走我也走。"

"我只要求你用两个字回答，而且不能带'月'字。"教师继续启发道。

"深情。"学生嗫嚅道。

好在此时下面有同学接口:"叫做'乡愁'。"教师才如释重负。

5."电灌"的情境。

利用多媒体课件创设情境已经为广大教师所普通采纳,多媒体情境有其特有的优势,但是在实践应用中也出现了负面的效应。多媒体课件的演示虽然有助于学生对知识的形象认识,事实上也提高了课堂教学的效率,但是,整个学习过程中,学生只是被动地参与。思维活动明显受到了多媒体课件的束缚,学生的探究意识也被扼杀了,这也就是所谓的"电灌"。

## 拓展阅读

### 1. 有效学习情境的特征[①]

学习情境虽然具有重大的作用,但若设置不妥,也不能取得应有的效果。什么样的学习情境是有效的?本文认为,有效的学习情境应具备如下特征。

1. 悬疑性或活动性。

学习情境要促进学生智力活动的展开,吸引学生的注意力,关键是要提供学生感兴趣的问题,因此,悬疑性是有效学习情境的根本特征。有些教师在讲授了知识内容之后,再呈现与之相关的情境以印证所传授的知识。严格说来,这不是学习情境,只是一个无须质疑的证据,很难激发学生的思考。另外,一些教师平铺直叙地把情境呈现给学生,不加分析和提示,对情境中是否包含问题不予关注,这违背了设置学习情境的初衷与主旨。也有些教师把学习情境中的问题与传统的提问教学法等同起来,往往用习惯的提问方式代替学习情境,这也是误解。在传统的提问法中,问题针对于知识,是孤立的、简单的;而学习情境中的问题依存于具体的和整体的情境,是有条件的。它指向知识的掌握,更指向分析、解决问题的能力的发展。对于传统的提问法中的问题,学生常常能够在课本上直接找到答案;而有一定难度、不能找到直接答案的问题,很多学生都会困惑不

---

[①] 赵蒙成:《学习情境的本质与创设策略》,《课程·教材·教法》2005年第11期。

解，难以回答，往往由教师替代他们作答。学习情境中的问题与知识本身相异，学生不可能在课本上找到现成的答案，教师更不应当替他们作答。只有经过艰苦的、同时又趣味盎然的探索过程，学生才能真正理解知识的深刻意义，并获得情感体验。在这个意义上，问题也是一项任务，设疑就是要求学生身体力行地去追问和求解。因此，悬疑性内在地蕴含着活动性的要求。

2. 生活性。

学习情境从哪里来？普遍的看法是把知识进行适当的变化，使之具体化为某种场景。但笔者认为，学习情境的撷取、设置不能拘束于知识内容，主要应面向学生的现实生活，在学生鲜活的日常生活环境中发现、挖掘学习情境的资源，其中的问题应当是学生日常生活中经常会遭遇的一些问题。当然，学习情境应该与知识内容相联系，但它不能是知识的另一种面目。它应该是能够体现知识发现的过程、应用的条件以及知识在生活的意义与价值的一个事件或场景。只有这样的情境才能有效地阐明知识在实际生活中的价值，帮助学生精确理解知识的内涵，激发他们学习的动力和热情，并促使他们把知识转化为技能。换言之，学习情境应来自学生的生活世界。"生活世界"是德国哲学家胡塞尔提出的概念，其最基本的含义是指我们各人或各个社会团体生活于其中的现实而具体的环境。生活世界是一个主观、相对的世界，是一个日常的、非抽象的世界。我们生活、学习于生活世界之中，知识也来源于生活世界。这是优先于知识世界的一个先在世界。要克服教学活动去情境化的缺陷，面向生活世界是必由之路。

3. 真实性。

根据知识教学的需要，从学生的日常生活中选取学习情境，也意味着学习情境具有真实性，其中所包含的问题是真实的问题。只有在真实的学习情境中，学生才能切实弄明白知识的价值。如果仅仅对知识进行转化，或者仅仅对真实的生活场景给予简单虚拟，就很有可能设置一些虚假的问题，从而消解学习情境应有的功能。例如，有教师在教圆周率的概念时，这样设置学习情境：让学生测量直径分别为1厘米、2厘米、3厘米、4厘米的圆的周长（用绳子绕一周，绳子长度即为圆周长）。然后让学生将量出的周长填在下表内。

圆周率教学中学生需填写的表

| 直径（厘米） | 周长（厘米） | 周长/直径 |
| --- | --- | --- |
| 1 | 3. 多 | 3. 多 |
| 2 | 6. 多 | 3. 多 |
| 3 | 9. 多 | 3. 多 |
| 4 | 12. 多 | 3. 多 |
| 5 | … | … |

由该表可见，若圆的直径为 1 厘米，则周长为 3 厘米多；若圆的直径为 2 厘米，其周长为 6 厘米多……接着，再让学生计算各圆的周长与直径之比，结果发现它们的值大致相同。最后，教师告诉学生：这个值的精确数为 3.14159……它就是圆周率。像这样的学习情境就是教师人为设置的虚假的问题和情境。学生似乎也有探索活动，但这种预设轨道的验证性活动难以促进学生灵活和复杂的思维的发展。所以，学习情境应尽可能避免简单的虚拟。有研究者尖锐地指出，教学情境"一旦走进为情境而情境"的怪圈，将"创设情境"异化为"虚设情境""虚构情境"，甚至"捏造情境"，那就陷入了误区。我们的情境设置，真实是第一位的……面对课堂，我们宁要真实，而不必因为种种原因而虚构情境，我们对于那些人为制造假情境的现象要坚决打击。

4. 复杂性。

复杂性是学习情境应具备的另一个基本特征。实际上，真实性在某种意义上就意味着复杂性。书本上以文字符号来表述的知识是从具体情境中抽象出来的，相对于复杂多样的现实生活而言，它把其对象大大简化了。而学习情境就是现实生活，是一个个基本上未被简化的事件。这样的事件是多元的、开放的、不断变化的，即是复杂的。抽象知识也可能是复杂的，难以理解的，但它没有生活事件那样纷繁多样、变化万端。复杂性科学的理论进一步确证了生活世界的复杂性特征。所谓"复杂性科学"，是指 20 世纪 80 年代以来正式兴起的研究复杂系统行为与性质的科学，它与简单性科学或线性科学相对立。世界是复杂多变的，虽然存在着简单的事物，但同时存在着众多难以预测的复杂系统。复杂性的根源主要包括：源于系统结构的复杂性，源于开放性即环境的复杂性，源于不确定性的复杂性，等等。复杂性的概念具有本体论意义，即大量的系统在本质上是复杂的。传统的简单性科学把世界描绘成这样一幅图景：受普遍规律的制约，按照不变的规则构成，秩序井然，人类可以凭借理性加以控制……复杂性科学挑战这种观点，指出这是对人类思想的误导，世界其实是极端复杂的。来源于现实生活的学习情境当然也应具备复杂性的特征。

在简单性科学思想的影响下，当前设计的学习情境大多是简单的，完全根据书本知识的需要来设计，儿童按照预设的轨道推演出早已确定的结论，不存在任何其他的可能性。儿童的智力活动被极大地缩减了。一旦遇到现实生活中的复杂事件，学生很难正确应用所学知识。这类学习情境不能引导学生真正理解知识的含义，也无法发展他们应用知识解决实际问题的能力。因此，有效的学习情境应当是复杂的。在把生活事件转化成学习情境时，应保持事件的完整性，保留事件全部的基本元素，避免以知识内容为标准来任意剪裁事件，去掉事件某些有机的组成部分或构成要素。学习情境中包含的问题应有一定的难度，学生须经过积极的、甚至艰苦的思考过程才能得到解答。问题还应有层次，有结构，有理论上的深度，可以进行逻辑上的分析，以适应系统化的知识，并促进学生的思维活动不断推向深入。情境中当然要有发现问题和寻求答案的线索，但线索不一定必然是清楚明白的，必要时可以是比较隐晦的；同时也不一定只有一条与问题相对应的线索，可以有多条线索，而其中一些线索可能与所学的知识内容无关，或导向一个不相关的结果。换言之，线索与答案都不一定是唯一的、确定的。再者，事件中的一些部分可能与智力思维关系不密切，但这些非智力因素既是事件自然的、必要的组成部分，也为学生的和谐发展所必需，不能删除，否则，学习情境就会变成干巴巴的智力推演过程。

5. 情感性。

去情境化的教学不仅在知识掌握、思维发展方面有缺陷，而且对于学生情感的丰富和健全人格的形成也不利。在向学生讲授以语词、符号来表达的公理、定理、概念等知识内容时，由于这些符号是高度抽象的，舍弃了知识发现的过程和应用的环境，这样就把丰富多彩的整体性认知活动肢解了，变成了单纯的"思考"。在这种孤立的智力活动中，思维与情感被割裂开来，情感活动基本上被排除在教学活动之外。学习情境是血肉丰满的生活事件，知识、思维与情感在事件中融为一体，因此，情感是一个真实的生活事件不可缺少的构成要素。在情境教学中，学生的智力活动应当伴随着情感变化，情感性是学习情境的内在要求之一。在创设学习情境时，应仔细甄别与筛选，充分考虑其是否具有丰富的情感因素。

6. 典型性。

与某种知识相联系的事件可能很多，例如，若要为辩证唯物主义"否定之否定"的认识规律这一内容创设学习情境，会发现有许多可与之相对应的事件。这就要求对这诸多事件进行评估，选择最具典型意义的事件作为学习情境。这样的事件所包含的问题最适合知识教学的需要，最能激发学生智力探索的兴趣；同时又能产生冲击性效果，最能吸引学生的注意力，引起他们的情感共鸣。显然，这类事件难以虚拟，应该是绝大部分学生都遇到过或将会遇到的。在创设学习情境时，切忌拿一些与学生的现实生活距离遥远，同时又与教学内容关联程度不高且平淡无奇的事件来充数。

7. 主体性。

在传统教学模式的影响下，不少教师从自己的需要出发来考虑学习情境的创设和呈现。这种教师本位的做法是对学习情境的歪曲。创设学习情境的根本目的是充分发挥学生学习的主动性，帮助他们学得更透彻。事件应是学生日常生活中的事件，问题应是学生会遭遇的问题。教师认为不存在问题的情境，学生可能有疑问；反之，教师以为学生会困惑或感兴趣的事件，学生的实际情况可能并非如此。因此，学习情境应主要关注学生的生活世界，应是在保证学生的主体地位的前提下由师生共同建构的，不能由教师单方面提供给学生。不能体现学生主体性的学习情境不可能是最优的学习情境。另一方面，学习情境的创设也不能仅考虑单个学生的需要。当代主体性教育理论已经否定了单纯在个人层面上定义主体性的做法，实际上，主体性教育包括主体间性教育。"主体间性是指主体与主体之间的相互性与统一性，是两个或多个个人主体的内在相关性。它以个人主体为基础……是主体与主体在交往活动中表现出来的以交互主体为中心的和谐一致性，强调的是各主体之间的相互理解与沟通，以实现认同、达成共识。"注重主体间性，在设置学习情境时，就应当选择能够促进教师与所有的学生共同的交互活动的事件。学习情境既不能以教师为中心，也不能聚焦于个体的学生，而应着眼于多个主体，即教师与每一个学生之间、学生与学生之间活跃的交互活动，以共同建构学习的意义。

8. 可变性。

为保证学生所学知识的系统性，课堂教学以知识内容为依据来安排，每一课时都规定了应该完成的教学任务。学习情境的引入可能会增加教师调控教学过程的难度。学习情境要保持合适的复杂性与完整性，同时又要让学生充分发挥学习的积极主动性,而课堂教学的时间是限定的,二者在操作中往往会产生冲突。这要求学习情境应具备一定程度的伸缩性,最好分成几个部分,便于教师在保证其完整性的前提下根据时间需要灵活处理。另一方面,学生的日常生活是不断变化的,教师的学识与经验也会随着教龄的增加而逐渐丰富,教师对同一项知识内容的把握不会一成不变,学习情境应该随着现实生活的变化及教师的成熟状态而及时更新,不能选定了某个学习情境之后就多年不变,否则会使学习情境失去应有的吸引力。

# 主题七　课堂调控技能

## 一　引语

　　课堂教学变化不定，它呈现的生成性、开放性以及不确定性要求教师具有很高的教育"技巧"，正如苏霍姆林斯基所言："教育的技巧不在于能预见到课的所有细节，而在于根据当时的具体情况，巧妙地在学生不知不觉中做出相应的变动。"这种"教育的技巧"主要指教师的课堂调控技能，即教师对教学进行状态的一种灵敏而强烈的感觉、感受和感知能力，并做出迅速、准确的反应，从而使学生的智力和非智力因素在一种和谐、民主的气氛中得到同步发展。马卡连科把它称之为一种"品质"，"有了这种品质，教师才能避免刻板公式，才能估量此时此地的情况和特点，从而找到适当手段"。

　　课堂调控的技能，就像放风筝，风筝该飞的时候，线就顺着松一松；风筝该收的时候，线就顺着紧一紧，收放有凭、收放自如，风筝才能飞得稳、飞得高、飞得远、飞得精彩。

## 二　案例

### 1. 教师自控，调节课堂氛围[①]

　　一位老师在教学《风来了》这一课，当范读课文"红旗飘，花儿摇，树枝摆，我知道，风来了"时，一名学生站起来大声说："老师，我眼闭着也知道风来了。"教师的思绪被打断，有点生气，于是斥责道："就你能！还眼闭着也知道，快坐下！"挨了老师的批评后，该同学扫兴地坐下

---

[①] 陈明珩：《课堂调控的艺术》，《教育文汇》2005年第1期。

了。中午放学,该老师回到家中,吃过午饭,在院中晒太阳,闭目养神之际,一阵微风吹来,感到十分惬意。转念一想:坏了,上午批评那位同学,批评错了!因为皮肤有触觉,风吹来,眼闭着确实知道。怎么办?知错即改。下午,教师走进教室,问:"同学们,上午有同学说,他眼闭着也知道风来了,对不对呀?""不对!"全班同学几乎异口同声。老师笑道:"到底对不对,现在操场有风,我们去做个实验就知道了!"于是,老师带领全班同学来到操场上,请大家闭起眼来感受一下。通过实践,同学们都七嘴八舌地说确实眼闭着也知道风来了。老师向那位同学承认了自己的错误,并表扬了他细心观察周围事物的能力和在课堂上敢于大胆发表自己意见的勇气。至此,那位一直闷闷不乐的同学才如沐春风,绽开了笑靥。

教师及时、巧妙地弥补了教学失误,营造了平等、民主、宽松、和谐的课堂氛围,学生也学得轻松愉快。在教学过程中,教师要时刻关注学生,对他们多变的学习行为满怀爱心地作出及时处理,要努力唤起学生的学习需要和兴趣,使他们的身心处于最佳状态,促使他们学得更好。当然,教学过程中也难免有来自学生的意外事件,如调皮学生的恶作剧,以及学生一些稀奇古怪的提问、回答等,教师也必须随机应变,运用教学机智,立即进行调控。

## 2. 调控教案,把握教学资源[①]

一节语文课,师生正津津有味地品读课文。忽然,一只色彩斑斓的大蝴蝶不期而至,从窗户外飞了进来。同学们的注意力立即被吸引了。老师没办法,只好指挥几位同学拿课本来驱赶它。可这位不速之客没那么好说话,依然在教室里旁若无人,翩翩飞舞。怎么办?看到同学们看着蝴蝶那好奇、惊喜的样子,老师灵机一动,问:"你们想看看蝴蝶吗?""想!"全班同学异口同声。老师说:"好!给你们10分钟时间看,可不能白看,要把看到的、听到的、想到的互相说一说,再用一段话写下来,行吗?""行!"回答声整齐又响亮。于是,老师让同学将教室门窗关上了,课堂上立刻人声鼎沸,热闹非凡。大家都在兴致勃勃地边看边议论。十几分钟过去了,门窗打开了,蝴蝶也飞走了。同学们兴致盎然地把自己的所见、所

---

[①] 陈明珩:《课堂调控的艺术》,《教育文汇》2005年第1期。

闻、所想都写了下来，连平时不爱动笔的几位同学也写得很投入。有位同学的文中还写到了梁山伯与祝英台化蝶的故事。

  一只花蝴蝶将课堂扰乱了，似乎没有完成教学任务。可这位老师能在突发事件发生时，及时调控，灵活地调整了教学内容，培养和爱护了学生的求知欲望。课堂上涌动着好奇，涌动着探究，语言文字也成了快乐的音符。这正说明了教育资源无处不在，关键是我们教师要有一双善于发现和有效利用资源的眼睛。

### 3. 转"误"为"悟"[①]

  一提起教育教学上的失误，许多教师不由得想起17世纪英国著名的教育家洛克在《教育漫话》中所说的话，教育上的错误比别的错误更不可轻犯。教育上的错误正和错配了药一样，第一次弄错了，决不会借第二次、第三次去补救，它们的影响是终身洗刷不掉的。我想尊敬的洛克先生要强调的是，教师对于自己的教育教学行为要小心谨慎、深思熟虑、精益求精；而不是说，教育教学上的一时一地的失误就是"一失足成千古恨"，它必然是一错不可救药，再怎么补救也是徒劳无功、无济于事的。

  平心而论，在日常课堂教学生活中，我们再怎样精耕细作、精雕细刻，教育教学上的一些小节性的失误，也是在所难免的。是视而不见、充耳不闻还是知错勇改、见贤思齐呢？这就关涉到教师的教学勇气、涵养气度和教育境界。确实，优质的课堂生活就是源自于对细节的爬罗剔透，源自于对"小失小误"的刮垢磨光，谁学会了对教学小节性失误的推敲，谁就能深刻地体悟到教育教学的智慧与内在的欣怡。

  有这样的一次课堂体验让我感触颇深，严丽仙老师写道：

  在冬日午后，教室里满是阳光的味道。窗外玉兰花的叶子绿得闪亮。我正在和孩子们一起学习《宋庆龄和她的保姆》这篇文章，待孩子们理解课文内容后，我让孩子们谈谈自己读后的感受。停顿片刻，孩子们陆续举手。"宋庆龄对她的保姆非常信任，她为革命四处奔走，经常把整个家都扔给保姆。""对，宋庆龄的卧室，除李姐外，任何人都不得进入，可见她

---

[①] 林高明:《转"误"为"悟"》http://blog.cersp.com/53707/1085892.aspx.

对李姐的信任程度。""宋庆龄对李姐非常敬重。如：吃饭时让李姐坐上座；为李姐设计墓地，并安排她进自家的陵园等。""李姐对宋庆龄也很忠心，敌人想方设法引诱她，李姐决不出卖宋庆龄。"孩子们纷纷陈述自己的感受。"你们说得好极了，是的，宋庆龄能平等对待保姆，保姆对自己的主人也是忠心耿耿。"我兴高采烈地进行小结，准备进入下一步的教学。

"那是狗！"这时，我听到了一个不和谐的声音。原来是机灵鬼余永睿。我心中一怔："孩子怎么会这样想呢？不行！"我盯着余永睿，愤然地说："那课文里面有没有把李秀娥比作狗来写？""没有！"众生大声答道。"知道为什么吗？"我稍微缓和了语气。"这是一种赤诚，不是那些走狗为了讨好主人百般谄媚。所以秀娥不是狗。"一个孩子站起身来。"我对永睿同学的这种说法表示愤懑，希望永睿同学把课文再读一读。""我……"永睿欲言又止。"别再说了，你把秀娥看作一条狗是对秀娥的侮辱。宋庆龄作为国家的领导人都十分敬重她的保姆。"我余怒未消，粗暴地打断了永睿的话。这时，同学们也纷纷转向永睿，斜着眼，睨视着他。永睿满脸委屈。

下课后，我坐在讲台前休息，永睿的同桌慢慢地蹭过来，小心翼翼地对我说："老师，你刚才误解了永睿，他正在座位上哭。""哦，我怎么误解他，请你说说吧。"我觉得奇怪。"永睿认为，老师你说'李秀娥对自己的主人忠心耿耿'，你不该这样说。如果秀娥称宋庆龄为主人，那秀娥就是狗了。因为只有狗才有主人，秀娥应该称宋庆龄为夫人，才能体现他们之间的平等与情谊。"

"My god，孩子说得很有道理！我怎么没想到呢？孩子心灵深处蕴藏的那份情，是多么细腻。孩子是伟大的，我应该向他们学习。'教学相长'，古人说的就是这个道理。"我想，我现在应该做的第一件事是向永睿道歉，请他原谅我，我"闭上"自己的耳朵，没有耐心去听取这"不和谐"的声音。

第二节上课时，我当着全班同学的面儿，为永睿同学擦去眼泪，并郑重向他道歉。还称他为自己的老师。永睿同学破涕为笑。孩子们一片惊讶。接下去，我引导孩子们区别"夫人"与"主人"的不同。"秀娥称宋庆龄为夫人，可见她俩之间的感情挚深，亲密无间，正如书中所说的亲如姐妹。""对，如果秀娥称宋庆龄为主人，这样，她俩之间等级就很鲜明，纯属主仆关系，感情也显得疏远。"……同学们越说越有理，通过"主人"

与"夫人"相比较，孩子们读出和自己思想感情相通的人物形象，甚至读出触动自己心灵的一份情感、一段历史……

如果，这节课没有对这一小节性的失误进行有效处理，那么，教师可能将要失去许多孩子信任与尊敬的心。一些似乎是微不足道的疏忽，就在漫不经心间吞噬了、影响了学生学习情绪和生活体验；一些也许在常人认为是可以忽略不计的疏漏，就可能在不知不觉间损伤了学生读书的乐趣与生命的幸福。我们要有一颗孩子的心，要用儿童的思维去思考儿童，尊重他们的生命姿态、思维特征、情感世界。只有这样，我们才会倾听学生思维的呼吸与情感的脉络，才会醒觉我们的"失误"。这样，就不会自作解人，以自己之心度学生之腹，习非为是或执迷不悟地将自以为"微不足道的错误"进行到底。

记住，请慎待每一个"小节性错误"，让我们在教育教学中转"误"为"悟"！

## 三　要点

（一）课堂调控的要素。

教学是一个由教师、学生、教学环境等多种因素组成的系统。课堂教学调控的要素可以分为三个方面，即教师自控、调控学生、调控教学。这三个方面并非完全割裂，而是统一于教学活动中。

1. 教师自控。

教师自控既是要求教师有很强的自我控制自我反省的意识。教师在情绪和心态上要善于自我控制，比如要带着饱满、乐观的情绪走进课堂，不要把自己生活中的消极情绪带进教室。教师要注意控制自己的教学语言，要通俗易懂，具有抑扬顿挫的变化。在情绪激动时，要防止滔滔不绝而离题；在主攻难点时，要防止旁征博引而喧宾夺主；在讲究重点时，要防止用闲言杂语充塞时间；在讲得顺利时，要防止节外生枝……

教学活动中经常会出现一些始料不及的问题，面对突发事件，对于学生或课堂上可能出现的非预定性问题，教师也要调整好自己的心态，针对事情或问题的性质、特点，妥善地予以处置。如果缺乏自制力，就会在这些问题面前情绪紧张，手忙脚乱，难以主动灵活地采取措施，驾驭局面，应变能力的发挥更无从谈起。

2. 调控学生。

作为教师，必须熟知学生的知识基础、心理状况、求知欲望的强烈程度、学习兴趣、接受能力等，以便因材施教；同时还必须熟知教学内容，并善于运用科学有效的教学方法向学生传授知识。具体地说，教师可以以情绪感染、言语激励、活动参与等方式调控学生的情绪。课堂教学既是信息传输反馈过程，也是情感流通过程，教师应该努力激发学生产生丰富的情绪和情感体验。另外，教师还要注意对个别或全体学生进行情绪调控，让学生以高涨的热情投入到学习中，努力转变他们的消极情绪。

调控学生的注意力。良好的注意是进行认识活动的基础。师生在教学过程中传输信息及互动反馈的过程中，教师尤其要注意对学生注意力的调节，尽量使他们的注意力保持较长时间的集中。教学强度不易过大，以免产生过度疲劳而导致注意力的涣散。

3. 调控教学。

调控教学信息。教学过程是教师与学生间的信息传输与流通过程，教师要注意信息流通效果的检测，收集信息反馈，及时处理反馈信息。传统教学方法把学生看作接受信息的容器，教师输出的信息量大，而学生反馈的信息源少，属于单一的信息输出式课堂结构。教师调控课堂，要加强教学信息的反馈，改变教师独白的单向式信息输出，开辟多种信息反馈的渠道，使教学信息呈现出双向或多向的流通。同时，教师还要善于及时捕捉学生的听课情绪、神态等间接的反馈信息，从中推测和判断他们对教师输出的知识信息是否理解、满意、有兴趣、有疑问，进而迅速调整教学措施，并将教学继续引向深入。

调控教学节奏。课堂教学是运动变化的，必定有一定的节奏。课堂教学节奏就是教师在课堂教学过程中富有美感的有规律性的变化，是贯穿于教学艺术审美结构中的内在律动，也就是教学过程的规律性变化。教师应该通过对教学内容、教学分量、教学方法的调节，使课堂教学节奏高低起伏，动静结合，张弛有度，形成错落有致却又和谐优美的教学韵律。

调控教学时间。教师是教学时间的分配者，但绝不是教学时间的占有者。教学时间是师生共有的，在本质上它的使用主体更倾向于学生，教师的作用是适时点拨或参与指导。教师应该科学地分配与调控教学时间，强化教学流程与教学时间的联系和效率，从而留出时间给学生自主地感悟、探究。教师不仅要树立把时间分配给学生的意识，而且要力求让每一个同学科学有效地分享、利用自己的教学时间。

（二）调控偶发事件。

课堂教学是变化的，出现意料之外的事情是很正常的，关键是要看教师如何用细致入微的心去发现生成点。调控偶发事件要以尊重学生、珍视学生的独特思维为前提，尽量利用事件寻找契机启发、质疑，将学生引入思考的殿堂。

1. 学生的"错误"。

学生不出现失误的课堂是虚假的课堂，因为有千差万别的学生，就可能有多种多样的理解。教师教学技能的体现不在于如何掩饰、消除错误，而是要利用错误，把教学错误也作为一种教学的资源。面对学生的错误，教师应该有宽容的心态，特级教师于永正经常告诉她课堂上的学生："发言说错的学生，我要给他发特等奖；发言正确的，只能得一等奖。"此话乍一听令人讶然，但既而会发现于老师的教育理念：错误，是一种宝贵的教育资源。教师不但要宽容学生的错误，更重要的是善于发现契机利用挖掘这些错误，切勿"快刀斩乱麻"或者居高临下地把正确答案奉上。教师要在纠正错误中，开启学生的智慧之门，因为学生改正错误之后获得的认识比直接获得正确的认识更透彻。

2. 教师的失误。

即使再高明的老师也难免会在教学过程中出现失误。面对教学失误，教师是要文过饰非、草草了事，还是相机引导，不仅体现了教师的勇气和胸襟，更体现了教师的教学艺术。

教学失误也是有不同类型的，有些是学生容易发现的细节性书写错误或口误，这类错误教师要坦诚面对，不能因为学生指正了教师的错误而斥责学生。有些是属于学生不易觉察的错误，比如教师遗漏了某些知识点，这需要教师开动脑筋将遗漏的知识穿插过渡。教师还要思考如何把自己的错误变成一个教学契机，引导学生进行深度的思索。

在教学小学语文第六册中《微笑着承受一切》这篇课文时，我依据课文内容板书文章的结构，在板书"桑兰坚强"一节时，把桑兰忍着"剧痛"写成了"巨痛"。正当正常的教学要继续进行的时候，有一个小男孩举手说："老师，你错了。"我心中一惊，问："哪儿错了？"他指出"剧痛"的"剧"错了。我仔细一想，哦，我真的错了。停顿了一下后，我说，大家想一想是老师错了，还是书上错了？过了一会儿，有的同学认为我写对了，有的坚持认为书上是对的。我就让学生不要忙着下结论，要仔细想想这两个字哪个更合适。这时秋琦同学说："我通过查《现代汉语词典》知道，'剧痛'是剧烈的疼痛，而'巨'有大的意思。疼痛只能以轻重来形容，无法用大小来概括。"其他学生也在查阅资料和分析课文后认为，书上的"剧"正确。这意外的收获令我感动，我多么希望在课堂教学中多一些"医生"来医治我教学中的"病"呀！

3. 学生的"新发现"。

有些学生的新发现、新想法是有意义的。教师要尊重、认可学生在学习过程中的独特体验，激发创新思维。如果教师漠视学生思维的闪光点，只埋头执行自己的教学设计，挫伤学生的思维积极性，则不利于培养学生表达自己想法的自信心和不断探索的精神。当然，教师要区别学生的新发现是符合童趣的新思维，还是无理取闹，不能为了关注学生的个性而盲目地迁就他们的"新发现"。

4. 课堂的另类事件。

课堂教学不是封闭的，它可能受到外部环境的影响，因此课堂教学不可能完全隔断外界的干扰。来自环境影响的一些另类教学事件，很容易成为学生关注的兴奋点，打乱教师正常的教学秩序。面对这类事件，教师可以以静制动来平息学生的兴奋，也可以以变应变来转移学生的注意力。就学生的性格特点而言，教师因势利导，以变应变、化不利为有利的调控效果可能更为有效。

在讲授《事物运动是有规律的》一课时，我从自然界事物运动是有规律的、人类社会的运动是有规律的、人的认识发展是有规律的等方面娓娓道来。正当师生都沉浸在课堂教学中之时，意想不到的事情发生了：一阵风将贴在黑板上方的校训刮落，掉在我的身上，引起部分学生发笑。我捡起一看是"拼搏"两字，便笑着问学生："这是偶然现象，还是必然现象？"有说偶然的，有说必然的。随后我分析说："这块校训掉在我身上，是一种偶然现象，但图钉钉得不牢固又隐藏着必然。规律是事物运动过程中本身所固有的、本质的、必然的联系。但'拼搏'与同学们未来的成功有着必然的联系，所以同学们不要丢掉'拼搏'呀！"这样一来，学生不仅笑了，而且对所学的知识有了更深理解。

（三）调控课堂的策略。

1. 教育观念的转变。

教学过程中教师要把学生看作是独立思考和行动的主体，在与老师的交往和对话中发展他们的智慧潜能。现代教学观更加重视"以学生为中心"，注重学生创新能力的培养，这要求教师在教学中一直贯彻这一教学观。所以，教师的课堂调控不仅应注重本课时教学目标的实现，更应尊重每一个个体的独特体验和个性差异，把课堂教学当成师生共同成长的生命历程。在课堂教学中，教师应该在调节与控制之间把握分寸，其前提是尊重学生。课堂调控不是对学生的压制，那种把自己的观点、自己的喜好完全强加给学生的做法，不是对课堂的积极引导，而是对课堂生命力的破坏。

2. 教师预设。

为调控有效生成。教师要打有把握的仗，在上课前应认真备课，认真做好教学预设。要认真分析、钻研教材，吃透教材，并确定具体的教学目标，整合优化教学内容，把握教材内容重难点，精心设计出教学活动方案；同时，教师还要认真做好教具的准备、使用及操作演练等工作，使课堂调控更有效生成。

3. 随机应变的能力。

应变能力是指应付突然发生的意外事情的能力。教师处理突发事件，既要有丰富的教学经验，又需要有敏捷的思维品质和娴熟的教育技巧；既要对突发事件作出迅速准确的分析和判断，又要有一定的胆识和决策能力。具体说，教师应变能力主要表现在三个方面：当怒不怒的自控能力，即要控制自己的感情，不能随便向学生动怒而使师生间形成隔阂；准确快速的判断能力，突发事件发生后，教师要做出准确的判断，并预想不同的处理方法可能产生的后果；审时度势的决策能力，即教师通过预想各种解决方法，采取相应灵活机动的解决策略，转化混乱的教学秩序。

4. 树立"内在生成"的教师权威。

调控课堂须以教师的权威作基础，这里的教师权威指的并不是学生对教师的威严产生的惧怕心理，而是指源于教师德、才、学、识等素养感召的内在生成型权威。这种权威不是以外推力的方式，而是以学生对教师发自内心的信服、钦佩而起影响作用。

## 拓展阅读

### 1. 浅谈教师的应变能力[①]

教师的应变能力是指其在教育教学中，面对各种始料不及的棘手问题，能够熟练地运用教育教学规律，机智地变换教育教学方法，灵活而不呆板、巧妙而不生硬地作出处理，并对学生进行因势利导、因材施教的能力。

应变并不意味着情况变化了可以放弃教育教学原则，随意改变教育教学计划、降低教育教学要求，而是根据变化的情况，观念、方法、手段都要作相应的变化，及时、果断、能动地驾驭教育教学工作，变被动为主动，化消极为积极。

教师处理突发事件，既要有丰富的教学经验，又需要有敏捷的思维品质和娴熟的教育技巧；既要对突发事件作出迅速准确的分析和判断，又要有一定的胆识和决策能力。这些都是教师应变能力的必要基础。具体地说，教师应变能力主要表现在以下三个方面：

一、当怒不怒的自控能力。

突如其来的偶发事件，很可能令人十分恼火，或搞得教师措手不及。此时，教师的头脑一定要冷静，要有当怒不怒的自控能力，就是要控制自己的情感，千方百计不能动怒发火。须知咄咄逼人的震怒、粗声大气的训斥、尖锐刻薄的嘲讽、粗暴野蛮的体罚，并不能显示出教育的威力。

二、准确快速的判断力。

突发事件出现后，便要求教师迅速选择正确的方法予以解决，这种选择来源于教师对突发事件原因的分析和判断。准确的判断是教师应变能力的基础。

突发事件尽管在一定程度上具有偶然性，但是，总还是有这样那样的原因。像有的意外伤害事故是由于学生好胜、逞能、爱表现自己而造成的；班级里丢失钱物并不一定是具有不良的偷窃动机，而可能是因为青少

---

[①] 曲奎海：《浅谈教师的应变能力》，《中国职业技术教育》2000年第8期。

年开玩笑所致；有些突发事件是由于某种潜伏因素的作用，在一定的场合爆发的结果，偶然中深蕴着必然。如师生的"顶牛"事件，不少是因以往师生中发生矛盾而未能很好解决的结果。有的突发事件则是由于学生本身不良道德动机所致。因此，突发事件发生后，教师必须在短时间内，对事件的原因进行周密地调查分析，做出准确的判断，并预想不同的处理方法和可能产生的后果，从而做出正确的选择。

三、审时度势的应变能力。

变通是应变能力的最主要特点。教师面对突发事件，并根据对事件原因和影响学生思想、道德、行为变化发展的各种因素的分析判断，采取相应的灵活机动的战略战术，以达到因材施教的目的。变通即根据变化了的情况，而变换教育目标，变换教育角度和方法。如变指令为参谋，变对立为友善，变贬抑为褒扬，变直截了当为迂回，等等。在运用语言艺术上，有的教师采用直话弯说，急话缓说，硬话软说，正话反说，严话宽说等变通方法也十分可取。总之，变通的要诀是避其锋芒，欲扬先抑，欲进先退，变换角度，以智取胜。在处理突发事件的过程中，离不开激发学生进行自我教育。在启发自我教育时，就应以长善开路，使反面文章正面做，待创设了"通情"的心理气氛后，再选择准时机借题发挥，使之在融洽的气氛中"达理"，帮助其"救失"。

## 三　听课篇

**导读**

听课如同阅读一本活动的教育教学书。

怎样读书呢？

一是要多读，博览群书。书读得多了，收获自然就大。

二是要多想，用心读书。读书仅仅多还远远不够，俗话说"贪多嚼不烂"，还要思考。只有用心地读、思考地读，才能洞察到"书"背后的理论、思想，汲取精华，为我所用，影响行动。

三是要多记，动笔墨读书。不动笔墨不读书，有所思、有所感、有所得就及时记录下来，日积月累，厚积薄发。

听课亦如此。

本主题先通过丰富多彩的案例，向你展示专家、名师、特级教师、优秀教师是怎样有准备、多视角、多感官参与听课，在听课中成长的；然后总结归纳出若干普遍性的听课要点，供老师们运用，以期启发老师们在同伴的课堂教学中吸收丰富营养、提高听课效率。

## 主题一　为师，从听课开始

### 一　引语

听课是当教师的开始，是老师走上讲台的基石；听课是教师的基本功，是教师走上专业成长的一条重要的路径。全国著名的特级教师于漪曾说："我的特级教师是听课听出来的。"特级教师窦桂梅："几年来我听了校内外教师的1000多节课……"——这是优秀教师的成长必经之路。

余文森教授坦承："就我个人来讲，在中小学听的课比在大学所上的课还多，大量的文章都是听课听出来的，所以我从心底里尊重教师、感谢教师，没有他们在实践探索上的创造性，就没有我们在理论研究上的创造性。与教师合作使我受益匪浅。"[①]——这是教育专家的成长经历。

苏霍姆林斯基就认为："听课和分析课——这是校长最重要的工作，经常听课的校长才真正了解学校的情况，如果偶然想起来才去听几节课，老是忙于开会和操心其他事务，使他走不进教室，不接触教师和学生，那么，校长的其他工作将失掉意义，开会等等的事，都会一钱不值。"——这是优秀校长、教育家的成长经历。

因此，可以毫不夸张地说，教师的成熟是随"听课"的增加而递进的，名师的成长是随"课相"的丰富而促成的。

---

① 余文森：《探索以校为本的教学研究》，华东师范大学出版社2005年7月版。

## 二 案例

### 1. 站在巨人的肩膀上[①]

  全国特级教师于永正认为他和其他老师相比，并没有什么迥异之处。他之所以在教学上有所作为，是他善于博采众长，各门各派，兼收并蓄。既不"闭关锁国"，又不夜郎自大。他敏于发现"巨人"，并马上爬到其肩膀之上，直直地站立起来。他不放弃一切听课的机会，无论是名师的，还是普通教师的。听课成了于老师教学生涯中的一个重要的、不可缺少的组成部分。听特级教师的课，听一节好课，能开眼界、长见识；听一般的课，能发现问题，窥见自己的短处，使自己少走弯路。他把听课比作蜜蜂采蜜，叮的花数量越多、品种越多，收获就越大、酿的蜜质量就越高。当代名师的课他几乎听遍了，斯霞、李吉林、袁浩、庄杏珍、左友仁、贾志敏、支玉恒、靳家彦、徐善俊、张平南、张光瑛、顾家彰、张化万、刘中和、杨丽娜、张伟、贺诚、施建平、孙双金等人的课都不止一次听过。"成就"是"付出"结出的果实，于老师认为自己在教学中酿的蜜，是名副其实的"百家蜜"。

  于老师的看图作文——"四毛的故事"上遍大江南北，受到一致的好评，并拍成电视片。他把这堂课的成功归功于贾志敏老师。两位名师一块在洛阳讲学时，于老师听了贾老师的看图作文——"检查卫生"，贾老师的化"静"为"动"（师生把图中的事演出来）的做法启迪了于老师，他把"课堂素描"（即在课堂中表演一个生活小品，让学生观察写作文）融入了看图作文之中。于老师借鉴了贾老师的做法，修正了"四毛的故事"看图作文的教案，化静为动，结果出现了意想不到的教学效果。于老师的古诗《草》的教学也颇受广大教师的好评。其实这节课他是吸收了著名的特级教师袁浩先生的许多长处。

  听了大量的课，使于老师"站在巨人的肩膀之上"，他"看得更远一点"了。而这个"站"，首先是"学"，将"巨人"的长处学到手；其次是发展、创新（像《草》一课的最后的"复习"部分的教学，就是在学习、

---

[①] 陈朝蔚老师整理，原著为于永正老师的《教海漫记》。

继承的基础上加以发展的）。像于老师上的《惊弓之鸟》《壁虎》《狐假虎威》以及许多作文课，都是在看了众多名师的课，学习了名家的教学思想和开拓精神，再根据自己的特长，设计出了自己的教学路子，上出了自己的风格。他的创新、发展植根于借鉴、学习的沃土之中。

于老师还有好多课，如《高大的背影》《曼谷小象》等的教学思路、处理方法倒不是听了一些成功的课受到启发而琢磨出来的，恰恰相反，他是听了一些不太理想的课产生的。这些执教的老师就如先行者，看他们"过河"，使他知道了水的深浅，水的流速，水底的平坦与坎坷；记住了他们没顶的地方，看清他们跟跄的方位，默想着自己蹚这条"河"时应该怎样过……他的不少好的教学方法、好的主意就产生在听课的一刹那。

先行者吃了"一堑"，于老师跟着长了"一智"。这是他与众不同之处，也是他在教学中能够取得成功的原因之一。科学家搞科学实验从来没有一次就成功的，但每失败一次都离成功近了一步。因而，吃了"一堑"的先行者们也是巨人，站在他们的肩膀上，同样也能"看得远一点"。

## 2. "听课"伴我成长[①]

特级教师窦桂梅在《激情与思想：我一生的追求》中写道：凭着那份与生俱来的自信，我一步一步地走向教学前沿；凭着一股勤劲儿，我向书本学习，几年来我的阅读量达 300 多万字，记下了 20 多万字的读书笔记，做了 500 多万字的文摘卡片；凭着一股恒劲儿，我向实践学习，几年来我记下了 10 余万字的教后记；凭着一股韧劲儿，我向名师学习，几年来我听了校内外教师的 1000 多节课……从窦老师的历程，我们心中应有所自得——"听课"伴我成长。

### 寻秘笈——热情耗尽

在刚任教时，我对上公开课教师的一招一式都佩服不已。一听到哪里有公开课就往哪里钻，总想从公开课中探得一劳永逸的教育秘笈。然而几番寻寻觅觅之后，仍是懵懵懂懂、迷迷糊糊。听课何为？是不是为了照搬照抄上课教师的教学模式？是不是学习他们怎样处理教材、怎样安排课

---

[①] 林高明：《我的听课历程》，《福建教育》（B）版 2006 年第 2 期。

时？千头万绪，让我无所适从。再加上，坐在教室的后面听课，很多时候听课教师们在嘻嘻哈哈聊天、自由自在接电话，或专心致志看杂志，闹哄哄的。有时一节课下来，我甚至只懂个上课的课题。久而久之，我心烦忧，由学而不厌，渐渐地转为听而生厌，听而生畏。

### 悟真谛——如梦初醒

我的职业生涯在惯性的轨道上无知无识地运行着，其间也处心积虑地不断尝试改进教学，然而，一切似乎都无法尽如人意。但毕竟心中当好教师的理想未曾熄灭过，它隐约闪现促我时时深思。苏霍姆林斯基从教30多年，给自己定了条规则：如果他一天没有听过两节课，他就认为那天他在学校里什么事也没有做。正是持之以恒地关注与思考课堂，他深刻地领悟到心灵的秘密与教育的真谛，研索出教育的真正意义所在。在思考教育名家的成长中，我才真正意识到，教师听课其意义在于——"观千剑而后识器，操千曲而后知音"。在对许许多多的课堂细节的批判和借鉴中，汲取教育的真元之气，吸纳异质与新机，塑造属于自己的育人风格和才智。李镇西的著作《从批判走向建设》便是对课堂及校园生活细节的不断省思与剖析；窦桂梅的《梳理课堂》也是从师生的一言一行中，透视教育的智性与困惑。至此，我方彻悟：名师是这样炼成的！

### 观课堂——吸纳于心

于是，调整自己的观察视点，我安静而兴奋地倾听课堂。不求面面俱到，但求见人所未见，发人所未发。渐渐地，我尝试着对一些细节作抽丝剥茧式的条分缕析。如针对教师的教育素养，我们可以观察教师的提问方式是先指名后问还是先问后指名？是提问后不停顿就指名回答，还是提问后停顿一下再指名回答？提问是否过于集中在某些学生身上？是否有意识地提问那些课堂上从未举手的学生？当前教师提问的有效性如何？是选择问式的、陈述式的还是推论式的？提出问题是否循序渐进？是循循善诱还是引君入瓮？这些都成了我观察课堂的问题，因为这些问题的背后关涉着教师是否真正关注每一个生命个体。对此，佐藤学先生说得非常微妙：进入课堂，我们经常会说大家，其实课堂中没有大家，只有一个个有自己容貌和名字的个人。那么，我们要时时深思，我们的课堂有被忽略与遗忘的学生吗？

从课堂中我汲取无量的感动与无比美妙的想象。观察课堂的另一种趣味在于：与上课教师、听课教师一起分享课堂上的乐趣，分析上课中的困难。而这种敞亮内心的对话，是教师精神生活中不可或缺的篇章。其实将同情的理解与反思的批判合二为一出入于教师间的课堂研讨，很多教师是非常乐意接受和参与的，因为从研讨活动中可以感受到各位教师的情智理趣，可以领略到他们的才学胆识，他们也可以展示自己的创意与个性。

　　佐藤学先生称：与其说，我要观察课堂中发生了什么，不如说，我要将课堂中发生的一切都吸纳于心。观察课堂与分析课堂，其最为本质的意义就是：珍视与每一个生命的相遇，并努力创造与每个生命共通的心缘。几乎是不知不觉的，我以这样的方式在课堂中行走将近十年，并将自己的所见、所感、所思、所悟都诉诸笔端。通过教育写作的耕犁，我更加有意识地进入课堂并关注其细节，使自己的教育思考回归日常化、生活化、生命化。

# 主题二  准备，带着思想进课堂

## 一  引语

　　走进教室听课，似乎很简单，但是，如果想要听出门道、想要收获多多，就非得认真准备不可。有备而来，才能满载而归。

　　俗话说，留心处处皆学问。教师要想从听课中真正学习点东西，就必须做一个有心人。"有心"，首先是认认真真准备——实际上就是备课，如在了解执教者的内容后，照样读书、读教参、思考，如问问自己"如果是我上，我会怎么做""我可能会遇到什么问题，怎么解决"等等，听课时看看人家怎么做、人家怎么解决，人家这样做高明在什么地方或者不足在什么地方等等。这样，人家的经验与教训、优点与不足，皆成自己的宝藏——"他山之石，可以攻玉"。否则，如果听课不做准备，匆忙走进教室，稀里糊涂地听，没有目的、没有问题、不熟悉教材、不理解意图，像看戏，所得就了了。

　　要带着思想进课堂。——上课如此，听课亦如此。

## 二  案例

### 1. 带着思想进课堂

[背景]

　　一天，我在 QQ 群中与一些常往来的教师交流，"悬浮列车"突然向我邀请，加我为"好友"，我应允而至。原来，她看了我的《评课》一书后，发觉自己连听课都不会，希望我再去写《听课》的书，"带着思想进课堂"是其中的对话。

[纪实]

悬浮列车：我听课都不会，还会评课吗？

撼城：没事，哪一位老师天生就懂得听课呢？像我们这样的老师，见习就是从听课开始的，实习也是从听课开始的，你还是在校生，不懂听课不奇怪。

悬浮列车：那听课要作哪些准备呢？

撼城：听课者在听课前要明确听课目的、计划和要求，对所要研究、需要解决的问题做到心中有数，否则，就可能得不到有效、真实的听课信息，也就达不到听课的目的。

悬浮列车：要明白这些内容，应该怎么努力才能实现的？

撼城：要熟悉课程标准，了解编者的意图与教材拓展的空间。如：在教材把握上，就要做到"三准"，即对教材体系和教学内容认识准；对本堂课教材重点、难点把握准；对课后训练目的要求掌握准。

悬浮列车：哦，这倒是很有必要的。

撼城：听课教师应对所教的内容在头脑中设计出课堂教学的初步方案，粗线条勾勒大体的教学框架，或者最好能在课前研读执教者的教案设计，对该课的教材、教法、学情、目标达成乃至执教者的教学思想有一个预先的认识和把握。这样听课时，就能将实际教学过程与教学方案加以对照，就能有更多的时间，站在更高的层面上来仔细观察、理性分析，从而发现执教教师处理教材的技巧、处理偶发事件的艺术，找到存在问题的根源，变被动听课为主动听课，为听课后的评课活动打下坚实的基础。

悬浮列车：是的，自己没有深入其中是无法做到主动听课的，被动听课那是件无聊的事。

撼城：应对班级的学生情况做一些调查了解，包括学生的学习方法、学科基础、班风学风等，看一看授课者在备课、上课的过程中是否融入了学情因素，从而有利于我们对教师的教和学生的学做出切合实际的价值判断。

悬浮列车：听课者是教学活动的参与者、组织者，而不是旁观者。

撼城：对，这话讲得很对！听课就是要树立将听课者定位为教学活动的参与者、组织者，而不是旁观者的理念。把自己当做局内人，站在上课者的角度，在掌握教学常规知识的基础上应在头脑中设计出所教内容的课堂教学初步方案，粗线条勾勒出大体的教学框架，以便对比优劣，促己深思、善辩、慎取。同时，还要尽量了解本学科教研状态，熟悉新的教学理念和理论，听课是带着思想进课堂的。

悬浮列车："听课是带着思想进课堂的"讲得太好了……

〔感悟〕

一次偶然的QQ对话，让我深受启发。一句"听课是带着思想进课堂的"，成了我"听课"的核心指向。听课要有所准备，而"带着思想"去听课，这个"准备"可是一生的积聚啊。

## 2. 听课也要全副武装[①]

——听《雨点儿》前的准备

夏季的一天，我在学校看到黑板通知：明天上午第一节到一年级三班听新招考来的姚兰老师的课。我急忙去打听上的课题，并向图书馆借了一年级上册语文课本和《教师教学用书》。听课前我习惯于熟悉教材，力争做到"三准"，即对本教材体系和教学内容认识准；对教材重点、难点把握准；对课文训练目的要求掌握准。这一次我更不例外。

晚上，我认真阅读了《雨点儿》和《教师教学用书》的相关内容，知道了《雨点儿》是人教课标版一年级上册的第三组的一篇科学童话，通过大雨点儿和小雨点儿的对话，告诉学生"雨点儿是从云彩里飘落下来的"，"雨水滋润了万物，花儿更红了，草儿更绿了"。教学重点是识字、写字、朗读；难点是通过读课文使学生知道雨水和植物生长的关系。课后练习有三道：读一读、我会写、我会读。"读一读"就是要求在老师的指导下，学生在课堂内能正确、流利地朗读课文；"我会写"就是学生能按笔顺规则把字写得正确、端正、整洁，有正确的写字姿势；"我会读"要求学生练读三句话："雨点儿从云彩里飘落下来""小松鼠从树上跳下来""亮亮从屋里跑出去"，然后让学生模仿这三句话，用"从"造句子。

接着，我设想"如果我讲这节课，会如何进行教学设计，这种设计在实际操作中可能会遇到什么问题，应该如何处理"等相关问题，然后在记录本上粗线条地勾勒出大体的教学框架——

一、问题导入。

---

① 陈敬文，http://eblog.cersp.com/userlog/2433/archives/2008/781514.shtml。

云妈妈有很多孩子，她的孩子是谁呢？

二、初读课文，识字生字。

1. 听课文录音，回答。云妈妈的孩子是谁呢？板书课题。
2. 借助拼音，读通课文。
3. 同桌交流，学习生字。

三、分段学习，朗读感悟。

1. 看下雨的课件，自读第一自然段。

结合电脑动画理解"数不清""飘落"。

2. 借助课件，学习第二至五自然段。

（1）听听雨声，雨娃娃们在说话呢！他们在说什么呢？你能听得懂吗？

（2）学生朗读第二至四自然段，说说听懂了什么？练习分角色朗读课文。

（3）学生自由朗读第五自然段。

雨娃娃到了哪些地方？哪些地方有什么变化？看课件，请学生说一说。你喜欢文中的谁？为什么？

四、复习巩固生字。

1. 借助电脑课件，做"生字与音节找朋友"的游戏。
2. 读一读大雨点儿身上的字。
3. 给"大雨点儿"找朋友（扩词）。

五、指导写字。

六、实践活动。

第二天听课前，我以饱满的精神状态，提前几分钟到教室，看到班级有展示台、纪律树等的布置。图形、颜色符合一年级学生年龄特点，富有童趣，做得很用心。学生课下很活跃，有礼貌，不怕生，衣着打扮都很精神、漂亮。大多数学生都已经做好了课前准备，把课本放在桌角，习惯很好。平时姚兰老师话不多，略带腼腆，给人文静、实干的感觉。从班上看到的情况，可以了解到她是一个比较注重学生好习惯养成的教育，对这份工作很热爱，班级处处给人以舒适的感觉。因为这是一节认识课，我准备带着诚心、虚心、专心、细心、公心进课堂。

上课了，其他教师也陆续进来了，在我旁边坐下的几个老师，看到我的记录本、书上的圈圈点点、印着"案例",都惊奇地说:"难怪你又借课本,又查资料,原来是在全副武装啊!"

## 3. 让思想当家作主[1]

"带着思想去听课",听课者只有占据有一定的思想高度去听课,才能在听课中有所感受和体验。不同的人听同一节课,所带的思想不同,对听课的感受就不同;同一个人听不同的课,思想的侧重点不同,对于听课的感受也是不同的;同一个人在不同的时期听课,随着思想认识的逐步拉升,听课的感受也就不同了。

听课时的思想究竟从何而来,是否信手拈来?不,绝不是。思想是在长期的专业理论学习和实践体验的丰厚积淀中逐渐形成的。对听课进行深层次的思考要凭借于听课之前充分的思想准备即带着思想进课堂,我将听课之前的思想准备概括为以下四个方面:①学习新课程标准,把住方向盘;②结合课题研究,关注教学策略;③凭借个性教学风格,开拓设计思路;④熟谙名家名课,适时学以致用。下面,我结合语文学科的听课实例逐一阐述。

《白鹅》是一节校本教研公开课。我在听课时依据之前对新课标的学习内容与教学环节设计加以一一对照,从而,有了以下几点认识:

其一,落实中年级教学目标,特别强调段的教学,对于中心句的感知抓得到位。

教学片段:
师:这一段有什么特点?
生:承上启下的作用。
师:这叫过渡段。(板书:总、分)

其二,重于学习方法的指导和学习习惯的培养。

教学片段(一)(教师不断地提醒学生)师:好好地读,一边读,一

---

[1] 陈敬文,http://eblog.cersp.com/userlog/2433/archives/2008/784280.shtml.

边拿起笔，大声地读出来，词语都圈起来了吗？

教学片段（二）师：跟着老师一起写"高傲"。

师：要把"嚣"写好，把字写在格子中间。

其三，注重语言积累与实践。

教学片段（一）背诵自己喜欢的段落。
（二）小练笔——描写一种小动物。

但是，对于第三点认识，我个人认为如果做课教师能够把背诵和小练笔引入在课堂中完成并交流、指导，会更加切合课标的精神实质，将课标落实在课堂教学之中。

《望庐山瀑布》是一节课题观摩研讨课。在听这节课时，我结合本课题——《引导学生学会学习》的理论学习，处处留意教师在教学环节设计中如何体现教师的指导作用，于是，在听课时，我发现以下教学环节确有指导学生掌握学习方法的课题精神渗透：

教学片段：
师：请同学们回忆我们以前用过的学古诗的方法。
生：知诗人——解诗题——明诗意——悟诗情。
师：同学们已经运用方法自学过了，谁来说说你都读懂什么？
（生交流，师相机指导）

但是，我在听课时发现学生交流时都是以个体为主，而且学习范围尽在本课之内。结合本课题的理论方法，于是我有了这样的思路：如果我来教这节课，就会在教学中安排一个"小组合作学习"的环节，即选取李白的另一首古诗，标上相关注释，让学生组成学习小组快速学习这首诗，比赛哪一组学得快，讲得好，这样的学习含趣味与激情在其中，学生的学习兴趣会更加浓厚。而且教师应该给学生指出，在学习上遇到困难时，要懂得合作，善于请教他人，这一学习思想观念应常灌输，让同学们能真正领会学会学习不只在于单打独斗，学会合作学习也是很重要的一个学习方法；学习内容不只在于学习课本上的，学习课外的相关内容也是学习的一个重要内容。其实，学习的最终目标就是学会自学。

如此，富有激情的课堂会让学生感受更深，尝试运用教师教的学法自学的兴趣会更浓，从而让学生在不知不觉中逐渐具有自学能力。

《草虫的村落》是一节同年段的公开课。听这节课时，上课老师主要以抓住文中的关键句子的理解来贯串教学。听课时，我以自己倡导的"对话"教学的思想来权衡本课的教学设计，想到如果是我，我会紧抓"村落"这一关键词，从而抓住"对话"切入点来解读文本，即可以设计以下问题：①从哪里看出这是一个村落？②你喜欢这个村落吗？请你用一个词来评价这个村落？③说说你对草虫村落村民的认识？④假如你喝了哈利波特特制的魔幻药水，变成了草虫村落中的一员，你最想干什么？为什么？以这些问题贯串全文，既让学生读懂了文本，又能结合自身实际拓展文本，不妨可以试一试。而这一想法在我自己的教学中得以实际运用，教学效果好。

《麻雀》是一节学校例行听课时的常态课。当我在听课中听到这一环节——

师：请你用一个词来评价老麻雀。
（之后学生畅所欲言，教师小结）

此时，我的脑海突然浮现出曾经听过的福州名师"送教下乡"时教过的《一个中国孩子的呼声》这节课，教师把学生的答案快速打在电脑屏幕上，之后再组织学生对照回答讨论，效果很好。于是我想：可以将这一环节巧妙运用到这节课的教学之中，即教师可以也采用以上方法记录孩子的回答，还可以直接让孩子到黑板上板书，写下自己的回答，之后再组织学生针对词语讲述自己的理解，从而多元化地解读文本，如此给学生留下的印象会更深刻，而不仅仅是得到学生回答就简单了事。挖掘出词语背后潜在的思想认识，才是对于文本的深层探究。

依据每节课的类型和开课教师的意向，对于课的教学设计均各有侧重点，我们听课者只有带着充分的思想准备去听课，才能断其意，明其志，辨其拙，得其真，从而获得属于自己的东西。让思想在听课中当家作主，将是我投身听课、亲历听课体验的法宝。

## 4. 五步准备，听《圆的认识》[①]

2006年11月的一天，我接到去闽侯听课的通知。我立马打电话给闽侯的同学了解开课的课题。了解是为了准备，那我该做哪些准备呢？思考之后，我就着手进行听课前的准备……

下列五步是我为听《圆的认识》这节课做的准备——

1. 熟悉教材，了解编者意图。

听课之前，我了解到《圆的认识》这节课知识点是这样的：圆是一种常见的平面图形，也是最简单的曲线图形。学生已经对圆有了初步的感性认识。教学时，可以让学生回答日常生活中圆形的物体，并通过观察使学生认识圆的形状。再指导学生独立完成画圆的操作过程，掌握圆的画法。经过讨论使学生认识圆的各部分名称，掌握圆的特征。

2. 明确三维目标。

听课之前只有明确教学目的，才能看出教师教学任务完成情况，教学的目标是否达到。《圆的认识》这节课的教学目标是这样定位的：

（1）通过动手操作、观察、思考，使学生认识圆，掌握圆的特征。

（2）理解在同一圆内直径与半径的关系；学会用圆规画圆。

（3）培养学生的观察、操作、分析能力。

3. 看看名师的课例。

《圆的认识》这节课上过的人很多，比如华应龙、黄爱华、朱乐平等。我在网上仔细看了黄爱华老师上的课，发现黄老师在处理这节课时有两个地方特别让我欣赏：一是探究圆的形成与画法；二是探究圆的特征。在探究"圆的形成"这个环节，黄老师是以"同学们想想，体育老师在操场上是怎样画圆的"这个问题开始，让学生回忆实际生活中的事例，巧妙地引出圆的形成需要"定点"，还需要"定长"。

黄老师是把教学的新知识和生产、生活实际紧密结合起来，从而培养了学生观察和认识周围事物的兴趣和意识。在"探究圆的特征"这个环节，黄老师引导学生通过指一指、比一比、画一画、量一量等活动，发现、探索、获取有关圆的知识，悟出圆的特征，使学生积极主动地参与教

---

[①] 陈敬文，http://eblog.cersp.com/userlog/2433/archives/2008/788953.shtml。

学的过程。

当我在课中发现上课的老师在处理这两个环节时与黄老师不一样时，认真做了对比，思考这样处理的利弊。对这一节课有了进一步的理解，往后自己再上这节课时，就能根据学生的实际情况，自觉调整教案，提高课堂教学效率，从而实现听课的一个目的，为更好地探究教学服务。

4. 自己试着设计一个框架。

我在听《圆的认识》之前，也粗略设计一个框架：听课中发现自己设计的课在情境创设部分不如开课老师。我的设计是从生活中引入的：自行车轮胎上有圆，钟面上有圆，硬币上有圆等等。开课的老师在课前演示一组奇奇怪怪的汽车轮胎，学生看了后很新奇，很感兴趣，很想说说自己的看法，这样大大激发了学生的求知欲望。同时在课末老师要求学生用今天所学的知识说说为什么汽车轮胎要用圆的，使学生具体地感知数学应用的广泛性，潜移默化地向学生进行了学习目的性的教育。

5. 明确听课的侧重点。

有一段时间，我听一节课主要在思考上课者是如何引导学生自主学习、自主探究新知？他的课堂小组合作是怎样引导的？这样的处理对我及我的课堂教学有什么启发？也有一段时间我觉得自己的教学语言不够丰富，特别是课堂评价很单调，我在听课时专门记录教学语言这一块，看看其他老师，特别是名师，他们在这一方面有哪些过人之处。

因为我在听课前都有所准备与思考，所以大大提高了听课的效率。

## 5. 提高听课效益的方法[①]

听课是学校经常开展的活动，如果我们仅以为这是学校培训教师的方式，是对教师进行教学检查的内容，是教师必须完成的任务；那么，这种听课就是没有效果的或收获甚微。如果我们想从听课中有所收获，提高自身的教学水平，促进自身的成长，就应改变这种被动式的听课，出于自身教学需求而自觉、自发、自主参与听课活动。这样的听课，才能真正"听"出授课者的智慧，"听"出自己的优势和不足，"听"出以后努力的方向。当然，听课前要有所准备，有准备的听课才有效。怎样准备听课才

---

① 陈明娜：《提高听课效益的方法》，《广东教育》2007年第1期。

有效呢？

一、带着教学需求去听课。

教师有听课的愿望，听课之前就会做好充分的准备。例如教师会对要听的课作简单分析、选择：听同级科的课，有直接的学习参考价值；听学生水平同一层次的课，其经验在本校较易推行；听经验丰富的教师讲课，可让自己的教学探索少走弯路……如果已经确定要听哪一节课，教师就会进一步了解这节课的主题、内容梗概、学生能力层次、教师教学水平等情况。教师往往还会根据自身教学的需求考虑听课时听什么。如教师在教学过程中，对全面调动学生积极参与方面总是感到不足，那么在听课的过程中，就会注重观察授课教师是如何激发学生的学习兴趣，调动学生积极性，让学生广泛参与到自主学习、合作探究中去的。如果教师在授课中特别注重课堂的板书和语言的表达，那么在听课过程中也自然会特别关注授课者在这一方面的表现。

带着自身教学需求去听课，就会自觉做好听课前准备，听课时能更快地领悟到授课教师的教学意图，准确地理解各个教学环节，从而提高听课效益。

二、带着课程理念去听课。

新课程之下的课堂教学，要用新的教学理念、课程标准衡量。所以，听课教师要理解并领悟新课程理念，掌握新课程标准的具体要求，明确它们在实际教学中的运用。据此去听课，才能科学评价所听的课，并从中受到启发，得到收获。

带着课程理念去听课，自然会关注授课教师在教学中有没有确立学生的主体地位，有没有面向全体学生并重视其全面发展；同时关注学生的个性差异，重视对学生情感态度价值观的培养等，由此判断教师的教学思想是否与新课程的教学理念相吻合，并以此作为评课的重要依据。如果授课教师在这方面存在着不足之处，那么听课者往往还会思考其原因，并积极考虑解决的方法。笔者听过《近代工业的艰难起步》这节历史课，教师采用了多种教学方法和手段激发学生积极主动地进行学习探究，课堂气氛相当活跃。在分析教材中"当时很多人反对机器生产，其理由是……"这一问题时，学生踊跃发言，各抒己见，谈得非常热烈。其中，有个学生认为教材上设置的"高烟囱有伤风水"这一理由是正确的，引起了同学们的哄笑。这个学生的解释是："乌烟污染环境，这不是'有伤风水'吗？"其他同学笑得更大声了。授课教师赶紧予以否定，并让其他学生发言。这个学生红着脸坐下去，再也不敢开口。其实，这个学生只是对"风水"这一概念理解错了，但思路基本上是正确的。如果授课教师能够稍加引导，将会对这个学生的思维乃至个性发展有很大帮助，而不是让其默默地坐在一旁，暗自后悔。显然，教师对这一细节的处理有违新课程理念。如果听课教师能够看清这一点，定会引起反思、讨论和研究。这将有助于新课程课堂教学的开展，也有助于教师个人的专业成长。

三、带着实用标尺去听课。

听课的一大目的是学习，吸取他人的优点弥补自己的不足。但是，授课教师教学过程中有哪些优点，这些优点是否可以吸取，这就需要听课的教师作一番判断和分析。所以，听课时，教师还要带上"实用"这把标尺去衡量授课教师的教学是否有用、可用。如当前的公开课都注重教学方法的多样化。笔者曾听过一节历史课，授课教师在短短的 45 分钟内安排了学生自由发言、小组讨论、历史情境剧表演等。虽然这所学校学生层次较高，准备也很充分，但由于课堂时间有限，教师精心准备的教学环节还是进行得非常仓促。如果换了学生层次相对较低的学校，这些教学方法更难开展。所以，尽管授课教师的点子不错，但并不等于就有推广应用的价值。再如当前的公开课几乎都运用了多媒体教学手段，但据学生反映他们并不喜欢老师用多媒体上课，因为课堂上要看、要记的东西太多，总是处于紧张状态。尽管多媒体课堂知识密度很大，但学生的收获却没有教师预料的多。可见，多媒体的运用与否、运用多少不能简单作为衡量教学效果的标准。如果教师看到了这一点，听课时带着"实用"的标尺，就会衡量这一节课的实用价值有多大，对自己有多大的借鉴作用，懂得在多媒体教学上不照搬人家的经验，而是结合自己的教学特点加以灵活运用。

四、带着欣赏眼光去听课。

听课的主要目的是学习，所以我们要用一种谦虚的心态听课，用一种欣赏而不是挑剔的眼光看待别人的教学。这样不仅能给授课者以客观的评价，也会使听课者产生一种愉快的心境，易于吸纳他人的教学优点，提高自身的专业素质。

每一节课都不可能是完美的，但每一位教师都有自己的教学特点，在其个性化教学中总有一些能够展示教学魅力的优点。有上进心的听课者，一定会留意那些自己所喜欢、所缺乏、所崇尚的教学优点：如授课教师平和可亲的教态、幽默风趣的语言、细腻的情感、敏锐的视觉、灵活的应变能力、漂亮的粉笔字……这些虽然难以直接提高听课教师的专业水平,却有助于把授课者的教学优点变为自身成长的驱动力,完善和丰富自己的个性化教学以及增强自身的素质。有时候,授课教师的一些教学意图,听课教师可能一时还领悟不出来。那么,听课教师应该在听课之后或评课之时主动与授课教师进行交流,询问和请教有关问题。如果授课教师的教学存在着一些缺憾和失误,听课教师也应该以平和的态度与其进行探讨。

"独学而无友,则孤陋寡闻"。独教而不互相听课,不与人交流学习,会使自己见少识浅。在新课程中应广泛开展听课活动,更应注意提高听课的效益。教师如能做好以上所讲的几个方面,在听课中必定受益匪浅。

## 拓展阅读

### 新课程精神观照下的听课观念变革[①]

伴随着新课程改革的不断推进,教学的全程都发生了深刻的变化,新课程精神也逐渐为师生所熟悉、所接纳,并对课堂中的教与学以及与之相关的管理与研究产生着全方位的深刻影响。作为教师教研活动、学校常规管理方式、最为重要的是教师自身专业成长途径的听课,也必将发生悄然而又实质的变化。

那么,在新课程的背景下,中小学教师应该如何听课?简单地讲,听课者要树立与新课程精神相适应的听课观。

第一,听课应更多地关注学生学习的参与性。

传统的听课重视记录教师在课堂中的"表演",而忽略学生参与课堂学习的过程。当然有的听课者也会有意识地观察学生,但是大多重视学生课堂学习的结果,而容易忽略学生课堂学习的过程。即使听课者希望了解学生在课堂中的参与情况,但由于传统课堂常常是教师的"一言堂",学生在课堂中很少有主动发言、自我表现的机会,所以听课者的愿望一般也会落空。

《基础教育课程改革纲要(试行)》指出:"改变课程过于注重知识传

---

① 林存华:《新课程精神观照下的听课观念变革》,《教学与管理》2007年第1期。

授的倾向，强调形成积极主动的学习态度。""改变课程实施过于强调接受学习、死记硬背、机械训练的现状，倡导学生主动参与、乐于探究、勤于动手。"这就意味着在新课程改革背景下，传统的教师授课方式将会发生改变，学生在课堂中将有更多的参与机会，有更多的表现空间。因而在新课程改革精神观照下，听课者要重视观察学生参与课堂教学的表现，特别是学生在课堂学习中表现出的积极性、主动性和创造性。听课者不仅要注意倾听学生的言语，也要观看学生的行为，更要关注学生的情绪，以及透过外在的言行来体察学生与教师互动过程中的情感和态度的变化。

第二，听课应更多地关注教学内容的生活性。

传统的课堂与学生、教师的日常生活脱节乃至严重隔离。部分原因是传统课堂只强调书本知识的学习，教师认为学生只要掌握了书本知识就可以应付升学考试了。在这种情况下，听课者自然就无法观察到课堂内容与现代社会生活的联系，听课者在听课过程中也不会刻意去观察教师是否将适当加工的生活事件引入课堂。

新课程精神强调课堂教学要与学生的日常生活建立一定的联系，将学生在日常生活中积累的经验带进课堂。《基础教育课程改革纲要（试行）》中指出："改变课程内容'难、繁、偏、旧'和过于注重书本知识的现状，加强课程内容与学生生活以及现代社会和科技发展的联系，关注学生的学习兴趣和经验，精选终身学习必备的基础知识和技能。"所以，新课程改革背景下的听课，要特别关注教学内容是否与师生的日常生活发生了联系。例如，有的教师将日常生活的内容试着带入了课堂，听课者就要关注日常生活的经验在课堂中具体的表现方式，教师对其加工和处理是否到位，或者说日常生活的事件与课本知识的衔接是否合理，以及是否在学生学习兴趣、学习主动性的调动方面发挥了积极作用。

第三，听课应更多地关注教学方法的灵活性。

由于传统的课堂一般会呈现出"教师一味讲、学生埋头听"的特点，听课者也无须过多地关注上课者教学方法是否多样，是否灵活搭配、合理运用。新课程精神观照下的课堂教学，强调学生的积极主动参与，主张将日常生活合理地融入到教学内容之中。在这种情况下，教师仅仅采用传统的讲授法来组织课堂教学显然是不合时宜的。实际上，教师需要根据教学内容的需要，在学生已有的生活经验基础上，根据课堂教学的实际灵活多变地综合运用教学方法。因此，听课者不能无视课堂的这一变化，而是要更多地关注教师在课堂教学中运用教学方法的意识、行为和能力。也就是说，听课者既要在课堂中观察教师使用了哪些教学方法，也要分析教师为什么要使用这些教学方法，以及这些教学方法的运用能够在多大程度上促进教学内容转化为学生的知识和技能。

第四，听课应更多地关注教学评价的多元性。

传统的听课中，听课者听课的主要目的之一是通过听课来评价上课教师的教学水平。而且，传统的课堂教学中，课堂评价的主体是教师，评价的对象是学生，教师对学生也往往只是对学生的学习结果进行评价。因而，听课者既无法感受到课堂教学评价的多元，也没有必要通过听课和课后评析去引领教师开展多元的课堂教学评价。

在新课程精神观照下，评价上课教师教学水平的最终目的，不仅仅是给教师的教学水平分个优、良、中、差，而且是通过听课来促进教学质量的改进和师生共同的成长。《基础教育课程改革纲要（试行）》指出："评价不仅要关注学生的学业成绩，而且要发现和发展学生多方面的潜能，了解学生发展中的需求，帮助学生认识自我，建立自信。发挥评价的教育功能，促进学生在原有水平上的发展。"因此，听课者对一堂课的教学评析角度不应是一元的，而应是多元的；不仅要从教师的言行评析教学，而且能够从学生的角度评析教学效果；不仅能够关注到学生在课堂中的行为等显性表现，更能够从学生的情绪、表情、学习状态等细节发现学生在课堂教学中的需要，以及教师是否能够准确根据学生的情况调整自身的课堂教学计划，在规定的时间和可能的条件下，尽可能满足学生的学习需要，促进学生的发展。

第五，听课应更多地注重观察方法的技术性。

听课是学校中再平常不过的日常教学研究活动，每个教师也都在学校教学工作中重复着听课的实践活动，自然而然地会积累一定的听课经验。不可否认，这些经验对于新课程改革背景下的听课也是有一定作用的。但是，多数听课者并不认为听课是一件复杂的、富有技术性的活动，也很少有意识地学习一些专门的听课技术。换言之，传统的听课无非主要是凭着主观感受"听听记记"的活动，听课在教师看来并没有多少技术含量可言。

实际上，听课细究起来是"技术活"，听课者需要在不断的实践中完善自己的听课技能。"工欲善其事，必先利其器"。因而，要较好地观察、研究新课程改革背景下的课堂教学，听课者必须提升听课的技术含量，娴熟地掌握和灵活地运用听课技术。例如，有意识地借助量表、图式记录等工具来观察课堂，有意识地运用摄影机、摄像机、录音机等现代电子产品来辅助记录课堂教学中师生活动的影像、图片和声音。另外，也要有能力分析各种采用定量和定性课堂观察记录的原始资料。当然，对于一些教师平常不大熟悉的观察技术和工具，学校管理者需要通过集体培训、提倡自学等方式，来提升听课者对听课技术的掌握水平，并且也要提供课堂观察的技术工具，为提高教师听课的技术性创造有利的条件。

## 主题三　视角，因听课者不同而不同

### 一　引语

"横看成岭侧成峰，远近高低各不同。"看风景是这样，听课也是这样。你站在不同的角度、以不同的身份、抱不同的心态听课，你听课的方式就不同、收获也自然不同。比如上级教育部门和学校领导监督、检查教育教学工作时听课，就带着考核、评定性质；评委听课，就带着甄别、选拔性质；教研员听课，就带着指导、推介性质；调研者听课，就带着研究、探讨性质；同伴听课，就带着学习、分享性质，等等。我是一位普通的教师，我该站在什么角度去听课呢？

站在研究者的角度去听课，既引领了他人也成长了自己；
站在欣赏者的角度去听课，既鼓舞了伙伴也累积了经验；
站在学习者的角度去听课，既增长了见识也点化了智慧；
站在评析者的角度去听课，既撞击了心智也融入了思想；
站在思考者的角度去听课，既创造了文化也丰盈了生命。

### 二　案例

#### 1. 苏霍姆林斯基听课法

苏霍姆林斯基是这样观察课堂的：(1) 诊断性听课。他从一些效率不高的课堂中发现，教师的课堂语言含糊不清、词不达意、语无伦次，阻碍了学生的学习。教师的语言素养决定了学生在课堂中脑力劳动的效率。(2) 专题性听课。他在听课中发掘出许多问题，并提炼成课题进行跟踪研究与指导。如对于教师语言素养这一课题，他持续研究了 25 年。此外，如学生脑力劳动的效率、学生的课外阅读等课题，他都进行了长久的研究。(3) 个案观察式听课。比如他会在课堂中敏锐地捕捉"后进生"的学习行为细节，他在《给教师的一百条建议》里就非常细致地描述一个"差生"的思维觉醒过程，这样的案例在其著作中俯拾皆是。他以自己的经历力倡教师写教育日记，教育日记取材于课堂师生的生活。而课堂的观察与分析就是一种与教师血脉相连、声气相通的研究。

## 2. 教研员听课有讲究

下基层听课是教研员的重要任务，也是一项经常性的工作。教研员不听课而指导教学，就像在黑夜里走路，就像蒙上眼睛的工程师在工地上指挥一样。教研员要想研究好、指导好教学，必须要听好课。那么教研员怎样才能听好课呢？

一、明确听课目的。

教研员下基层听课与学校校长听课有相类似的地方，也有不同的地方。教研员听课重在深入实际，调查研究，传递信息，发现人才，培养典型教师，加强与教师的联系等。概括起来有这五种类型。

1. 研究性听课。这是教研员带着研究目的或事先确定好的课题下基层听课。通过实验研究，培养典型，取得成效，达到指导全县或全市教学的目的。

2. 指导性听课。这是帮助后进教师提高教学、改进教学，帮助有成就的教师总结经验不断升华。指导性听课有五种情况：①常年性听课指导。下乡听课调查研究，按照安排，顺其自然，听谁的课就指导谁。②实验课题指导。根据实验目的进行理论和实践指导。③教研课指导。为达到某种目的，研究某一侧面，引起讨论、研究。④参赛课例指导。各级评优竞赛课例，力争全面优化。⑤示范课指导。给广大听课者作榜样。

在指导性听课中，对不同层次的教师，指导时应有不同的要求和标准：典型和骨干教师要进行高层次指导，提出要求，要有所突破；中下教师侧重常规性指导，因人制宜。

3. 检查性听课。这从检查学校和教师的教学工作需要所进行的听课。做法是：①制定听课评价标准。②下基层听课。③写出检查报告。④在一定范围讲评，促进教学提高。

4. 总结性听课。做法是：①根据教研活动内容，制定目标。②认真听课，实事求是地分析评估。③总结出共同东西，再以指导教学，推动教研工作开展。

5. 观摩性听课。这是教研员学习提高的需要，向高手学习，武装自己。这可以在县内听特级教师、模范教师的课，也可以到外地去听优质课。

二、胸怀固有责任。

教研员，顾名思义，教学研究人员，是教师的指导教师。因此他应该高于教师。教研人员平时必须注意学习，业务上应有高屋建瓴的水平和能力，尤其是在每次听课前还应做专门的准备工作。教研员听课的准备工作包括这样几个方面：

钻研课标、教材、教参。

通过钻研，把握大纲中关于知识、能力、德育等诸方面的要求；熟悉教材的编排意图及知识体系；找出教材中"双基"的重点和难点，然后构思：假如让我来上这节课，我将怎样处理教材，设计教案，安排教学程序，选择教学方法，使用教具等。甚至经常走上讲台"下水"体验上课的滋味，如于永正、支玉恒等教研员长期坚持在课堂第一线。近年来光泽县教师进修学校教研员黄国才老师就上过不少的课，实验小学、农村中心小学、村级完全小学的课堂都留下了他上课的身影，他的作文指导课《一节关于"生命"的作文课》[①]、《去年的树》、《那片绿绿的爬山虎》、《古诗词三首》等都在当地近 10 所学校上过，受到老师和学生的普遍称赞。他说："教研员上课，是最直接、最直观、也可能是最有效的指导，而且，经过课堂教学的磨砺，更理解课堂、更理解学生、更理解老师，因为'只有做了，才理解了'。"如果课前不做任何准备，对大纲教材心中无数，匆匆走进教室，又匆匆走出教室，这既是对授课教师的劳动不尊重，听课也不会听出门道，当然评课也不会评到点子上。

三、吸纳于心听课。

听课严格来说是看课，教研员在课堂上不仅要听教师是如何讲的，思考学生是如何想的，更主要是要认真观察整个课堂的动态。

教研员听课应特别注意动脑筋思考，要对课堂的有些情况做出初步的分析和判断。

---

① 黄国才：《一节关于"生命"的作文课》，《中国德育》2007 年第 3 期。

教研员听课应注意到教师对教材教法的处理和选择是否得当。如教学目的是否明确、具体；重点是否突出；难点是否突破；教学内容的处理、表达是否科学、完整，并有机地渗透德育；教学内容的深度、密度是否面向大多数，而又兼顾"两头"学生，并符合"课标"要求。听课更要看教师是否创新。

教研员听课尤其要做好课堂记录，力求把教师教学的全过程，完整地记录下来，同时还要把自己在听课过程中的不同见解、建议、有待进一步深入研究的问题，写在听课笔记的相应位置上，以便评课时讲评交流。

四、加强总结提炼。

教研员下基层听课的过程，也是自己深入教学实际调查研究，了解一线教学情况的过程，同时还是自身学习提高的过程。那么，要想收获得多，教研员每次听过课后应该注意总结提高。

教研员从基层听课回来，应对听课、观察和记录下来的东西，以及基层学校领导老师反映的问题，发表的新见解、新观点，结合自己萌发的体会作一番整理，并把这些感性认识上升到理性认识上来，写出值得推广的经验或值得吸取的教训文字材料。这样一方面可以作为以后教研活动的借鉴和参考，另一方面也可以把这些材料写成论文来发表和交流。

### 3. 校长听课要"八忌"

一、忌应付差事。

有的领导为了完成听课的任务而进行听课，没计划、没目的、没准备地这个教室进，那个教室出，听课中精力不集中、看文件、填报表、甚至睡觉……课后教师征求意见，只能说"很好，还行……"含糊不清的，根本提不出什么具体意见，也可能说黑板不黑、门缝不糊、有的学生看小人书、作业本不干净等等琐碎小事，讲不到点子上来。这样的听课，一没有指导性；二没有总结性；三没有理论性。只能降低领导者的威信，是很不可取的。

二、忌百般挑剔。

平时有的老师可能有意无意讲了领导的毛病，或提了某种意见，校长要找其毛病，突然去听他的课，于是这也不对，那也不对，攻其一点，不及其余。发现点毛病，大会讲，小会讲，想起来就讲一遍，弄得教师抬不起头。显而易见，抱着这种听课目的来听课，其效果一定是不好的，只能造成教师的逆反心理，或形成心理障碍，不利于团结，有害于工作。

三、忌吹毛求疵。

对执教者的尊重是听课者必须持有的态度，老师讲课总会有优点也会有缺点，存在问题在所难免。为此校长要给以实事求是的评价，并应以肯定和鼓励为主。但有的校长听完课以后看不到优点和长处，横挑鼻子竖挑眼，似乎找出的问题越多，越显示出自己高明。这样听课必然会造成教师的反感情绪，长此以往也会拒绝校长听课。

四、忌不懂装懂。

不管当校长的学识水平怎样高，都不可能对各个学科都精通。特别是一旦做行政工作时间长了，业务上也会生疏起来。这就要求校长在听课评课中甘当小学生，抱以虚心的态度。可有的校长不懂装懂，指手画脚，讲起来没完，其实不得要领，甚至会闹出笑话，遭到教师蔑视，这种做法是不足取的。

五、忌偏心偏爱。

有的校长听课不是从工作出发，而是从私人感情和个人关系出发，有意识地树立某个教师的威信，听后夸大其优点，人为拔高渲染，最后达到提拔重用的目的。这样使多数教师产生心理不平衡和成见，这势必会降低校长的威信，脱离群众。

六、忌固执己见。

因为评课是一件很复杂的事情，如果要做出客观公正的评价就要发扬民主，倾听各方面的意见。但是有的校长却缺乏民主意识，喜欢运用行政命令的办法来处理评课，容不得半点不同意见。因而评课就很难实事求是，造成不良的后果，这也是不足取的，是校长听课的大忌。

七、忌片面偏执。

所谓片面性就是领导听课没有全面地掌握情况，主要表现为以下两个方面：

（1）重主科轻副科。

有些校长听课总是听主科，而忽略副科，这样不好。校长听课不仅要听语文、数学、外语，从全面贯彻教育方针讲，还要听体育、美术、思想品德、二课活动等课。

（2）重教学轻卫生。

校长听课往往只重视教师的教学方法、学生知识的掌握，而容易忽视学生的读写姿势和用眼卫生。作为领导的责任就该全面考察学生的情况，及时发现学生的薄弱之处，及时纠正。

八、忌重优轻差。

有些校长每每听课总是听几个骨干教师的，很少去听一般教师的课，尤其是不去听不被注意的老师的课，使他们成为被遗忘的角落。这不利于调动广大教师的积极性，同时也容易使教学管理工作出现死角。校长听课应充分考虑各个教师和各个学科，让每个教师都感到校长在重视他们。

## 4. 自己听自己的课

有一种听课的方式，教师不妨听听自己的课。

这种做法是，把录音机或摄像机带进课堂，把自己的课记录下来，然后自己听，自己看，自己分析，请他人指教，来个教后琢磨，这是老师尽快提高教学水平的一种好方法。

听自己的课，一听自己的教学语言中的问题，如是否语调呆板、层次紊乱，抓不住要点；是否语速过快，使人无暇思索；是否声嘶力竭干喊，如同噪音……而后进行一番"琢磨"，必有提高。二听驾驭课堂能力，一节课时间分配是否合理，是否前松后紧，还是前紧后松，做一点定量、定性分析，就能把握它们的科学性。

听自己的课，是对自己教学工作的一种反思，一种自我监督。认真回顾一节课的得与失，及时发现教学中成功的地方和该纠正的问题，这会使自己的教学能力很快得到提高。

听自己的课应和自己的教案结合起来，一边听录音，一边查看教案，看教案的设计是不是合理的，是不是好用的，好在什么地方，存在问题是什么，这样可以对教案再做一番修改，这本身就是一种总结和提高。

听自己的课，在修改的基础上再重上，再录下来，反复听，看修改后的效果如何，这样反复就会使自己有较大的提高。

## 5. 换个思路听课

一、以"学生"角色听课。

听课者必须首先有意识地转变角色，充当小学生，使自己处于"学"的情景中，从学生的角度看任教者的教学是否兼顾大纲要求和学生实际。特别是新教师的角色定位应是审美者与参与者：①审美者即新教师在听课时应把自己定位为教学活动的参与者、组织者，而不是旁观者。新教师如果把自己定位为课堂教学的旁观者，听课前无充分准备、听课过程中无视学生的课堂活动、不重视收集学生课堂反馈信息，就不能了解指导教师的意图，无法获取学生全面的、真实的课堂表现。只有有"备"而听，使自己处于"学"的情景中，从学生的角度看任教者的教学是否兼顾大纲要求和学生实际。而且从思想上参与到教学活动中，并尽可能以学生的身份参与到学习活动中，才能获取第一手材料，从而为自己上好一堂课奠定基础。②参与者即新教师在听课时应把自己定位为教学活动的参与者、组织者，而不是旁观者。新教师如果把自己定位为课堂教学的旁观者，听课前无充分准备、听课过程中无视学生的课堂活动、不重视收集学生课堂反馈信息，就不能了解指导教师的意图，无法获取学生全面的、真实的课堂表现。只有有"备"而听，使自己处于"学"的情景中，从学生的角度看任教者的教学是否兼顾大纲要求和学生实际。而且从思想上参与到教学活动中，并尽可能以学生的身份参与到学习活动中，才能获取第一手材料，从而为自己上好一堂课奠定基础。

二、以"教师"角色听课。

听课者要设身处地地思考：这堂课自己来上该怎样讲？将讲课者的教法与自己的构思进行比较。这样可避免两种态度：一是以局外人的身份去挑剔，看不到长处，不理解讲课者的良苦用心；二是无原则地同情、理解，看不到短处。

三、以"指导者"角色听课。

听课者如果从指导者的角度来听课，就能做到：（1）居于学术的高度，运用已有的教学理论和教学经验，对课堂教学作出分析与判断；（2）对课堂教学细心观察，敏锐地发现优点，以便评课时及时给予肯定；（3）准确地发现讲课者的不足，在归纳概括的基础上形成改进和提高的建议。

四、以"管理者"的角色听课。

听课者如果将自己置身于管理者的角度，就能统观全局，发现教师教学中存在的典型性和普遍性的问题，为学校的决策提供依据，并能从系统教学的高度有的放矢地向全体教师提出具体要求。

## 6. "作比较，淘尽黄沙始见金"[①]

今天，我又听了林老师的《7的乘法口诀》，这是我作为指导老师进行的跟踪听课，因为林老师将举行公开课。准备一节公开课常常是经过多次试讲，对同一节课，用不同的方法进行尝试，在不断的磨课中改进，让教学逐渐达到完美，此时听课则应该带着对教材的理解，对比学生在课堂上的表现，寻找教学闪光点，值得借鉴之处，不足之处在哪里，如何加以改进，而有时差不多同样的设计，只有一些细节上的改动也能引起很大的变化。

两次试讲，几乎同样的设计，面对是同一年级的孩子，但前后两次试讲的效果却有着天壤之别。前一次孩子们课堂参与热情很高，参与面也广，师生之间情景交融，师生、生生互动自如，孩子们从不知到知的那份快乐、成功与激动，连听课的老师也能体会。而后一次孩子们在课堂上，却出现畏难，不敢发言，参与热情不高，生与生之间的合作也形同虚设，师生都无法进入状态，课堂气氛很是沉闷。我的第一反应是：这个班级的孩子怎么没有童趣，像高年级的孩子一样，不太愿意发言了。是什么让孩子们不开口了呢？一边思考，一边对比……问题在我的脑海呈现——

一、"故事引入"的拔高，干扰了营造的氛围。第一次是听故事引入，由农夫等兔子，让学生边等边猜，由"一个星期是多少天"到"你猜农夫会等几个星期"给了学生一定思维的空间，在轻松的氛围中学习。而第二次教师在故事之前，加入一个课前互动，如：有水的海是什么海？没水的海是什么海？再借着学生回答的"林海"猜老师姓"林"，而后要求学生用前面学的口诀说笔划。这对二年级的孩子来说太难了！没有达到调动课堂气氛，活跃学生思维，反而让学生产生一丝畏难的情绪。

二、课件的不灵动，抑制了学生的思维。第一次上课教师没有课件，教师是随着学生的回答将其中一个表格填写补充完整，有给学生一个猜想的空间。第二次教学故事变成白雪公主与七个小矮人，并加入了动画的效果，却将表格中的数字一开始就填在表中，让学生猜会等几个星期？学生受此影响，不仅猜想也按从第1星期到第7星期的顺序，跳不出老师给予

---

[①] 陈敬文，http://eblog.cersp.com/userlog/2433/archives/2008/774813.shtml.

暗示的空间，不敢猜有8个星期、9个星期。

三、评价方式的改变，降低了学生的激励程度。第一次教学教师充分利用了语言的激励作用，有比赛式的，如：老师要考考你，看看谁最会编乘法口诀；比比看哪位小朋友记得又快又牢。有童趣式的，如：王国里的每个与数学有关的算式跑出来，天黑了还没回家，白雪公主可着急了，请小朋友们帮忙找一找，把它们带回房子里。有激励式的，如：小朋友们太了不起了，你们编的乘法口诀和数学家编的口诀一模一样；你回答的声音真响亮。有提醒式的，如：请小朋友举手发言，请小朋友们学会倾听。第二次引入红星与黄星之类的评比，智慧星、纪律星、合作星等时不时的插入，虽然也提醒了孩子，但效果并不理想。而教师重视了这一评比，也忽视了语言上的丰富与多变的激励作用了。

四、问题提出的时空改变，扭转了和谐的课堂局面。第一次教师抛给学生的问题思考空间比较大，如：观察表格你想说什么？面向全体学生，并给予学生一定的思维空间。而第二次教学，教师所问问题过细了，而且当一个孩子给出回答的答案后，教师紧接着就问该生第二个问题，当孩子无法回答时，再请别的孩子帮忙。此时，让这位孩子感受到的不是回答出第一个问题的喜悦，而是答不出第二个问题的尴尬。教师提出的问题，也变成没有太多思维含量的一问一答式，此时不再面向全体，而是面向个别学生。

五、重要环节的忽视，导致了数学化程度的弱化。第一次教学教师更注重数学化的过程，让学生从"观察——编写——牢记"口诀，特别"观察"时将数学算式的引入，如：用乘法算式怎么写呢？将算式与口诀结合起来，通过"看、写、记"加以巩固，从图表、算式、口诀的数学化，充分调动了学生的多种感官参与。而第二次教学看、写、记依旧在，却将所有的算式全省了，缺少了"对比观察"的环节，学生思维数学化程度依然停留在图的阶段，难点突破不足，造成练习中有一部分学生看不懂算式是什么意思。明白了问题所在，指导方案心中有数了，针对性的指导正进行……

## 主题四　联动，有效听课的真谛

### 一　引语

听课是一种立体的、复杂的、综合性的心智活动。卓有成效的听课总是以积极认真的态度和专心致志的注意力为前提；以原有的教育思想和教学经验为基础；以看、听、想、记等多种心智活动协调作用为保证。

在课堂中，听课老师应该集中精力，坚持"四到"："耳到"——仔细聆听师生对话；"眼到"——认真观察教师教态、表情、肢体语言、板书、所用教具及学生反应与表现；"心到"——边听边认真思考，把授课者的理解、感悟及教法与"我"作比较；"手到"——记录教学流程、重点、难点、板书、师生对话、教学"亮点"及自己触景生情碰撞出的"火花"。

当然，听课时不可能将"看、听、想、记"等多种心智活动割裂开来，而是边听边看、又记又想的，是"看、听、想、记"协调合作、联动推进的。联动是有效听课的真谛。

### 二　案例

#### 1. "都是听课惹的祸"[①]

18年前，初上三尺讲台的我，被学校领导告知要跟班随堂听课。出于对学校规定的遵守和个人教学的需求，我有意将自己的教学进度放慢一节课，每周随堂听罗老先生5节课。在课堂上，我就像普通学生一样，认真听罗老先生的每一句话和处理教材的每一种做法，一节课记满整整两页听课笔记，生怕漏听一句话、漏记一个字。回来后根据听课记录整理成教

---

① 黄戊南：《"都是听课惹的祸"》，《福建教育》（B）2006年第2期。

案；然后照搬到自己任教的班级去。一年下来我听了近 200 节课，对教材的知识体系有了非常清楚的了解，对罗老先生的教学风格也非常熟悉了。

一年后，我停止了随堂听课，而专门选取一些不好整合的教材内容和难以确定教法的课去听相关教师是怎样上的，听课仍然认真记录，但记录的内容已有取舍，对授课教师的一些做法有时会产生质疑，同时会注意观察学生对教师所提问题的反应及课堂作业的完成情况。

几年后，同组教师及边缘学科教师的课都听过了，基本了解了一些教师的教学风格，要完成规定的听课任务就觉得是一种负担。于是坐在课堂上，听课就不如过去安分，听课笔记本上经常不知记什么好，而把主要精力都用来观察学生，想从学生脸上发现什么。可是出于礼貌又不敢越位，只好边听课边想象学生可能会有的反应，并经常做这样的假设：如果自己这样上课，学生是否能接受？换一种处理教材的方法和教法效果会不会更好？有时过了三两天还在思考这些问题。挑剔多了，评课时听了别人的发言，总觉得自己不合群，偶尔还会怀疑自己是不是有心理问题，想起来都是听课惹的祸。

回眸自己的听课经历，似乎觉得有这样三种变化：一是由完整记录到重点记录再到不想记录；二是由耳朵听课到眼睛看课再到脑子想课；三是从关注自己到关注教师再到关注学生。

["大家看'文'"]

陈欣欣：现在，大家听课大多从关注教师转到关注学生，关注学生的学，关注学生在课堂上的表现，这正是体现了以学生为本的教育理念，如果听课只忙于做记录，只听到提问者和被提问者的对话，往往忽略了其他学生在课堂上的反应，而听到的只是片面的，所谓耳听为虚，眼见为实。

刘国文：一是由完整记录到重点记录再到不想记录；二是由耳朵听课到眼睛看课再到脑子想课；三是从关注自己到关注教师再到关注学生。听课的三点变化归纳得贴切到位，从一种角度体现了一个年青教师的成长历程，尤其是第三点从听课的视角反映了教育理念的理性回归。值得借鉴。（福建省邵武一中）

阿香：听课的关注点是学生的学。听课时对学生的回答总是一字不漏地记下，因此自己的听课本记得总是比别人多。也不知这种方法对不对，但对于把这节课作为案例研究的素材，针对学生对某一问题的看法、独特的思路，去解读学生学的背后的教，去触摸学的背后细节的意蕴，还是很有价值的，所以依然用这种方法，还是那句话，对于听课来者来说，怎样听是自己的事，适合自己的方法就是好方法。（古田县教师进修学校）

陈金缺：本文回顾了作者由完整记录到重点记录再到不想记录、由耳朵听课到眼睛看课再到脑子想课，从关注自己到关注教师再到关注学生三种变化的听课经历。这个过程其实是一个由感性到理性、由狭小到宽广、由被动到主动的过程，有所取舍，有所反思，为我所用，为完善自我服务，这种听课的变化其实是专业成长成熟的历程。就听课而言，会思考、会取舍、会吸纳这一点非常重要。以上想法如有不妥请指正。（南安市实验中学）

蔡明指：作者的经历基本上符合大多数教师成长和成熟的过程。在听课中，我经常在想，这个环节为什么上课老师会这样处理，换成自己又会怎么处理，哪一种方式会更好？上完这节课学生和老师将会有怎样的变化？而学生的表情、反应及情绪变化经常是我观察的重点。

## 2. 看课，我该思考什么

听课，实际上是看课，那么，看课我该思考什么呢？下面以人教版第五册的《赵州桥》为例，谈谈我是如何在看课思考的。

一、思考教者的意图。

平常在观察课堂时，我常常是这样做的：边注意观察教师的教学行为，边在心里揣摩这个老师这样做那样做的行为背后的意图。透过老师的教学行为，思考其背后的真实意图。这是成熟的观察课堂的一个方法。只有这样思考，才不会被一些热闹的、芜杂的课堂活动表面所迷惑，正所谓外行看热闹，内行看门道，这个门道就是指其中的课堂准则。比如，《赵州桥》一课导入部分，教师让学生说说自己想了解赵州桥什么，孩子的回答就五花八门，有的想知道赵州桥的设计修建过程，有的想知道是什么时候谁建造的，用什么材料建造的。老师为什么设计这个环节？用孩子自己想知道想了解的问题，来引导他们走进书本，这比其他什么方法都有效得多！问题是孩子自己想知道的这些问题又来源于孩子本身，源于他们的兴趣爱好，源于他们的好奇心，源于他们的问题，这样的环节，一来紧紧扣住了孩子的心弦，二来吸引孩子尽快进入文本的阅读状态，三来为整节课定下了基调：这堂课，目的无非是这样的：通过引发兴趣的问题，带领孩子走进文本，了解文本，在了解文本的同时，学习语言文字，包括朗读和生字词的学习。

二、思考课堂教学细节。

课堂中，尤其是公开的课堂，老师的一举手一投足，一言一语，往往都是带有深刻内涵的，值得我们去细细体会。比如《赵州桥》中，当学生们说出各自想了解想知道的问题后，教师这样说："同学们想知道的真不少，下面带着这些感兴趣的问题自由读课文，一边读一边注意课文中带拼音的词语，如果遇到不理解的词语，还可以查一查身边的字典。翻开书，读吧，同学们。"这句话，不只是一句简单的过渡语，它不仅明确地提出了学习的要求——带着感兴趣的问题自由读课文，同时还指导了学习的方法——边读边注意带拼音的词语，遇到不理解的词语可以查字典。一举两得，要求明确而具体，初读课文的方法指导很到位。

三、思考我能从中学到什么。

任何一节课，不管是什么级别什么类型的课堂，不管其优劣，都有值得我们注意学习和借鉴的地方。比如《赵州桥》这堂课中，学生自由读朗读课文，自己学习生字词后，教师这样小结："我刚才发现两位同学做得特别好，他们能够画出不理解的词语，查字典。"这句话一是及时发现孩子学习过程中表现比较优秀的闪光点，给孩子们树立了学习的榜样，同时在班级推广这个闪光点。而且在肯定时，教师表述得非常明确而具体。这样的课堂评价，具体明确，及时，有效推广，并再次强调了课堂伊始时教师指导的学习方法，这样的课堂评价，非常值得赞赏。

一堂课，虽然只有短短的几十分钟，但其中可以值得思考和研究的地方很多，只要我们沉下心来，浸入课堂中，细细咀嚼和体味，相信我们一定从中发现很多东西。

## 3. 听课应如何做记录[1]

听课记录可以是以下几种形式。

实录式：尽可能地将课堂情况全面记录下来，较"忠实"地反映原貌。这种做法可以让听课者从全局的角度分析课堂的设计和流程，对提高

---

[1] 黄瑞旺：《听课应如何做记录》，《福建教育》（B）2006年第2期。

自身的课堂设计能力和整体把握能力有帮助。但这种记录没有经过筛选，也缺乏比较深入细致的思考，更多的是师生的言语记录。

叙述式：即以第三人称记录课堂情景，这种做法较易把握教学的重要环节，可以提供值得讨论的问题，用于研究某些课堂比较有效果。

分类系统式：主要由听课目的而定，可以按教师与学生分类记录，或按一定规则记录，然后按不同的要求整理成较全面的听课记录。

图表记录式：这种方式有的教师运用过，但不是很常用。室外课、实验课、技能课等可多选择这种方法。

[ "大家看'文'" ]

陈金缺：本文归纳了听课记录的四种形式：实录式、叙述式、分类系统式、图表记录式。研究思考的目的不同，指向不同，记录的方式就不同。摘要记录比较实际，有助于突出重要的教学环节，突出教学的重点难点，突出教学中有价值的问题，以便更好地反思教学，尤其是其中的某些细节。以上想法如有不妥请指正。（南安市实验中学）

刘国文：本人以为，实录式让听课者疲于记录，而没有时间观察学生的表现，不利于观察师生的互动，捕捉课堂的亮点。除了本文介绍的几种方式外，应该还有其他方式。我觉得听课记录应该不拘一格，根据不同的课型灵活使用。

## 听课记录 1[①]

| 四年级三班 | 语文科 | 第二课时 | 教者 | ××× | 听课人：丁国奇 |
|---|---|---|---|---|---|

| 听课纪实： | 分析意见： |
|---|---|
| 三、珍贵的教科书<br>1. 引导谈话<br>2. 范读课文<br>3. 默读课文，勾画生词<br>4. 解释"炮火连天"、"争先恐后"、"呼啸"、"俯冲"、"激励"、"完整无缺"、"渴望"、"嘶叫"等十多个词语<br>5. 按自然段讲读课文，方法：问答式<br>第一段：盼书<br>第二段：取书<br>第三段：护书<br>第四段：激励<br>6. 朗读全篇<br>7. 概括文章中心<br>8. 讲解写作特点；记叙的顺序<br>9. 布置作业 | 1. 因不是起始课，所以导言显得做作。<br>2. 应提出思考问题，让学生带问题听范读。<br>3. 学生自读勾画，有利于培养自学能力，加强学生读书意识。<br>4. 孤立解词的方法显得太老，词语教学是讲读课文的重要组成部分。词语教学必须着眼于篇，篇的教学必须建立在词语教学的基础上。即从篇入手研究词语；以词语入手理解全篇，词语教学和理解全篇内容融为一体。四年级第一学期从自然段入手讲读课文，并体现向篇的训练过渡是阅读训练重点，但本文是从自然段入手，没体现向结构段概括段意的做法显得突然，是违背认识规律的。<br>5. 对教材理解有一定差距，讲读课文忽视"珍贵"一词。课文结尾"用生命换来的教科书"这一中心句没能引导学生很好理解，没能把用"生命换来"和"珍贵"联系起来，使讲读课失去了整体感。<br>6. 在讲读过程中比较注重朗读训练。<br>7. 教师板书基本功比较过硬。 |

| 综合意见 | 1. 教学目的基本达到，任务基本完成。<br>2. 教者要考虑如何设计阅读教学课堂结构问题，力争优化。<br>3. 要注意把握年段阅读训练重点，力争贴近大纲要求。<br>4. 要考虑教学改革，变"问答"为"导读"。<br>5. 要坚持阅读教学的整体性原则，做到整体入手——部分研探——整体理解。 |
|---|---|

---

[①] 徐世贵：《新课程与教师专业能力的提升》，广西人民出版社 2005 年版。

## 听课记录 2

| 学校 | 海滨 | 授课者 | 徐立君 | 年级、科目 | 五数 |
|---|---|---|---|---|---|
| 第 4 周 星期四 上午 第 1 节 | | | 课题 | | 循环小数 |

| 教学过程纪要 | 旁注与反思 |
|---|---|
| 一、情境中感受：<br>故事导入：山上有个庙和和尚……<br>板书：依次不断重复（循环）<br>师：自然界中的这种现象<br>生：举例，如白天、晚上、春夏秋冬、太阳、月亮<br>揭示：数学中有没有这种现象呢？这节课我们就一起来研究好吗？<br>二、探究中获取：<br>请两位同学计算<br>1÷3     58.6÷11<br>问：这道题能不能做完<br>生1：做不完<br>师：怎么办<br>师生共同得出：1÷3＝0.333……<br>揭示课题：循环小数<br>问：你能用语言表述什么是循环小数吗？（讨论）<br>一个（  ），从（  ）部分的（  ）起，（  ）数字如果（  ）数字（  ）出现，这样的小数叫做（  ）<br>引导学生总结后填空，再全班齐读。<br>教学循环小数的读写法<br>如 0.333……读作：零点三三循环<br>5.32727……读作：五点三二七二七循环<br>△研究的对象让学生感悟不够。<br>△循环小数的写法可以放在这课时完成。 | 在故事情境中感受<br><br><br>故事→生活→数学<br><br><br><br>激发学习兴趣<br><br>让学生在矛盾冲突中学习新知<br><br><br><br><br>58.6÷11＝5.32727<br><br><br>讨论时要求不明显，建议：<br>师：先观察特点，再语言表述，符合具体到抽象。<br><br><br><br><br><br>至少让学生感受 |

| 听课意见 | 1. 情境符合教学实际，运作较到位。<br>2. 新知让学生自主探求、发现、表述。<br>3. 引导学生总结循环小数概念比较到位，但重点的部分（关键词剖析）不到位。<br>4. 教学层次清晰，教材处理符合教材编排意图。<br>5. 重视算理（师多次发问为什么，可取）。 |
| --- | --- |

# 拓展阅读

## 1. 听课的基本要领

一、全身心投入。

听课必须专心致志，全身心地投入。"用志不分，乃凝于神"，全神贯注是做好任何工作的前提，精力不集中往往会贻误工作。医疗事故出现，常与医务人员用心不专、麻痹大意有关；车祸发生在司机酒后开车或三心二意的时候。同理，听课者要想获得理想的听课效果，也要注意保持注意力的高度集中，为此，在听课中就要集中精力，全身心地投入。如果听课者心猿意马，左顾右盼，或迷迷糊糊地打瞌睡，心思全然不在听课上，这种听课的效果就可想而知了。

听课由于单调无刺激，以及长时间的静坐容易使人疲劳和困倦，这就要求听课者用意志来克制自己，使自己自始至终进入角色状态，整个意识要随着讲课情境活动而活动，这样不易走神。

二、掌握观察要领。

我们知道，一节课成功与否，不仅仅在于教师讲了多少，更在于学生学会了多少。所以听课应从单一听教师的"讲"，变为同时看学生的"学"，做到既听又看，听看结合，注重观察。

1. 听什么？

听课听课，关键在听上，听什么呢？一听教师怎么讲的，是不是讲到点子上了，重点是否突出，详略是否得当；二听课讲得是否清楚明白，学生能否听懂，教学语言如何；三听教师启发是否得当；四听教师的范读；五听学生的答题、读书中显露出来的才能和暴露出来的问题。

2. 看什么？

听课要看，看什么呢？一看教师的精神是否饱满，教态是否自然亲切，看教师板书是否合理，看教师运用教具是否熟练，看教法的选择是否得当，看教师指导学生学习是否得法，看教师对学生出现问题的处理是否巧妙……一句话，看教师主导作用发挥得如何。

二看学生，看整个课堂气氛，是静坐呆听，死记硬背，还是情绪饱满，精神振奋；看学生参与教学活动；看学生对教材的感知；看学生的注意力是否集中，思维是否活跃；看学生的练习、板演、作业情况；看学生举手发言、思考问题情况；看学生活动的时间是否得当；看各类学生特别是后进生的积极性是否调动起来；看学生与教师情感是否交融；看学生自学习惯、读书习惯、书写习惯是否养成；看学生分析问题、解决问题能力如何……一句话，看学生主体作用发挥得如何。

3. 想什么？

听课者在课堂上不仅要边听、边看，还要边想。因为对课堂教学水平的分析不能仅停留在表面现象的观察上，更要做出正确的判断，有时需要透过现象去分析实质。例如怎样才算启发思维，不能简单地看课堂上是否问问答答，也不能简单地看举手的人数多少，主要看学生动脑筋的程度。这里不妨分析一下：如果问题刚提出，全班都举手，这能算启发思维很成功吗？这很可能提的问题太简单了。相反，一个问题提下去，开始无人举手，但看得出来，学生在思考，几秒钟以后，有的孩子脸上露出了有所领悟的表情，举起手来，渐渐地举的手多了起来。这才是一种更佳的教学效果。同样，在有的课上，老师提的问题，学生一答一个准，而且语句流畅，一个结也不打，这是不是成功呢？这可能有三种情况，一是事先准备好的，不真实；二是喊出来的都是好学生；三是内容要求偏低了。这三种情况都不会使学生有较大收获。上得好的课，应该看得出学生是怎样从不懂到懂，从不会到会，从不熟练到比较熟练的过程。在课堂上，学生答错了，答得不完整，答得结结巴巴，这是正常现象，正因为这样他才要学习。老师的功夫也就是在学生答错时，能加以引导，答得不完整时，能加以启发。所以听课，一定要注意看实际效果，看学生怎么学，看教师怎样教学生学。

## 2. 听课要做到听、看、记、思有机的结合[①]

听课是复杂的脑力劳动，含有方法和技能。

听什么？怎样听？主要应听：（1）教师是否体现新课程的理念、方法和要求。（2）是否重点突出，详略得当。（3）语言是否流畅、表达是否清楚。（4）是否有知识性等错误。（5）是否有创新的地方。（6）教师的思维是否宽泛，学生的发言是否准确。

看什么？怎样看？主要应看：（1）看教师主导作用的发挥。如教态是否亲切自然，板书是否规范合理，教具（包括多媒体等）运用是否熟练，指导学生学习是否得法，处理课堂偶发问题是否灵活巧妙。（2）看学生主体作用的发挥。如课堂气氛是否活跃，学生是否参与教学过程，全体学生的积极性是否得到调动，学生正确的学习习惯是否养成，学生分析问题和解决问题的能力是否得到培养。

记什么？怎样记？原则上听课记录应包括两个方面，一是教学实录，二是教学评点。

思考什么？怎么思考？主要思考是：（1）教师为什么要这样处理教材，换个角度行不行、好不好。（2）对教师成功的地方和不足或出现错误的地方，要思考原因，并预测对学生所产生的相关影响。（3）如果是自己来上这节课，应该怎样上，进行换位思考。（4）如果我是学生，我是否掌握和理解了教学内容。（5）新课程的理念、方法、要求等到底如何体现在日常课堂教学中，并转化为教师自觉的教学行为。（6）这节课是否是反映教师正常的教学实际水平，如果没有听课者，教师是否也会这样上，等等。

总之，应该根据听课的目的和要求，有所侧重地将听、看、记、思的内容有机、灵活地结合起来。如教师和学生发言时，就要以听为主，兼顾观察；教师在板书和学生在演练时，就应以看为主，兼顾其他；学生在练习时，就应以思考为主。

---

[①] 周勇：《新课程说课、听课与评课》，教育科学出版社 2004 年版，第 69~70 页。

### 3. 听课要做到一"听"二"看"三"记"[①]

笔者在多次听课中发现，大多数教师听课一是关注较多的是授课教师，就是看授课教师怎样上课（而大多教师的授课也是为听课教师所上），而不关注学生的学；二是不会听课，即不知应重点听什么、看什么和记什么，听课记录常常记的仅是授课教师的授课程序和板书内容等。笔者认为，听课要做到一"听"、二"看"和三"记"。

一听授课教师的教学语言，学生的发言。课堂教学活动多是通过教师的教学语言传递信息的。因而要听教师的语言是否科学准确、言简意明；是否生动有趣、富有感染性；是否具有激励性；引导是否得当，组织是否到位以及课堂随机应变的艺术等。通过听学生的发言甄别教师的教学目标的达成和学生智慧的生成。

"看"与"思"相伴，所以"看"就是观察。"看"是听课的重点。听课时要做到"五看"，即一看授课者在课堂教学中折射出的教育教学思想，特别是与当前的课程改革理念是否相符。要看教师关注的是自己的"教"，还是学生的"学"，是关注少数学生，还是全体学生，是关注学生的知识学习，还是促进学生的成长发展；要看教师是否将学科新课程理念贯穿于教学过程中，能否体现新课程"三维目标"的落实；还要看教师的教学作风是否民主，学生是否得到"解放"，是否构建和谐课堂等等。二看学生的"学"，这是"五看"的重点。这里的"学"不是指传统意义上的学，而是新课程理念下学生的全面发展和成长。要看学生在课堂上是被动接受还是主动学习，情绪是否饱满，学生是否参与教学活动，活动的广泛性、有效性怎样，特别是初中政治课堂，学生是否在"做"中学，在活动中体验和感悟；要看学生能否主动提出问题、敢于发表自己意见，是否善于合作、乐于交流，是否有创新的意识和创新精神；还要看学生的思维品质的表现。学生是教师的一面镜子，学生的课堂表现能折射出教师的教学思想，反映出教师的教学素质。三看课堂教学的效果。课堂教学效果是检验教师课堂有效教学和教学目标是否落实的试金石。这里不仅要看学生对知识的理解、掌握和运用程度，也不仅要看学生技能的培养和达成，更要看

---

[①] 杨军：《听课要做到一"听"二"看"三"记"》，《广东教育》2007年第1期。

在教学过程中教师是否着力培养学生的科学素养和人文素养，使学生收获的不仅是知识与技能，更有科学方法、科学态度、科学精神、科学情感，收获的是良好的行为习惯和思维品质，收获的是终身发展的能力。四看教师对教材的理解、挖掘和处理，看教师的课程意识和整合，看教学重点难点的突出和突破，看教学程序是否优化、教学方法是否科学、教学手段的运用等等。五看教师的教学基本功。即语言、教态、板书，课堂组织能力、应变能力、精神状态，多媒体的使用技能和适时运用。教师是学生的风向标，教师在课堂上应具有"精、气、神"。课堂上教师以富有情趣的教学语言、饱满的精神状态、和蔼的民主作风、自然的应变艺术、激励的组织策略感染学生、鼓舞学生、引领学生，学生也会自然感到学习是一种享受并进入状态，自然与老师"配合"（新课程倡导的是教师配合学生）。

关于听课中的"记"，按笔者体会，应分清主次，突出重点。概括说：一要记教学环节或课堂程序；二要记教师教学中的亮点，如富有激励启发的语言、学生活动的有效组织等；三记学生中的闪光点，如学生的奇思妙想、质疑发现和对"权威"的挑战等；四记听课者即时的思考和课后的反思。听课过程中对授课教师教学方法的选用、教学环节的优化、教学语言的特点、教学思想的体现等的思考都应及时旁批旁记，课后应像"过电影"一样对课堂全程进行反思，并对听课记录加以整理和梳理。听课中的"记"，尤以记自己的思考为重点。

总之，不管是哪类听课，都要做到认真倾听、善于倾听、学会倾听（包括看），只有听到位，课后才能进行有效的交流，对自己才有所启迪、有所促进。这既是学习的需要、工作的需要，也是一种态度，是对授课教师的尊重。

## 主题五　听课要点一二三

从前面四个主题"为师,从听课开始"、"准备,带着思想进课堂"、"视角,因听课者不同而不同"、"联动,有效听课的真谛"一路走来,老师也许会问:"到底怎样听课,您能不能简单明了地告诉我一二三?"好的,下面,我们试图从前面各个生动的案例中归纳、整理出若干普适性的操作要点,供大家参考。

我们认为,听课就如同读一本教育教学书——活动的、具体的、在场的书,你如果有备而来、又仔细认真、还思考笔记,换句话说,你能够"力透纸背",那么,你就会收获满满、喜悦多多,反之,你若心不在焉,则视而不见、听而不闻,有书莫若无书。

一、认真准备。

"凡事预则立,不预则废"。如同要先备课后上课一样,要先备课后听课。你准备越充分,就像自己上课一样去准备要听的课,像自己上课一样去预想教与学可能出现的问题以及应对问题的办法后再去听课,那么,执教者的优劣高下成败得失就一目了然了。比如,事先了解所听课的年级、课题、开课目的等,然后读课程标准、课题、教参以及相关资料,再想一想"假如我上这课,我会怎么做""假如在我的课堂,可能会遇到什么问题""我期待听到哪方面的精彩表现"等等,经过这样一番精心准备,再走进别人的课堂,你想想是不是"一切尽在不言中"?努力付出未必就有丰厚回报,这是常识,但是,丰厚回报必须努力付出,"天上不会掉馅饼",这也是常识。余文森教授比喻说,听课前不准备、听课中不记录、听课后不思考,就像天天回家爬楼梯,爬了一辈子也不知道有几级。

二、仔细观察。

听课时要仔细观察,观察老师的言行举止、神情体态、演算板书;观察学生的应对反应、神情状态、习惯交往等等。当然这些都是表面的现象,我们还要学会"看穿"这些现象——洞悉现象背后的本质,如从老师的言行举止、神情体态等看出教师的教学态度——是否准备充分、认真负责、尊重信任；教学能力——教材组织是否科学、教学语言是否生动、教学活动是否适当；教学智能——生成是否捕捉、策略是否有效、处理是否灵活等等。从学生的应对反应、神情状态等看出学生的参与状态——是否全员参与、全程参与、主动参与；交往状态——是否多向交往、合作交往、和谐交往；情绪状态——是否积极主动、愉快有效；思维状态——是否主动思考、深层思考、多向思考等等。为了观察得更清楚、更细致，特别是能够观察到学生的表情、眼神，我听课时，习惯坐在旁边，在不妨碍学生视线的前提下尽量靠前坐。

三、详细记录。

详细记录的前提是专心倾听。听课关键在一个"听"字。听，首先是态度问题，你抱着学习的态度来听课，就自然用心听、安心听、虚心听，就自然听出门道、听出味道，反之，你抱着应付的态度来听课，就自然心不在焉，就自然视而不见、听而不闻，那还会有什么收获、有什么心得呢？其次是技术问题，即边听边记、快速笔记，"用钢笔录像"，一般地要记录教学主要过程、精彩对话、意外生成、练习设计、板书作业，还有自己即兴点评或瞬间碰撞的思维"火花"等等。这种"用钢笔录像"是需要记录的速度和敏感度的，换句话说，听课者的记录速度越快、教育思想敏感度越高，"录像"就越全面、越真切、越细致，当然越有价值，而这种速度和敏感度只有在听课实践和学习实践中练就。

四、及时整理。

课堂记录的速度总是有限的，总会有遗漏，这就需要课后及时地回忆补充。如果有录像或录音，更好。在第一时间补充、整理、分析、思考，即全面反思。

五、全面反思。

课后，你把听课笔记与备课笔记（思考）进行对照、与自己专业储备进行对照，找寻执教者教学安排、教学活动、教学智慧等背后的理论依据、思想观念；剖析其优劣得失成败，优者得者成者借鉴之、劣者失者败者避免之，所得就可观了。即使是一听一得、甚至几听一得，都弥足珍贵，就像散落在你专业成长路上的颗颗"珍珠"，你稍一用心就能串成精美的"项链"，让你熠熠生辉。也只有这样，"他山之石"才"可攻玉"、他人的经验和教训才会转化为你的素质和智慧。当然，这是一件非常痛苦的差事，但是，这种痛苦，其实是快乐，是直抵内心的快乐，因为你在思考。"我思因我在"，我在我必思。

如果你每听一课，都能认真准备、仔细观察、详细记录、及时整理、全面反思的话，就真正站在了"巨人的肩膀上"成长，登高望远、御风行速。

# 四　评课篇

**导读**

　　刘坚教授在谈到建设新教研文化时特别强调"要倡导建立一种新的评课文化"。是的，课程改革需要重建教研文化，重建评课文化。

　　为什么要"重建教研文化，重建评课文化"？这种"新的评课文化"是什么样的？我们怎么着手"重建"？怎样使我们的老师在"新的文化"的滋养中又好又快地成长等等，是摆在我们面前的重大课题，不仅需要直面、需要思考，更需要实践。

　　在思考中实践、在实践中思考，发现并总结出若干可供操作的要点、方法或程序，这是我们编写这个主题的出发点。但是，这么"重大课题"是难以以一时、更难以以几个主题就能解决、就能"承担之重"的，需要教育专家、学者、管理者，特别是广大一线教师孜孜不倦地探索、思考和实践。

　　我们试图在"引语"中简明扼要地说清理念，在生动精彩的"案例"中展现理念的内涵和外延，在此基础上总结出若干"要点"，供老师们运用，以期老师们在运用中不断地修正、完善和提升，共同创造新的教研文化、评课文化，并在这种文化哺育、滋养下健康快速成长。

# 主题一　师者，将随评课而出"彩"

## 一　引语

有人把老师上课比作"画龙"，把评课比作"点睛"，"龙"因"睛"而腾飞，很形象，同时道出了评课的重要性。"外行看热闹，内行看门道"，一节课往往因专业的评课而精彩，上课者因专业的评课而茅塞顿开，听课者因专业的评课而豁然开朗。

那怎样评课呢？

我们认为"评课的时候，一定要冲破传统和世俗的观念，千万不要搞形式主义，要注重实效，实事求是，即要把优点说够，给人以鼓舞；又要把问题说透，给人以启迪。同时还要避免话语霸权，提倡学术对话，尤其是注意对不同思想观点的宽容、鼓励与支持"。[①] 更为重要的是"要形成一种新的听课、评课文化。第一，要实事求是，说真话，是优点就说优点，是缺点就说缺点。第二，严格要求，严是爱。第三，学术自由，看重争论"。[②]

对于"公开课"的评课，我们认为"公开课的表演色彩源于公开课的错误定位，把公开课定位为示范课、展示课，赋予公开课太多额外的价值和功能，公开课的本性就丧失了。由于公开课的高利害特点，评课的专业性和学术性就难于维系。没有专业的高度和批判的眼光，就事论事的、一团和气的评课，是'无效'评课。最近一段时间，听了不少公开课，而且是优秀教师上的公开课，每次我的点评都会引起所谓的'反响'，我的点评被认为苛刻、伤人。'人家辛辛苦苦上了一次公开课，没有功劳，也有苦劳，应该多表扬才对啊！''你这样批评，人家多没面子啊，以后谁还敢

---

[①] 余文森：《探索以校为本的教学研究》，华东师范大学出版社，2005年7月版。
[②] 余文森：《探索以校为本的教学研究》，华东师范大学出版社，2005年7月版。

上公开课呢?'好心的人不断提醒我,可我每次都是单刀直入,直指问题所在。课程改革需要重建教研文化,重建评课文化"。①

由此看来,评课不单单是评价、研讨,还是一种文化,而且还要适应"课程改革需要"进行"重建"。

## 二 案例

### 1. "批评是教学研究的灵魂"②

今天下午,福州片区小语学科带头人一起参加了福州市小学课改开放日暨一附小"名师展风采"教学研讨会,听了林老师执教的《鲸》(五年级)和高老师执教的《地震中的父与子》(五年级)两节课。两位分别是第一期和第二期的班长,又是福州市小语名师工作室的领衔人物和核心成员,所以特别受关注。

前年听过高老师的课,去年听过林老师的课,两个人的进步让我备感欣慰。应该说就她们个人的语文素养、教学技艺和课堂驾驭能力而言,可以进名师行列了,几百位听课者中不少是慕名而来的,这两节课对大家而言,真是不虚此行。年轻的听课者流露出特别钦佩、赞扬、羡慕的神情,看得出他们真的是把两位当成名师、当成榜样、当成楷模。

但是,我在点评的时候却泼了冷水,让不少人"吃惊"(包括我们学科带头人,尽管他们已经适应了我的批评)。就课论课而言,这两节课确实有不足和缺憾。我讲了三点:

第一,教师教的多,讲的多,导的多,动的多,演的多;学生学的少,特别是独立的学、思考的学、探究的学、质疑的学、欣赏的学少了。真正的好课,不是老师出彩,而是学生出彩,简而言之,出彩要出在学生的学上。

第二,感性多,理性少;形象多,逻辑少。没有理性和逻辑的参与,阅读和教学就难有深度。盲目的动情,以感情代替逻辑,用笑声代替思考会导致逻辑理性精神的匮乏,语文课程所倡导的人文性(人文精神)如果

---

① 余文森:《课堂教学研讨需要学术批评》,《中国教育报》2007年12月28日。
② http://blog.cersp.com/userlog/406/archives/2007/693574.shtml。

缺乏了人类理性这个内核，就不可能培养批判性思维并造就优秀公民。这话也许说重了，但我们一定要记住：不接受人类理性，在文化人格上是永远长不大的。两位老师的风格属于"情感派"，特别要注入一点逻辑理性的成分。

第三，课的"简单"与"复杂"。课上得"简单"好，还是"复杂"好，这问题当然不能一概而论。我们强调简单但不是简单化，"简单"意味着：①学生直接面对教材，走进教材，围绕教材多读多思，读出知识来，读出文学来，读出问题来；②教师相机引导，适时点拨和鼓动，有针对性的讲解和提问。在弄清楚教材之前，太多的拓展、延伸，容易导致"复杂"；在需要学生较多的阅读和思考的时候，教师多讲、多导，容易导致"复杂"。

现场不少老师为两位名师鸣不平，这么好的课，不讲成绩，只讲问题。我的点评被认为是苛刻、吹毛求疵，但我要告诉我的学科带头人学员，教学是无止境的，批评是教学研究的灵魂，学科带头人和名师要在这样的氛围中长大。当然，我的点评毕竟只是我一家之说，一人之言，本身也是应该接受批评的。所以，各位要是觉得我的点评有理，听之；无理，批之！

["大家看'文'"]

art：教学是艺术，批评也是艺术。如把教师喻为爬坡人，对坡下人要彰显其优点，启扬上坡信念；对坡中人要褒贬相间，提醒自律并激励勇往直前；对坡上人要泼点冷水，鞭策向更高的山峰攀登。

"教学是无止境的，批评是教学研究的灵魂"。能够得到批评的人是幸运的人，甚至包括非善意的批评。重要的是被批评者应以此为契机，努力超越自我，获得更大发展。

金水毛毛1：拜读了余老师的点评和大家的帖子很受启发，也更多的引发思考。

虽然，我不是一名语文教师，但是有着和大家一样的教学经历。从文章中看出两位教师的课堂是精彩的、受到大家喜爱的，但是，作为一名小学的教育工作者，我们带给学生的是什么？苏霍姆林斯基说过："能够在阅读的同时进行思考和在思考的同时进行阅读的学生，就不会在学业上落后……"余教授在点评中，第一、二条都就提到了"几多几少"，特别强调了"思考"；第三条讲的是课的"简单"与"复杂"——其实还是一个问题要"思考"。因此，我感到，无论是哪个学科的教师，哪个年级的教师，在实际的教学中都不要忽视了"思考"二字，让学生在六年的学习中能够思考、善于思考、乐于思考，掌握人生进步的"金钥匙"！

chiheqing：教授的水准果然不同凡响，现在几乎很难看到这么出彩的评课了。四楼的 KY 和 guoping、黄国才还有子尧的评论都是很中肯的。二位上课的老师具有一定的代表性，在这里，她们不仅仅是她们，还代表着和她们同水平阶段的整个教师群体。余教授的评课振聋发聩。

子尧：似乎余文森教授每一次的评课总能引起较大的反响。读了余教授的评课以及网友们的评论，我个人感觉余教授的评课是深刻的，对执教老师乃至于其他老师都是有启发的。

省级学科教学带头人的教学水平一定是高于普通教师的，对于教学水平达到一定高度的"带头人"而言，在他们的教学生涯中，一定是赞美、表扬的居多，听惯了赞颂的声音，偶尔听到不同的声音，感情上未必能接受。我认为，对于学科带头人这样达到一定高度、有所成就的优秀教师而言，类似这样"负面"的评价是有必要的，更是十分难得的。事实上，这类优秀教师也往往很少能听到真实的、有建设性的意见或建议。这是众多优秀教师的不足。

执教者以什么样的心态去面对"不同的声音"是问题的关键。不同的教师面对这样的评课可能有着截然不同的反应：有的人会觉得有失体面，别人不中听的评价则可能会被认为是不怀好意、挑衅，甚至是打击；相反，有的人则可能会觉得这是一种鼓励、鞭策，甚至会由此产生感激。但现实中，往往大多数人却是很难虚心接受这样的负面评价的，这也是人之常情。怎么说，人家好歹也是在特定领域中有相当影响力的人物。可是，为什么大多数人尤其是有所成就的优秀教师也无法接受这样的评价呢？试想，同样的评价若是放在十年前，"名师"当年还只是一名普通教师，可能很容易就会接受；十年之后，功成名就了为什么就无法接受了呢？是什么改变了我们？我认为是平常心的缺失。

对于名师，对于学科教学带头人，这样的评价还太少，尽管这样的评课不怎么受人欢迎。我相信，只要有利于学生和教师的发展，不管多尖锐的评课它都应该是受用的。公开课也是课，评课也是研讨，只有余文森教授才会作出这样的评课，也只有学科带头人才享有余教授评课的"福利"，多少人求之不得！朝蔚老师大可不用担心，高老师和林老师作为省级学科带头人的佼佼者，又怎么会不明白"良药苦口利于病"的道理？

3202 快乐天使：那天我在现场聆听了二位老师的课，也对二位师姐妹的课做了充分的肯定。

我认为她俩的课是充满人情味的课，课堂中对学生亲切的呼唤、热情的鼓励、温馨的奖励、丰富幽默的点评，都让人赞叹不已。林老师在孩子们参与辩论中不服从安排时，充分尊重每一个学生，适时调整了学生分组的座位；高老师在学生遇到困难时，不急不躁，一句"让我们耐心地等待"令人感动。

这两堂课也是充满语文味的课，林老师在生字教学时使用的新奇转盘，惟妙惟肖的简笔画，让学生在鲸的简笔画中写字，孩子们学得轻松、快乐、扎实；两位老师都很重视朗读教学，善于创设有效的情境，对学生的朗读指导都很到位；同时她俩都时时不忘授之以渔，像高老师的课中引导学生悟出的"侧面描写、反复出现、时间分解、特写镜头"的写作特点，林老师引导学生感悟概括的方法（将一段话读成一句话、一个词），用不同的说明方法具体描写事物特点，懂得准确的语言表达等；课堂上的读写有效结合。这些都是让其他老师受益匪浅的。

更可贵的是面对余老师的"泼冷水"，她俩所保持的谦虚态度特别令人感动，她俩都能理解余老师的良苦用心，知道余老师完全是本着对学科带头人的负责和关爱。

花仙子：喜欢帕克·帕尔默先生在《教学勇气》中所提到的学习共同体的概念。我们经常走入这样的误区：在课堂上我们"一直被教导着去占领空间而不是去开放它：毕竟，我们是知者，我们有义务把一切告诉别人"。

让我们把聚焦在老师身上的目光收回，让我们把目光投向学生，把舞台留给学生，把精彩留给学生，在平等的、安全的、开放的课堂，张扬孩子们的个性，让他们敢说话、会说话、说真话，最终使学生的独立阅读能力得到发展。这样的课堂不正是我们所追求的吗？

2202 黄国才：阅读余老师的点评，首先是感动，为我们学科带头人有这样真诚直率、深刻睿智的导师而感动，这是我们的福分！其次，我从余老师的犀利的"冷水"中读出了一些自己的东西：

1."爱"。美国作家巴德·舒尔伯格在回忆自己的童年时说："我从心底里知道，'精彩极了'也好，'糟糕透了'也好，这两个极端的断言有一个共同的出发点——那就是爱。"他说："一个作家，应该说生活中的每一个人，都需要来自母亲的力量，这种爱（常夸'精彩极了'——笔者注）的力量是灵感和创作的源泉。但是仅仅有这个是不全面的，它可能会把人引入歧途。所以还需要警告（常责'糟糕透了'——笔者注）的力量来平衡，需要有人时常提醒你：'小心，注意，总结，提高。'"教师的成长何尝不是这样、名师的成长就更需这样！对待公开课，"精彩极了"常常只是普通的激励，这种激励可能谁都会，更何况是"名师"的课，这种"激励"可能有效，但不见得有长效；而这时候的"糟糕透了"，则是更深层次的、更高远的、更严格的提醒、点拨、鞭策和"警告"，是缘于心灵深处的爱。这种"爱"是刻骨铭心的、是无坚不摧的！

2."督"。生硬地解字是，"叔叔"的眼睛（"目"）。许慎《说文解字》说："督，察也。"叔叔的眼睛是雪亮的，也是严厉的，督促着小辈快点儿进步、不断进步，它为小辈提出前进的方向，也选择更合适的道路，套用流行语，就是坚持不懈地"又好又快发展"。试想，小辈、尤其是"名师"小辈，没有这样一双"眼睛"怎么行？

3."追求"。从"有效课堂"到"优质课堂"（或者"卓越"）是余老师的追求。余老师本身就是这种追求的完美化身；余老师还把这种追求影响着他的学员（学生），应该说，我们是幸运儿！余老师还说，教学追求卓越，就像人追求幸福一样，是没有止境的。换句话说，余老师的"冷水"是让火红的"铁花"冷却成"钢"，是从"精彩"走向更精彩、走向卓越。如果不是精彩的课、不是火红的铁花，余老师也许不会"苛刻"、不浇那"冷水"。

我非常幸运地成为余老师的学生！

我也是一名教研员，常听老师的课、常评老师的课；同时我也常上课、常接受老师的评课，个中滋味难以言传。我记住"教学是无止境的，批评是教学研究的灵魂"，并努力实践之！

KY：听课人多，其实缘于近年全国的"名师"气候，大多数人冲着一附小打出的"名师展风采"的招牌而来，想看看一附小的名师到底有何风采。

但是，许多真正有研究的老师认为，两节课离心目中的名师课堂还有太大的差距：

首先，评高老师的课。我们感觉教师严重"目无学生"，整堂课似乎在听老师激情朗诵。学生的思维在广度与深度上窄而浅，教师的过度激情使听课者只见树木（教师）不见森林（学生）。

其次，评林辛老师的课。我们欣赏林老师的老练。但说实在的，整堂课下来，感觉"吵吵闹闹"，不是我们心目中美的语文课。学生不断地被老师煽动与挑逗情绪，没有潜下心来走进文本的机会，课堂呈现的是一种"伪活力"。

近年来，我们听过不少真正的名师的课，觉得他们的课充满了文化底蕴的魅力。而我们缺的就是这个。真正有魅力有生命力的课堂不是靠肤浅地煽动与挑逗学生情绪。

当然，两位老师勇气可嘉，确实令我们敬佩。我们还听说林辛老师的交际十分了得，这也很值得我们佩服。

福建呼唤真正的名师，余教授，您任重道远哦！我们期待着，我们希望您不要只盯着学科带头人哦！

guoping：余老师在点评时泼了冷水，是因为他"望女成凤"心切。课程中心近期准备启动名师培养工程，旨在培养福建省的教学名师。余老师觉得他的两个"爱女"离他心目中的名师还有较大距离，评课时就不说优点只谈不足，可谓是恨铁不成钢。我也相信这两个"聪明女"能理解余老师的一片苦心。

林、高等几位福州地区的学科带头人是好样的。她们每人都有自己的拿手绝活，能在课堂上把自己最亮的招式展示出来。在很多人眼里可以算是名师了，"玉米"、"心思"（林的粉丝）的数量大有赶上超女之势。这也是余老师值得欣慰的事。

由于这些招式在公开课上很能吸引听课者的眼球，她们在备课时往往更多地考虑如何让自己的"亮招"在课堂上"出彩"，以至于忽略了"学情"而使学生难以出彩，甚至会出现4楼所说的"伪活力"。这时如果导师不给她们一些冷水刺激，让她们清醒，她们可能会在追求漂亮招式的路上痴迷地走下去。她们也应该冷静地对自己课堂上的这些"招式"进行思考，因为学生毕竟是"本"，招式相对于学生来说只是"末"。

她们的这些招式虽漂亮，但招式的"神"还不够，还没有达到"人剑合一"的程度，因此课堂教学显得深度不够，这也是她们和真正名师的距离所在。她们要想成为名师还需一个脱胎换骨的过程，还要在教育哲学、中国经典哲学、人生哲学等方面进行艰苦修炼，需要修炼成"圣"，相信这些"福州女"能做到！

——这是余教授提出的"学术自由，看重争论"的具体体现吧。

## 2. 语文课堂，原来可以这样快乐 （节选）[①]
——台湾省王家珍老师的《类叠法与短诗创作》课堂实录及评述

2006年5月22日，在"福建省小学语文学科带头人培养对象研修暨海峡两岸小学语文学术交流会"上（福州群众路小学），台湾省桃园县中坜市大仑小学王家珍老师执教四年级《类叠法与短诗创作》。这节课主要由循序渐进的三大板块构成：一是认识叠词；二是感受"类叠法"的作用；三是运用"类叠法"创作短诗。台湾老师的语文课是什么样的呢？以下是笔者在现场听课笔记和结合观察现场录像整理的课堂实录。读完再做评论吧。

（王家珍小传：台湾省桃园县中坜市大仑小学www.dles.tyc.edu.tw/略）

（课堂有关数据统计。略）

一、快乐从这里出发……

师：亲爱的——

生：在这里！

师：亲爱的——

生：在这里！

（点评：这是王老师的"口头禅"。每当王老师满面笑容，亲切自然地叫"亲爱的——"时，同学们立即回答："在这里"，同时坐端正，注意力都集中起来。王老师的"亲爱的"口头禅，具有神奇的魔力，孩子们一听到，就应答"在这里！"就安静、就振奋、就专心。我们仔细地观察王老师在说"亲爱的"时的表情、语气、语调，那是一种真挚的、自然的、从骨子里流淌的对孩子的爱！"亲爱的——""在这里！"迅速地在会场内、在会场外流行。）

---

[①] 黄国才：《语文课堂，原来可以这样快乐》，原载《语文建设》2006年第12期；中国人民大学书报资料中心《小学各科教与学》2007年第3期转载。

师：为了这节课，我漂洋过海坐飞机来了……（略）

（点评：詹姆斯说："人性中最深切的禀赋是被人赏识的渴望。所以施以积极性评价，振奋他的精神，是必要的，而且能产生巨大的效应。"王老师以表扬、激励为主，无疑符合人性。更为高明的是，王老师把对个体的表扬、激励放在群体中，培养孩子的集体荣誉感。第三，"没有规矩，不成方圆"，王老师把怎么样才能获得表扬，说得清清楚楚，让孩子有章可循。王老师的这种课堂评价法，我暂时给它一个名词"爬格子表扬法"。）

师（举起一碗"方便面"）：老师昨天在武夷山带了一碗——

生：方便面。（略）

（点评：这个环节，本来是想让学生闻了方便面，说出"香喷喷""热辣辣"等叠词，但是，学生就是不说。王老师并不着急，只要你说、说真话，就肯定。学生有自己的想法和体验，你着什么急呀。第二，王老师在上课之初就说："上作文课快快乐乐的、轻轻松松的。"我们已经感到了课堂的快乐与轻松。第三，由于在这个环节，王老师穿梭在各组之中，孩子们表现很棒时，她来不及到黑板右边给予表扬，没关系，重新再来。如果说课堂是生活，生活就有它随意的一面，如果时时都一本正经、正儿八经，还是生活吗？还是孩子的生活吗？）

师：香喷喷，我也想吃。谁还想吃……（略）

（点评：从上课到现在已经有近6分钟（4:56~10:45）了，好像还没有进入"正题"。但是，我们感受到课堂教学的真实，感受到课堂教学的民主，感受到课堂教学的真正的生活气息，感受到老师的教学理念逐一转化为教学行为——别人得到表扬，我们要给予祝贺（拍拍手），还要给予表扬者以感谢（"谢谢老师"）、感受到课堂生活的轻松与快乐，等等。这可能比老师教了什么、学生学了什么来得重要。）

二、循序渐进，感悟语言美，享受快乐。

（一）感受叠词的美。

师：刚才，我听到小朋友说"香喷喷"对不对……（略）

（点评：王老师的教具——精心制作的黑板条——透露着浓厚的中国古典文化气息，可谓匠心独具。整节课，王老师除了用"麦克风"外，没有用任何现代化媒体，就是一张嘴、一支粉笔，简简单单教语文，快快乐乐学语文，真真切切。看似简单，却蕴涵丰富——从那古香古色的教具就可见一斑。）

师：考考你！（学生一时没有反应，王老师提高声调）考考你！

生：尽管考！

（点评：老师说："考考你！"学生回以："尽管考！"是王老师组织课堂教学的第二"口头禅"，也很有效果。）

师（把写有"平平安安"、"高高兴兴"的黑板条贴在黑板上）：好，"ABB"句式学了，我们来看一个"平平安安"、"高高兴兴"。（学生齐念）可以说一些跟我一样的吗？这叫——（生：AABB。）（略）

（点评：这个环节，进入了"正题"——叠词。当然，对于大陆四年级的孩子来说，说几个"ABB""AABB""ABAC"式的叠词，犹如"小菜一碟"。但是，我们感受到王老师对于学生的表现是如此的惊讶，如此的欣赏，这是不是更加激起了孩子的欲望、激活了孩子的潜能，使优秀的更加优秀、不够优秀的也优秀？这种课堂氛围，在我们的课堂是很少见的。正如课后，王老师说："我们是把课堂'炒'得热热的。"课堂热烈一些、学生激动一些，又有什么不好呢？）

（二）感受运用了"类叠法"的句子的美。

师（出示写有"这碗牛肉面香辣有味，真是好吃。"的黑板条）：读句子。（学生齐念。）……（略）

（点评：王老师的引导，似牵非牵——尊重学生，也尊重老师的引导、指导。王老师那种对孩子的表现给予的"惊喜"、"惊讶"比简单的口头表扬对孩子的激励作用大。）

师：亲爱的——

生：在这里！

师：不管是一毛还是二毛，都各有特色对不对？……（略）

（点评：这三位学生的回答，说得都是自己的所思所想。第一、第二位同学是按照老师的要求去思考表达的，而第三位同学好像是"捣蛋"——叫你评价谁的句子写得好，你说什么"我觉得一毛、二毛怎么这么害怕，我都不觉得害怕。"——这就是孩子。王老师怎么对待呢？"哦，很好，下次停电，大家就打电话给你，说子健，讲故事给我听。"多么亲切自然，多么风趣幽默，多么睿智机敏。如果不是"眼睛看着孩子，心中装着孩子，头脑想着孩子"，如果老师不具备一颗童心，如果老师不是"把学生的每一件事都当作我和学生一起成长的经历"的话，是很难这样

师：没问题，我们再看一个句子。我昨天在武夷山，很美。……（略）

（点评：这个环节，主要是通过三对句子的比较，让孩子自己体会到用上叠词与不用叠词的表达效果的不同。用上了叠词，句子不仅更具体，而且更能体现"心情"。这个环节有三个特点，一是，形式活泼，贴近儿童。如王老师为同学们设计了两个漫画形象——"一毛"、"二毛"，有一种亲近感。二是，材料贴近儿童生活，从现实生活中来。如第一句"这碗牛肉面……"刚刚"吃过"；第二句"停电的晚上……"大家都有这种经历；第三句"柔柔的风，淡淡的云……"不仅人人都感受得到，而且还寄予了无限的情感——思想教育自然而然，毫无雕琢，"雁过无痕"。三是，训练的过程、思维的展开、学生的进步，都展现在面前，循序渐进、渐入佳境。这与王老师的从容、宽容、激励、赏识等，是紧密联系的。）

三、"小试牛刀"——创作短诗，创造快乐。

（一）打开思路，展开想象，说一说。

老师小结过渡："刚才说，有叠词的句子是不是感觉不太一样。当我们想要形容这儿有风有云，景色真美。可是用'柔柔的风、淡淡的云'，我这样讲感情是不是更浓厚一点点？而且，主题更突出出来了，好像是说福州的风景优美、迷人。这时候，你就可以用叠词。在台湾，我们把它叫做'类叠法'。"（出示贴条'类叠法'，学生齐读两遍）……（略）

（点评：孩子说的句子有"毛病"，老师说"没关系"，这是宽容！因为，我们已经从这位孩子的表情知道了，无须再"毫不留情"。）

生：鸭蛋。

生：看到圆圆的鸡蛋，我想到红扑扑的脸蛋。

师（惊讶不已）：红扑扑的脸蛋，超棒的！还想到什么东西？……（略）

（点评：这就是孩子，这就是真实的课堂。课堂并不是你想象的，你想让孩子说什么就说什么，孩子一说就能说到"你的心坎"上，说到"标准答案"上。老师不能想当然，不能代替孩子，只能引导孩子、点拨孩子、鼓励孩子。我们看王老师怎么引导……）

师：好，你知道吗，我想到橘子（举起实物），可不可以？……（略）

（点评：你看，老师这么一引导，学生的思路就打开了！）

（二）小组合作，集思广益，写一写。

师：好，整个组一起想想看，0可以想到什么，我们写一首诗，可不可以？时间5分钟。写好了悄悄告诉我。我看哪一组合作得好，就给哪一组加分。好，开始。

下面是小组合作，共同在老师事先发给的作业纸上写一首诗。

（点评：合作学习是"新课程"积极倡导的一种学习方式，也是进入课程改革以来，关注最多、批评也最多的。王老师怎么组织与实施合作学习呢？我们看到：第一，合作有明确的目的；第二，合作有十分的必要——一位同学无法完成短诗的创作；第三，充分的准备——设计好的作业纸，先指导说一说；第四，充足的时间，我统计了一下，共12分19秒（26：24～38：43）；第五，精心细致的指导。在这十几分钟时间里，王老师始终都沉到各组，弯着腰、俯着身子与孩子们交谈，有时倾听、有时指导、有时纠正……六个小组，王老师每一组都到过两次，其中有四个组到过三次，还有两个组到过四次。每一次都不是走马观花，而是认认真真、仔仔细细、耐耐心心地倾听与指导，毫不马虎、毫不做作！这样的合作学习才有效、才有益。当然，这需要一个较长的实践、反思的过程。）

四、展示成果，分享喜悦，让快乐继续。

师：亲爱的——

生：在这里！

……（略）

（点评："宽严有法，宽严有度"是课堂教学的一个基本原则。对于孩子的思考与表达，由于存在个体差异，不可能整齐划一，王老师以"宽"为主，旨在保护孩子的自尊心、树立孩子的自信心、激励孩子自主参与、自觉思考，同时也享受学习的快乐。对于孩子的学习习惯、情意品格，则从"严"要求，毫不松懈，并且把个体纳入到集体中，形成整体，培养集体荣誉感——集体荣则我荣、我荣则集体荣。）

第一组："小小的0，像一滴露珠／大大的0，像一根圆圆的吸管／变形的0，像一个可爱的不倒翁／圆圆的0，像一个灿烂的太阳／0啊0，你真是一个变化多端的魔术师。"

师：说得好不好？（拍手）我想一次上两格可不可以？就是没有听到掌声。

生（拍手）：谢谢老师！

（点评：我们还记得，在第一个环节，王老师曾经提示第一组"还没有爬上一格"，并且说"后面还有机会"。这会儿，第一组已经快"登顶"了，王老师就让这一组先"登顶"——最棒的！）

其他各小组展示（略）

（点评：记得多年前，于永正老师说过：教师是最伟大的评奖师，可以毫无保留地"封"这个孩子为"文学家"、那个孩子为"科学家"，等等，不要花一分钱，可是对孩子来说，却是一次莫大的鼓舞。没准什么时候，一位大文学家、大科学家就在你的期待中诞生——王家珍老师深谙此道。"工具性与人文性的统一，是语文课程的基本特点。"对于语文课中的"人文精神"，于永正老师曾说要遵循"三多三少"原则："少些包办，多些自主；少些限制，多些引导；少些理性，多些情趣。"——王家珍老师的课也蕴含这种"人文精神"。）

我认为王老师的课，气氛热烈，轻松愉快，其乐融融。

关键词一：欢笑。

微笑是人类最美好的情感表现。我们看到，王老师整节课都面带微笑，还不时地笑出声，哪怕是面对孩子不佳的表现，启而不发，甚至启而"乱"发时，王老师都是从容地、宽容地、笑容可掬地应对。孩子在这样的环境中备感安全，甚至温馨，又如何不笑呢？所以，孩子的脸上时时洋溢着阳光灿烂的笑，还时不时开怀欢笑、哄堂大笑。语文课，书声琅琅＋笑声朗朗——令人神往。

关键词二：鼓励。

"每个孩子的生命都是为了得到父母的赏识来到人间，你的孩子是世界上最美好的。"（《不一样的爸》，见《南方周末》2001年4月26日）我们是不是可以说，每个学生的生命都是为了得到老师的赏识、同学的赞赏来到学校、来到课堂，每一个学生都是世界上最美好的"这个"。你看，王老师的课堂没有一句批评的话，甚至连一次眉头也没有皱过！赏识孩子的表达方式是多种多样的："亲爱的"是赏识；"拍拍手"是赏识；惊讶惊喜惊叹是赏识；风趣幽默的提醒是赏识；不究根问底地"纠错"也是赏识……更为重要的是，王老师把对个体的赏识置于小组之中——"爬格子表扬法"，最后各小组都"置顶"——都是最棒的！赏识孩子的核心是对孩子的理解、对孩子的尊重、对孩子的期待——一个字——爱！

关键词三：趣味。

学习首先是很有趣、很有味的事，所以，人人都要学习。如果，学习首先是件苦差事，那为什么人人都要去受苦呢，尤其是天真可爱的孩子！当然，要使学习有趣味，也不是一件容易的事。"有效学习来自有趣的心灵。"（台湾·林文生）是的，首先，老师要拥有一颗"有趣的心灵"，指导学习才会"有趣"。比如，王老师把"一毛""二毛"请进课堂，并且在黑板上画出如此滑稽的漫画形象，等等。

关键词四：生活。

课堂是师生共同成长的一段经历，课堂是师生共同"经营"的一种生活。我认为，课堂是生活，有这么四重含义：第一，生活，首先是真实的，无法"预演"、"彩排"的。因为真实就必定有阳光雨露、风花雪月，也有狂风暴雨、天灾人祸，只是，课堂生活的"狂风暴雨、天灾人祸"可以人为地控制和化解。我们看王老师的课堂生活，充满"阳光雨露、风花雪月"，多好！第二，课堂学习材料来源于学生生活，教学要唤醒学生的生活体验。如王老师用的"牛肉面"——"这碗牛肉面……"；王老师用的"停电的晚上……"；王老师"信手拈来"的在福州宾馆的所见所思——"柔柔的风，淡淡的云……"，等等，都充满生活气息。第三，生活中的人是平等友善、相互尊重、彼此关心的；生活中的人与人的交流总是亲切的、朋友聊天式的，有时还是游戏式的，而不是人人都一本正经、时时都正襟危坐的，那样的生活就不"生"不"活"、就不是生活。如整节课，王老师没有多少正经的说教，有的只是对话；没有多少"拉长脸布道"，有的只是小朋友式的聊天。第四，人在生活中的成长总是曲曲折折的、日积月累的，但总体方向是向前的。只有用辩证的、发展的眼光看待孩子的成长，才能从容面对，在关键时候扶一把、拉一下、指点几句、鼓励几声。正如王老师说的"把学生的每一件事都会当作我和学生一起成长的经历，在与孩子的交流和讨论中，也就没有那么生气了"。

关键词五：合作。

关于合作，在前面的"点评"中，已经论述过，不再赘述。

总之，这一切，都缘于老师对教学、对学生的爱；缘于老师对自己的爱——爱自己，方能爱他人；缘于老师对孩子的尊重、对"师生人格平等"的理解、对民主、自由的课堂的不懈追求，更为重要的是王老师把这些观念上的、价值观的东西化作看得见、摸得着、听得清的行为——教学行为。如王老师对孩子的欣赏——不时的惊讶之状、惊喜之态、惊叹之情;孩子对同伴表现的祝贺——拍拍手、对老师给予了表扬的感谢——"谢谢老师"等等。

当然,课堂过于热闹、过于热烈,也不利于学生深度思索、缜密思考。正如王教师在评价大陆的课和台湾的课时说的"如果把大陆和台湾的课两者合二为一的话,就是独一无二的"。

## 主题二　标准，有效评课的坐标

### 一　引语

"没有规矩，不成方圆"。评课，也必先有一个"规矩"即标准，就像断案要有法律、称量要有天平一样，评课时用这个"规矩"来衡量课的质量。换句话说，什么样的课是好课、是体现新课程理念的课、是有效的课、是优质的课，反之亦然。但是，由于教学面对的是活生生的正在成长的人，没有也不可能有绝对的"锱铢必较"的客观标准，只能是相对的"观其大略"的质性标准，这个质性标准是什么呢？我们先看看教育教学专家的描述：

余文森教授：有思想、有文化、有智慧、符合新课程理念的课，就是好课。三维目标和谐统一的课，就是符合新课程理念的课。

叶澜教授：一堂好课没有绝对的标准，但有一些基本的要求，即一有意义、二有效率、三生成性、四常态性、五有待完善。

于永正老师：成功的课是能够激发学生的兴趣，最成功的课是让学生有憧憬和梦想。

中国教育学会小学语文教学研究会于 2004 年 4 月 7 日至 8 日，在上海召开语文教学改革研讨会。会议形成《坚持理想　不断前进》的纪要，对"究竟什么是体现新理念的、实实在在的好课"形成"初步的、比较一致的意见"，即一是教学目标要明确、恰当；二是教学的重点、难点要突出；三是学生的主体地位要得到尊重；四是教学方法要得当；五是教学效果要好。我们认为这不仅对语文课，其他学科的课也如此。

综上所述，如果用一句话来概括的话，就是符合学科课程标准的课，就是好课。

### 二　案例

## 1. 这样的课才算好课[①]

1. 好课应让学生主动参与。学生是课堂教学的主体。课堂教学应该实现陶行知先生所倡导的充分解放学生的大脑、双手、嘴巴、眼睛。只有让学生的多种感官全方位地参与学习，才能调动学生的学习积极性，使课堂焕发出生命的活力。课堂教学的立足点应是人而不是"物化"的知识，要让每个学生都有参与的机会，使每一个学生在参与的过程中体验学习的快乐，获得心智的发展。为此，有些教师尝试着将课桌的排列方式由"秧田式"变为"圆桌式"或"马蹄形"，便于信息的多向传递和师生间、学生间情感的相互交流；有些教师采用小组讨论或个别指导；有些教师在谈话的语气上不再以权威的身份出现，而是以朋友的姿态出现。比如，在指导学生朗读时，有位老师是这样处理的："这么美的课文，老师也很想读，给老师一个机会好吗？"当这位老师成功的范读博得学生热烈的掌声时，他马上接着说："老师读得好的地方，你可以试着学一学。如果你觉得不够好的地方，请你改一改，再试着美美地读一读，好吗？"这是多么友好、民主、平等的教学氛围啊！在这样的课堂中，学生怎么会不主动参与呢？而在一个学生主动参与的课堂中，学生的素质又怎么会得不到发展呢？我认为，能让学生的素质得到发展的课就是好课。

2. 好课能让学生受益一生。教学不等于智育。教学具有全息性。课堂教学应促进学生的全面发展，而不仅仅是让学生取得一个装知识的袋囊。比如语文课，它的意义不仅仅局限于教给学生某种语文知识，更重要的是通过一篇篇凝聚着作者灵感、激情和思想的文字，潜移默化地影响学生的情感、情趣和情操，影响他们对世界的感受、思考及表达方式，并最终积淀成为他们的精神世界中最深层、最基本的东西——价值观和人生观。

素质教育观下的课堂教学，需要的是完整的人的教育。它的真正贡献不仅是让学生获得一种知识，还要让学生拥有一种精神、一种立场、一种态度、一种不懈的追求。好课留给学生的精神是永恒的，正如陈景润初中数学老师的一堂课，激励了陈景润一生对科学的执著追求，这才是一堂好

---

[①] 陈敬文：《评课》，福建教育出版社 2005 年版。

课的真正价值所在。

## 2. 这样的课算不上好课

1. "中评不中用"的课不是好课。有时一堂课听下来，我们往往会有这样的感觉：如果根据评课的指标去评这堂课，用一一对应的方式可以罗列出许多优点。诸如："教学目标明确""教程安排合理""提问精简恰当""适时运用媒体""渗透学法指导""注重能力培养""板书精当美观""教态亲切自然"……整堂课似乎无可非议。但在我们内心并不认为这是一堂好课。这时，如果我们换个角度审视这堂课，想想学生在这堂课中学到了什么，我们就会发现，这堂课的许多环节是为迎合评课人口味而设计的，是在做表面文章，学生的学习效果并不理想。这种现象在优质课评比中尤为常见。因此，我认为"中评不中用"的课不是好课。

2. "教师唱主角"的课称不上好课。在观摩教学活动中，教师为了充分显示自己的能力，往往自己唱"主角"，让学生当"配角"，自己当"太阳"，让学生当"月亮"。在这样的教学设计中，学生的学仅仅是为了配合教师的教。如，最近在我们这里举行的一次青年教师阅读教学观摩活动中，某生问教课老师："您在这次比赛中能得一等奖吗？"教师回答："那要看同学们配合得怎么样了。"这位教师一语道破了天机：学生在课堂上实际扮演着配合教师完成教学任务的角色。教师期望的是学生按教案设计做出回答，教师努力诱导学生，得出预定答案。教学，究竟是教服务于学，还是学为教服务？教学论上对于教学目的的阐述是非常明确的。所以，我认为，"教师唱主角"的课，即便教师表演得十分精彩，也称不上好课。

3. "达到认知目标"的课也不一定是好课。有的教师把完成认知性任务当成课堂教学的中心或唯一目的，教学目标设定中最具体的是认知性目标。由此导致的结果是课堂教学只关注知识的有效传递，见书不见人，人围着书转。正如苏霍姆林斯基所描述的那样："教师使出教育学上所有的巧妙的方法，使自己的教学变得尽可能地容易掌握。然后再将所有的东西要求学生记住。这种忽视学生主体只重视知识移植的课堂教学是对学生智力资源的最大浪费。"我认为，课堂教学应当是面对完整的人的教育，仅仅达到认知目标的课，称不上是真正意义上的好课。

## 3.《特殊的葬礼》生成"一对矛盾"与"两点感触"

刘金玉校长曾在浙江省杭州市参加活动时听了一节示范课《特殊的葬礼》。课分为四个环节：一、让学生回答葬礼的特殊之处。二、让学生先后说出"这是一条____的瀑布"。三、让学生看由于人类的活动造成地球灾难的图片，并说出自己的感想。四、布置作业：按照教师的格式要求写一封"葬礼词"：过去，你是____的瀑布，而现在，你又是____的瀑布，我们人类将____。

评课时，这节课得到了大家的"普遍赞赏"：学生在上课的全过程中都在看书、看图片、读书、思考、说答案、谈想法。许多人认为，这就是自主学习、探究学习，这就是感悟、体验，这就是放手、互动，这就是学生成为了课堂学习的主人，这就是学生的学习主体性得到了最充分体现；教师全过程出题、组织、解决、提供、顺着学生的思路教学，微笑教学，激情四射，适时板书，这就是教学主导作用的发挥，这就是还权给学生，这就是教师成为组织者、指挥者、策划者的表现，这就是互动、研讨。整个课堂师生配合默契，学生围绕教师的问题你一言、我一语积极地去思考、回答问题，答案之正确，声音之响亮，发言之踊跃，气氛之活跃，可以说是真正让课堂"活"起来了，"动"起来了。

### 一对矛盾[①]

可刘金玉校长认为，这是一节"课改"课，但不是一节成功的"课改"课。因为这节课上得太"顺"了，换句话说，"顺"会导致"虚"，"虚"就会使学生学不到东西，教师的作用得不到真正发挥。刘金玉校长以这节课为例发表了《从"顺"与"不顺"看一节好课的重要标准》的文章，提出了好课需要在以下四个方面下功夫。

第一，一节好课必然是既能减轻学生学业负担，又能实现高效率的课。

在上课时，我们看到学生每人都拿着一张八开正反预习纸，其中有书本文字，有预习性问题（上课出现的问题都在其中），有提示性答案，有文本背景知识的介绍，有填空题，有问答题，有默写题，有选择题。私下

---

[①] 刘金玉：《一对矛盾》，《新课程周刊》2007 年 12 月 7 日 B 版。

打听学生用了多长时间完成，学生说 45 分钟。学生上课为什么这么"顺"？由于课前教师让学生进行了精心"预习"，一定要把每一道题弄"准确"，无任何"讹误"，又是查找资料，又是抄阅答案，又是比照他人意见，不一而足。自然，通过"预习"，学生"完全解决"了课堂问题，课堂自然"顺"极了。但这种"顺"的背后是什么？是学生课业"负担"的增加。新课改的目标是课堂"高效"，而不是通过"预习"的成功，以牺牲学生的时间为代价而获得课堂的"顺"，从而赢得课堂的"成功"。过分强调课前"预习"，不但使得学生课业负担增加，反而掩藏了真"问题"，失去了课堂教学的意义。

第二，一节好课的课堂问题必然要有一定的深度，不能过于简单，更不能是课前"预习"的重复。

本节课，教师按照课前预习题内容安排课的程序，所讲内容皆是学生课前"预习题"的再现，未能对所提问题进行深挖与提升。对学生而言，这节课已无任何新奇感可言，表面上学生回答踊跃，实际上只是在进行简单重复。再加上所出问题都是学生只要看了课文，或只要浏览，或不需看课文就能解答的。由于"简单"而造成了无用的"顺"，这种浅显的"顺"，于教于学都是无益的。

第三，一堂好课应该是教师从学情出发、从学生的需求出发，"该出场时才出场"的课。

课堂本是学生的课堂，"教师之为教，不在全盘授予，而在相机诱导"。但本节课中，教师没有相信学生、期待学生、放权给学生，而是提供太多、告知太多，导致学生被教师牵着走，只是一味机械地模仿，失去了自己的思考，也失去了对问题的独特认识。如教师讲到瀑布时，不是先让学生自己想象景象，而是先出示图片，让学生欣赏美在何处；教师为了让学生对瀑布有深刻的印象，不是先让学生自己读书，而是自己先范读，再让学生来模仿读；教师为了让学生走出课本，关注现实、关注自然、关注人类，不是先让学生联系生活经验，而是请学生观察教师事先准备好的几幅图片，而图片下又有文字介绍，如"白色垃圾，污染水源""乱砍乱伐，群山荒芜"等，学生完全在教师的给予、提供、包揽中完成学习，课堂之"顺"也就理所当然了。这种"顺"是原始教学的变式，其效果可想而知。

第四，一堂好课，必然要关注到每一个学生，关注每一个学生的问题,并使每一个学生都能得到提升、发展。

从表面上看,本节课中学生表现得很积极,好像都在动脑、都在举手、都在回答。但除了积极发言的学生,有许多学生从未举手,老师也好像视而不见。另外,教师在课堂上也未能及时发现学生回答中出现的问题,总是一味顺从学生,一味迁就学生。尽管学生回答平平,教师仍是每时每刻不忘表扬、肯定、激励,教师俨然成了"好好先生"。

从上面的分析中我们可以看出,课堂上的"顺"不一定是好事。"顺"有可能是学生负担加重的结果,是教师忽略学情的结果。事实上,"没有问题的课"是真正有问题的课。教师之为教,就是为了引导学生暴露学习中的真问题,发现学习中的真问题,从而能针对问题对症下药、有的放矢地施教;教师之为教,就是引导学生从不会到会,从不知到知,从不能到能,从不深到深,从散乱到系统,从"无情"到"有情"的过程。

有了问题,课堂有了"不顺",怕什么?这正是教学的"资源",这正是教师本领的表现,这正是学生提升的内容。怕就怕没有问题。即使没有问题,教师还应制造"问题",挖掘"问题",制造"障碍",从"顺"处,制造出"不顺"。举一而能反三,由浅而能入深。有时我们教师还要故意找"茬儿",宕开一笔,"诱"生深入,"促"进思考,从而使简单问题深入化、系统化。当学生不解时,教师再"诱导"。教师的"诱导"一定要安排在学生回答之后,等问题暴露了,教师才出场。从"不顺"中得来的"顺",才能使教学达到目的,使学生的学习质量真正得到提高,教师的作用真正得到发挥。

### 两点感触[①]

新课程周刊2007年12月7日B版刊发了刘金玉的《从"顺"与"不顺"看一节好课的重要标准》一文,余文森教授认真阅读之后,写下了"两点感触":

第一,这种现象具有普遍性。每次听公开课,都发现课上得"顺",实际上,"顺"的背后是太多的"不顺",大家对此都心知肚明。我希望看到学生原生态的学习,看到学生是怎样把书本(知识)读懂、学会的,看到学生在学习过程中遇到什么困难或提出什么问题,看到老师是如何把不会的学生教会,看到学生如何经过自己的思考和探究解决问题的……这个

---

① 余文森:《课堂教学研讨需要学术批评》,《中国教育报》2007年12月28日。

过程显然会存在太多的"不顺",但它却是真实的教学过程,是我们教育研究真正的对象,离开了这个"原始"和"真实",教育研究可能就成为"假"研究了。

第二,公开课还是课。公开课的表演色彩源于公开课的错误定位,把公开课定位为示范课、展示课,赋予公开课太多额外的价值和功能,公开课的课的本性就丧失了。实际上,老师平时不会像上公开课那样上课,老师受不了,学生负担也重。由于"公开课"的高利害特点,评课的专业性和学术性就难于维系。所以,像刘金玉校长这样评课,十分难得,我很是佩服。没有专业的高度和批判的眼光,就事论事的、一团和气的评课,是"无效"评课。我相信,刘校长对课的四点意见不仅对授课教师有点醒和引领价值,而且对听课者也有指导和启发意义。新课程呼唤这样的评课。

最近一段时间,听了不少公开课,而且是优秀教师上的公开课,每次我的点评都会引起所谓的"反响",我的点评被认为是苛刻、伤人,人家辛辛苦苦上了一次公开课,没有功劳,也有苦劳,应该多表扬才对啊!你这样批评,人家多没面子啊,谁以后还敢上公开课呢?好心的人不断提醒我,可我每次都改不了脾气,总是单刀直入,直指问题所在。我想起我在博士论文开题时所遭遇的批评,我只有深深的发自心底的感激。也许这就是大学文化和中小学文化的区别。

课程改革需要重建教研文化,重建评课文化,这需要时间,希望新课程周刊多刊发像刘金玉校长这样的文章,营造学术批评的氛围。

## 4. "双亮"评课效果好[①]

同事陈老师上苏教版七年级(上)课文《夏》,行政领导、语文教师都去听课。看到同事上课时声音变调、课后诚惶诚恐的情景,笔者在组织教师进行评议时,突发奇想:能否把平时的听课评议改一改,使它更人性化,更能贴近教师实际,更能激发教研热情呢?

于是笔者对大家说:"陈老师为我们上了一堂研讨课,付出了辛劳,也收获了果实。让我们帮她总结总结课堂教学中的亮点,使之光彩夺目。"我又补充规定,每人只说自己感受深刻的一点,有理有据。教师们起先一

---

① 金坤荣:《"双亮"评课效果好》,《基础教育课程》2006年第4期。

愣，后来明白了我的用意，话匣子渐渐打开了。

"在教学课文时，提出了'诵课''品味''探究'三步学法指导，每一步引导又提出了具体的要求。这样的教学很扎实！"

"陈老师注意在教学中狠抓基础性的东西，如在米字格中正确默写汉字，品味精彩词语的含义等，使双基得到落实。"……

大家你一言我一语，纷纷挖掘着这堂课的亮点。渐渐地，陈老师的脸上漾起了一丝笑容。她笑眯眯地望着发言人，谦虚地说道："没有这么多亮点，我还考虑得不够细致周全……"

"陈老师的课贯彻了新课程理念，大家发掘了许多可取之处，但我想：一千个读者就有一千个哈姆雷特，面对同一篇课文，每人各有不同的教法、异样的招数吧。把你的金点子说出来，大家交流一下，相信定会开阔视野，别有趣味哦。"看到亮点多多的课堂，我又引导听课者思考自己将如何来教学本课。在短暂的沉寂后，会议室又现出了热闹的气氛。

"我要让学生边读课文边想象文中画面，而后教师再出示有关多媒体画面，这也许更能激发学习兴趣，诱导学生思维。"

"把握作者写夏天的目的，这是教学中不可缺少的一个环节，我引导学生要深刻理解结尾一节……"

听课教师诉说着心中的想法，滔滔不绝；陈老师静静地倾听着，一会儿点头、一会儿微笑、一会儿记着笔记。一股和谐民主的空气在会议室里流动着。看到这幅情景，我的心舒坦了下来，陈老师也向我投来了感激的一瞥。

以往听课评课，听课教师往往对课的成败得失作出定论，要么不着边际、虚无缥缈地恭维一大堆，要么不讲情面、严肃认真的指责话语一大堆。开课教师听到逢场作戏的恭维话，心里虽高兴，但不知成功在哪里，长处在何方，更不知课堂教学中的不妥和欠缺，茫然迷糊，这实在不利于业务水平的提高。而遇到铁面无私的听课者，开课者虽然认同有关看法，但内心往往很委屈："我精心准备认真上课，怎么一点长处都没有呀。"久而久之，开课的积极性明显减弱，不想开课、怕开课的风气渐渐弥漫开来，这也不利于教研活动的落实。

而现在听课后挖掘课堂的亮点，使开课教师增加了信心和热情，明了自己教学中的可取之处，有一种开课的成功感和光荣感。不是客套的恭维，不是严厉的指责，使开课教师无形之中减轻了心理压力，营造了和谐的教研氛围。更值得一提的是,听课者在评议时要亮出自己的观点和招数:假设自己讲同一篇课文,准备怎么上?有什么独特的做法?让听课者亮招数,能使听课者更好地钻研课文,思考教学的重点难点,思考自己的教学设计,达成对文本的深度理解,突出教研的性质;能使大家各抒己见,出谋划策,让不同见解磨擦,让不同思想碰撞,争论辨别,继而取长补短,共同提高,集体智慧显出成效,更能使开课者在多样化的设计和多元化的理解中产生震动,开阔视野,拓展思维,强化反思,比照提高。让听课者亮招数,大大开拓了开课者的教学思路,大大启发了开课者的教学智慧,大大促进了开课者的教学反思——"这位教师的这种做法真的巧妙,我为什么没考虑到呢?""这位教师的理解更加全面,我的问题设计和点拨有点不对头……""对照那位教师的设计,我的教学需要改进……"让开课者见识大家的智慧,让开课者反思自己的设计,虽没有对开课者的课堂教学作出评判,但评判寓于其中,而且激发了开课者灵活开放的思维,使开课者受益多多。这可能是"让听课者亮招数"这一做法的潜在效应吧。

有鉴于此,笔者认为,在听课评议中,要挖掘课堂教学的亮点,要亮出听课者的招数。比起和风暖阳式的恭维、暴风骤雨式的指责,这种做法实在要好得多。

## 拓展阅读

### 评课该用怎样的标准[①]
——有感于叶澜教授的好课五标准

时下,公开课诸如观摩课、示范课、汇报课等名目繁多,层出不穷,而每次开课后一般都要进行评课。在评课时,教师们大都能畅所欲言。可我发现,评课时教师的意见,往往有不同的观点,甚至有些是截然相反的。争论时双方唇枪舌剑,互不相让,而争议却常常没有结果。屡屡出现这种现象的原因其实很简单,因为大家对一堂课评价标准不一样,即怎样的一堂课才是好课,每个人的尺度都不相同。那么怎样的一堂课才是好课

---

[①] 苏志民:《评课该用怎样的标准》,《福建教育》(B) 2006 年第 2 期。

呢？评价一堂课又有什么基本的要求呢？

　　2005年12月华东师范大学叶澜教授接受《厦门晚报》记者的专访，她对什么样的课才是一堂好课发表了自己的见解①，我觉得这对中学教师很有借鉴意义。叶澜教授认为，一堂好课没有绝对的标准，但有一些基本的要求。就她倡导的"新基础教育"而言，大致表现在五个方面。

　　一有意义。叶澜说，在一节课中，学生的学习首先必须是有意义的。初步的意义是他学到了新的知识；进一步是锻炼了他的能力；往前发展是在这个过程中有良好的、积极的情感体验，产生进一步学习的强烈要求；再发展一步，是他越来越主动投入到学习中去。她说，这样学习，学生才会学到新东西。学生上课，"进来前和出去的时候是不是有了变化"，如果没有变化就没有意义。如果课堂一切都很顺利，教师讲的东西学生都知道了，那你何必再上这节课呢？换句话说，有意义的课，它首先应该是一节扎实的课。

　　二有效率。她认为有效率表现在两个方面，一是从面上而言，这节课下来，对全班学生中的多少学生是有效的，包括好的、中间的、学习困难的；二是效率的高低。有的高一些，有的低一些，但如果没有效率或者只是对少数学生有效率，那么这节课就不能算是比较好的课。在这个意义上，一节好课应该是充实的课。整个过程中，大家都有事情干，通过教师的教学，学生都发生了一些变化，整个课堂的能量很大。

　　三生成性。叶澜介绍，一节课不应该完全是预先设计好的，在课堂中应有教师和学生情感、智慧、思维和精力的投入，有互动的过程，气氛相当活跃。在这个过程中，既有资源的生成，又有过程状态生成，这样的课可称为丰实的课。

　　四常态性。叶澜说，不少教师受公开课、观摩课的影响太深，一旦开课，容易出现的毛病是准备过度。教师课前很辛苦，学生很兴奋，到了课堂上就拿着准备好的东西来表演，再没有新的东西呈现。当然，课前的准备有利于学生的学习，但课堂有它独特的价值，这个价值就在于它是公共的空间，需要有思维的碰撞及相应的讨论，在这个过程中，师生相互生成许多新的知识。她倡导的"新基础教育"反对借班上课，为的就是让教师淡化公开课、观摩课的概念。在她看来，公开课、观摩课更应该是"研讨

---

　　① 《〈厦门晚报〉教育版》2005年12月16日。

课"。因此，她告诫教师们："不管是谁坐在你的教室里，哪怕是部长、市长，你都要旁若无人，你是为孩子、为学生上课，不是给听课的人听的，要'无他人'。"她把这样的课称为平实的课，并强调，这种课是平时都能上的课，而不是有多人帮着准备才能上的课。

五有待完善。她认为，课不能十全十美，十全十美的课造假的可能性最大。只要是真实的就会有缺憾。公开课、观摩课要上得没有一点点问题，这个预设的目标本身就是错误的，这样的预设给教师增加很多心理压力，然后做大量的准备，最后的效果往往是出不了"彩"。她告诉记者，生活中的课本来就是有待完善的，这样的课称之为真实的课。

扎实、充实、平实、真实，说起来好像很容易，真正做起来却很难，但正是在这样的一个追求过程中，教师的专业水平才能提高，心胸才能开阔起来，同时也才能真正享受到"教学作为一个创造过程的全部欢乐和智慧的体验"。

毋庸置疑，在进行教学评价时，机械化、模式化、概念化的评价标准会束缚教学的创新与个性发展。在某种程度上，那些面面俱到而又刻意追求完美的评价标准给教师的教学造成了巨大的压力。不少学校的教研组和众多地方的教研员评课时凭借一张经过量化的评价标准表，一张表若干项，包括教材处理、学情分析、教学目标、教学重点和难点、教学思路、课堂结构、教学方法、教学效果等。每一项还可分为若干小项，这项多少分，那项多少分，或以 A、B、C 划等次，评一节课竟有十几项甚至几十项之多。许多教师为了达到教学表情、语速、板书、时间安排等细节标准而在课堂上忙于应付、疲于奔命，影响了教学内容的展开，使得教师的教学精力牵扯很大。这样的评价标准必然会出现误判的现象，导致在教学实践中往往各项得分较高的课不一定是好课，而有些很有特色、效果也不错而且深受学生欢迎的课，可能由于某项指标的缺失而得了低分，这样一堂有意义的课可能就被否定了。

我们一直提倡教无定法，在教学中允许教师百花齐放、百家争鸣，自然在评课时也不能用那些死的标准和条条框框去束缚教师的教学个性，不能使教师的备课、上课围绕着过于细化的评价标准这个指挥棒转，这只会导致教师的个性和创造力受到束缚和压制。为了能够得高分，教师在授课过程中战战兢兢、如履薄冰，生怕哪一个细节遗落了，担心哪个知识点忘记了，因为听课的教师仿佛都在拿着放大镜来听，都想鸡蛋里挑骨头，以在评课时能说说授课者的缺点。笔者曾担任过记录员，有一位语文教师上完《珍珠与泪珠》公开课，被指出的缺点整整记满了三张纸。这些意见固然有针对性和指导性，但同时又有多少是应景之作呢？或者简直可以说有很多是废话，因为如果听了每个人的发言才来备课、上课，根本没办法上公开课。道理很简单，一节课45分钟，能把大家的观点都整合吗？

我们应更多从学生的学习接受和发展方面来评价教师的教学，而对那些琐碎的标准尽量简化。评价标准宜粗而不宜细。当然评价一堂课也应该有基本的要求，而这基本的要求，我以为叶澜教授的"五条基本要求"是值得借鉴和参考的。

# 主题三　民主，滋养评课文化的土壤

## 一　引语

我们认为"课程改革需要重建教研文化，重建评课文化"。这种新的"教研文化""评课文化"是什么样子呢？

刘坚教授在《反思与行动》一文中做了具体、生动的描绘："我们需要一种新的评课文化来哺育、来滋养我们的教师，使得我们的每一个教师在教学中成长起来。这里就有一个评课者与被评者之间怎么建立起一种民主的、建设性的、对话的伙伴关系。把评课、观课当作一种教研活动，在这个过程中，彼此交流，发表观点，大家都受到启发。这样的评课文化才具有可持续发展的态势。只有当一个活动的每一个参与者都有收获和启发，这个活动才更有意义，才能延续下去，才能推动我们的研究更深入、更好地促进教师的专业成长。"[1]

新的评课文化是评课者与被评者之间建立起"民主的、建设性的、对话的伙伴关系"，在这种关系中"彼此交流，发表观点，大家都受到启发"，其核心是"民主"。这种新的评课文化会"哺育""滋养"我们的教师，更好地促进教师的专业成长。

## 二　案例

### 1．"没有结论的评课"[2]

2005年3月24日至3月30日，福建省小学数学学科带头人研修活

---

[1]　刘坚：《反思与行动》，《福建论坛》2006年第4期。
[2]　俞石泉：《"没有结论的评课"》、《聚焦课堂问题　评价数学教学》。

动在厦门举行。其间，我们试图转换视角，通过"畅所欲言——广泛研讨——不定结论——充分反思——共同提高"的方式，对活动中的四节课进行了评课，由此创生了"没有结论的评课"。

"没有结论的评课"给老师们留下许多思考的空间。这种转换角度，聚焦课堂问题，评价数学教学，让老师在反思中成长，符合新课程的理念，得到专家们的充分肯定。具体情况综述如下：

一、数学教学需要怎样游戏呢？

游戏教学无可非议，一个精彩的游戏片段，能激发学生的学习兴趣，保持良好的注意状态，活跃课堂气氛，让学生情感双向和谐交流，产生教学共振，达到提高教学效益的目的。

在教学《用字母表示数》（北师大版四下）时，执教者设计了接龙游戏："数蛤蟆"，就是让第一个学生说：1只蛤蟆，1张嘴巴，2只眼睛，4条腿；第二个学生说：2只蛤蟆，2张嘴巴，4只眼睛，8条腿；第三个学生说：3只蛤蟆，3张嘴巴，6只眼睛，12条腿……一直由学生说到：n只蛤蟆，n张嘴巴，2n只眼睛，4n条腿。

对于这个游戏片段，教师们有不同的见解。

正方认为：学生的情绪状态直接影响着教学效果，游戏活动形成良好的教学氛围，为学生所喜闻乐见，使学生在愉快、轻松、有序、和谐、民主的气氛中学习。

反方认为：游戏活动不能只看表面，不看效果，时间的把握应恰当，教师应关注数学的本质，如果游戏能够这样接：1只蛤蟆，1×1张嘴巴，2×1只眼睛，4×1条腿；2只蛤蟆，1×2张嘴巴，2×2只眼睛，4×2条腿……更有针对性。当然，正方认为：这样降低了难度。反方觉得：要从学生知识水平面出发，才能有良好的教学效果。不同的观点，给人更多的启示。

二、数学教学需要预设生成吗？

预设是指对教学目标、内容、过程和教学策略所做的设计；生成是指随着教学活动的展开，从而使教学目标、内容、过程和策略在相互作用中达成。预设要生成吗？要怎样的生成？

在教学《认识角②》（北师大版二下）时，执教者预设了"画角——分角——认角——找角——做角——说角"过程，丰富的教学内容，多层的形式，理想化的预设，在课堂的生成中，出现了时间的不足，"做角——说角"过程不到位。

针对这种情况，在交流过程中，产生了不同的看法。

正方认为：课堂的预设要生成，预设必须是在充分了解教材、学生的基础上，设计出的教学过程。因此，这课的六个教学环节，必须科学、合理安排时间，使每个教学环节都能生成，教师应发挥主导作用，根据教学的进程，做好反馈与调控，尤其是在"做角"，通过提供纸、图片、三角板……让学生去自主创造角，这样的课堂结构才完美。

反方认为：课堂教学预设的生成，要结合课堂学生的表现，这节课从厦门的美丽风光引入，抽象出不同类型的角，学生全身心地投入，让学生进行亲身的体验，充分的探索，关注学生，符合新课程的要求。留下一些预设的内容未能完成，不宜大惊小怪，课堂教学需要教师灵活处理。双方意见站在不同的角度，各有道理。谈到预设生成问题，大家的共识是小学数学课堂教学需要科学的预设，预设要有弹性内容，生成不是机械生成，而是要动态的生成。

三、数学教学需要活动体验吗？

《课程标准》倡导"学生是否积极主动地参与数学学习活动"，因为，学生的活动能活跃课堂，学生参与的深度和广度，是评价一节课的重要指标，那么，这个问题为什么会产生争议呢？

在教学《可能性》（新世纪版五下）时，这课让学生认识事件发生可能性的大小，培养学生的探索能力。执教者以"探索体验——应用提高——拓展延伸"为主线，其中的"拓展延伸"环节是：口袋装着四种不同颜色、大小一样的塑料球，红球1个，白球2个，黄球3个，绿球4个，从这些球中摸一个，问：(1) 摸到黄球的可能性是（　　）？(2) 摸到白球的可能性是（　　）？(3) 摸到绿球的可能性是（　　）？然后让学生思考：李明和王超想用这些球进行比赛，你能设计一个公平的游戏规则吗？学生小组交流、汇报，教师引导归纳总结。

正方认为：在完成练习后，应增加"摸球活动"，通过合作操作，让学生在活动中感受，在体验中升华，感受数学与现实的联系，拉近数学理论与现实的距离，深入理解事件发生可能性大小的实质。

反方认为："可能性"的知识，一至四年级已经进行过相关的活动，现在已是五年级了，没有必要进行这样的活动。而高年级需不需要这种活动？如果需要，又怎样突出它的层次性？活动的深度和广度如何？看来这的确引人深思。

四、数学教学需要怎样抽象呢？

《课程标准》指出："重要的数学概念与数学思想宜逐步深入。"小学的"概念""思想"如何做到"到位"而"不越位"呢？怎样把握它的"度"？

在教学《有趣的数学问题》（人教版三下）时，执教者设置问题：动物运动会上，参加长跑的有 8 种动物，参加跳绳的有 9 种动物，请问参加两种比赛的一共有多少种动物？通过"猜一猜""数一数""摆一摆""算一算"的形式，让学生理解为什么 8＋9≠17（种），而是 8＋9＝14（种），学生从"猜"到"数"产生矛盾冲突，再通过"摆"使学生知道其中有 3 种动物参加了两项比赛，接着学生在摆出的图中，画出两项比赛动物的交叉图，然后抽象出如下的集合图：

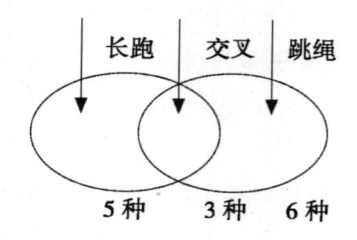

长跑　交叉　跳绳

5种　3种　6种

数学思维的抽象过程，是一个复杂的过程，小学数学如何实现这个目标呢？

正方认为：学生通过"摆一摆"，画出其交叉的部分，有机渗透集合思想与方法，"跳一跳"去体验，获得成果，开发学生潜能，让有余力的学生开拓思维，发展能力，是本课的一个亮点。

反方认为：这样处理让学生感受数学集合思想与方法，对于三年级学生要求过高，不切合学生的实际，得用直观图，对照图说出意义，不可出现"韦恩图"。如何将小学数学的"概念"、"思想"有机渗透到教学中，对于这个问题，是我们今后教学还需进一步实践和探索的内容。

**总结感悟**

新课程理念下的小学数学课堂评价，应体现一种价值判断的过程，反映着教育的价值取向，是实施新课程改革关键。从福建省小学数学学科带头人在厦门开的四节研究课来看，今后我省小学数学的评价，要把课堂导向：以人为本，面向全体，求真务实，关注开放，开发潜能，优质高效。

## 2. 重建听评课制度[①]

一、领导干部听评课汇报制度。

实施新课程，困惑与矛盾不断出现。教师远离"课标"怎么办？如何避免课堂教学中的虚浮现象？如何解决评价简单化的问题？如何落实三维目标，消除"切割"现象？如何解决基础夯不实的问题……

为了在深入调研的基础上及时解决课程改革中出现的种种新问题，学校每周举行一次教学分析汇报会。干部们分别汇报自己在近一两周的听评课过程中发现了哪些新问题，帮助教师解决了哪些问题，今后工作的基本思路。然后，大家再对一些带有普遍性的问题进行会商。

学校要求各级领导干部必须是课改的"专家"，必须学习掌握新课程改革的基本理念。学校规定，各学科负责人必须熟悉各学科的《课程标准》，依据《课程标准》评课（每周必须听评课 3 节～5 节），并向教学分析会汇报听评课情况。

领导干部教学分析汇报制度的建立，使领导干部把准了本校实施新课程的脉搏，使推进新课程改革的工作方向更明，目的性更强。

二、追踪听评课制度。

追踪听评课，即追踪听课评课，即时反馈，即时矫正。其主要步骤是：教师讲课——听课评课——教师再讲课——再听课评课……经过几轮反复，最终使教师理解，从哪些方面、怎样操作才能达到新课程改革的基本要求。

---

① 赵升明：《重建听评课年度》，《中小学管理》2004 年第 1 期。

追踪听评课通过连续的解剖麻雀式的个案分析,帮助教师诊断、发现自己的问题,不断调整、修正自己的教学行为。它揭示的是教师真实的"课堂故事",教师最容易接受。我们曾经追踪听了一位新调入本校的生物教师的课。按传统的评价标准来衡量,她上了一堂好课,但按新课标的要求,这堂课又存在明显的不足——教师不敢放手让学生自主学习。我们帮助这位教师分析了"病因",鼓励她大胆"放手"。接着我们又听了她一节课——《绿色植物》。在这节课中,她用多媒体展示了根的生长和种子发芽的过程,然后与学生一起把这个问题逐个分解,逐个突破。整个教学过程都是在学生的积极参与下完成的,学生的主体地位充分体现出来。通过追踪听评课,这位教师感到自己落实新理念有了路子,她高兴地说:"这几天的听课评课,帮我走完了几年没有走完的路。"

三、示范听评课制度。

示范听评课制度是一种全员参与的推广性的听评课制度。学期初,学校组织教学能手、优质课教师、课改优秀教师、骨干教师上示范课,把他们先进的教学理念和教学方法向全体教师推广,促进教师在学习观摩中提高。我们的安排是:先由优秀教师分学科上示范课,然后课改领导小组成员分学科听全体教师的课,个别问题个别反馈,共性问题通过集体评课,反馈落实情况,提出改进意见。

为了充分发挥示范课在推进新课程改革中的积极作用,我们推出了每两月一次的主题式推广示范课。由主讲教师展示渗透新理念的示范课,然后采取主评人评课与集体研讨相结合的方式,帮助大家吃透精神实质。听评课活动结束后,每位教师都要结合自己的实际,制定出改进课堂教学的具体办法。

为了提高上述活动的实效,我们首先深入课堂进行调研,掌握第一手资料,确定推广示范的主题。例如:把复习课上成"高耗低效"的重讲课、重练课的现象在我校比较普遍。在调研中我们发现,高老师采取"错题积累、集中解决"的方式,上出了"高效低耗"的复习课,解决了复习课低水平重复的问题,是对复习课的革新,很有推广价值。于是,我们就将"上好'高效低耗'的复习课"作为一个推广示范的主题,通过示范课的形式,向全校推广高老师的做法。

实施新课程以来,我校通过实行示范听评课制度,推广了一系列新的教学思想和教学模式,如"先学后教模式"、洋思"三清模式"、"三动一练模式"、"主动学习——当堂训练模式"等，在实现先进的教学理论与课堂教学实际的紧密结合方面，走出了一条适合本校实际的新路。

四、学科同步研讨听评课制度。

教研组、备课组是学校组织教学的基本单位，也是实施新课程的重要管理环节。我校主要以教研组为单位组织同步新授课研究课、复习课研究课，以备课组为单位组织同步学段研究课。教研组每学期组织两次新授课研究课或复习课研究课，教研组成员听课评课、共同研讨。备课组每周组织一次学段研究课，先确定主讲人，主讲人写学案，供备课组成员借鉴，然后通过听评课，确定一周使用的学案，大家在此基础上实施课堂教学。

学科同步研讨听评课制度的建立，增强了教师之间的交流与合作，大家优势互补，共享资源，共同提高。

五、外出学习汇报听评课制度。

为了把外地先进的经验真正学到手，使本校广大教师都受益，学校规定：教师凡外出学习，回来后都要上一节汇报课，把外地先进的教学思想和教学经验以课的形式展示出来，供全体教师学习和借鉴。以前教师外出学习回来平平淡淡，学习内容被束之高阁。现在实行外出学习汇报听评课制度，不仅使外出学习的教师能够进一步明确学习的目的，带着任务去学，而且还能将外地的先进经验及时引进本校，提高广大教师实施新课程的水平。

## 主题四　评课要点一二三

　　精辟的理论说服人，精彩的案例感动人，我们经历两者的熏陶后，自然而然地想"如果让我评课，该怎么评"。我们尝试着从前面的引语和案例中提炼出若干要点，供老师们参考。当然，"君子不器"，因为"君子"一旦成为"器"，虽然有用，但有限，比如泥土烧制成杯子，好盛水，也只能盛盛水了，而泥土其他更广大的功用没有了。泥土看似无用却无所不用。因此，这些"要点"仅供参考，更重要的是领悟从引语和案例中透露的新的评课理念、培育新的评课文化，并在新的评课文化中茁壮成长。

　　一、倾听执教者反思。

　　在组织评课前，一定要认真倾听执教者的发言。听听执教者的设计思路、课堂感观、目标达成、问题困惑等等，即教学心路历程。你再把执教者心路历程与你所观察和记录的课堂历程以及听课思考进行比照，可能会产生新的认识——或修正、或补充、或完善、或提升原来的认识，使自己的思考更客观、全面、深刻。比如，我常常组织评课活动，在评课前，请执教者说课或者反思，有时也提出"上完课后，你感到最满意的或最不满意的是什么？其原因是什么？""你认为哪些目标达成得好、哪些目标达成得差？其原因是什么？""课前你最担心的是什么？想过解决的办法吗？""这节课，最感困惑的问题是什么？""如果让你再上一次，你会作哪些调整或改进？"之类的问题，让执教者回答。

　　奥苏泊尔提出有效教学必须建立在充分了解学生的基础上，其实有效评课也应该建立在充分了解执教者的基础上，仅仅靠课堂观察是不够的。

　　二、多角度思考，但不面面俱到。

　　多角度思考源于多角度观察。王鉴认为可以从以下几个方面去观察：第一方面，"对教师的观察主要包括：教学态度方面，教师是否认真负责，是否尊重信任学生，是否对教学工作准备充分，是否有敬业精神，教学是否投入等。在教学能力方面，对教材的组织是否条理清楚，教学语言是否具有逻辑性和吸引力，教学活动是否组织得有序活泼等。在教学智能方面，是否能灵敏地捕捉教学过程中的各种信息，是否有效地采取一些教学策略，是否对课堂教学的突发事件有着灵活而艺术性的处理，是否在教学中表现出一定的科学性与艺术性的统一等。在教学效果方面是否注重课堂上学生的反应，是否注重有效的教学，是否把知识传授、过程与方法、情感态度价值观的三维目标统一到课堂教学活动之中等"。第二方面，"对学生的观察主要包括：参与状态方面，学生是否全员参与了教学活动，参与的积极主动性如何，学生参与教学的效果分析等。在交往方面，观察学生在课堂教学上是否具备多向的交往，同学之间的合作学习与交往的效果分析，师生交往的频率与效果等。在情绪状态方面，观察学生是否积极主动地学习，是否愉快有效地学习等。在学生的思维状态方面，观察学生是否愿意提出问题，是否发表自己的观点和看法，是否善于在教学过程中质疑等"。第三方面，"对课堂教学过程的观察主要包括：有哪些教学方法上的创新，教学组织形式上是否合理有效，教学过程中教师与学生主体性各自发挥的情况，教学手段是否现代化和科学化等"。[①] 第一、二方面关注的主要是人——教师和学生——课堂教学的核心要素，第三方面关注的是物。

当然一节课，观察不可能面面俱到，评价也不可能面面俱到。评课时，应该把自己感受最深的表达出来，如果是有明确主题的观摩课、研讨课或者自己有研究方向，那么，重点观察和评价与主题或自己的研究方向相关的内容，忌面面俱到。面面俱到往往面面不到。

三、就课论理，有理有据。

评课评课，就课而评，评而出理，理而有据。"理"就是理论、理念，"据"就是课例。评课时，要以课例为依据，或先描述课例，再道出隐含在课例背后的理论或理念；或反过来，先说理论或理念，再描述课例，这样有理有据，才能让人信服，避免空发议论、堆砌名词（形容词）、滥贴标签，什么"我学到了很多"（既然"学到了很多"就说出一二来啊）、什么"体现新课程理念"（什么地方体现什么新理念，得说出来啊）、什么"真实、扎实、朴实"（怎么"真实"、哪里"扎实"、何谓"朴实"，道明

---

① 王鉴：《课堂志：回归教学生活的研究》，见《探索以校为本的教学研究》，华东师范大学出版社 2005 年版。

一二啊）等等。

　　有理有据地评，比如，这里，高老师给孩子们一个搜集处理信息的法宝、辨别判断信息的利器，孩子形成的是"带得走的能力"。一是不偏看偏信，学会比较判断；二是读原著，眼见为实，重视"第一手资料"。这样学生才能在面对纷繁复杂良莠不齐的信息时驾轻就熟、泰然处之，而不至于像"小猴子下山"，倒腾了一天，筋疲力竭却两手空空。请看高老师的教学片段：

　　师：最近大家都在阅读《哈利·波特》的最后一集，我也很好奇，到底结局是什么？我在网络上抓了几个信息就很担心了。糟糕，一个报道是"死伤惨重"；另外一家的报道是"正邪大火拼，超过了五十个人阵亡"。我就想这本书干脆不要看好了，怎么那么可怕、那么悲惨？尤其是一则报道写"要角殒命，慈善机构加班安慰小麻瓜"。什么是"小麻瓜"？

　　生：这部书是一部魔幻小说，他们把"麻瓜"称为非巫师的人类。

　　师：所以我们在座的，如果有人会魔法的话，我们就可以用"小巫师"称他。谢谢！看到这里的时候，老师就觉得不行，我还要去找其他的信息。所以有的时候，我们可以多读几则报道。我又去搜集，看到另外一家的结局不太一样，他说"快乐结局，嗯，哈利死而复活，娶了金妮，生了三个孩子"。在这个时候，我决定去看《哈利·波特》原著，终于知道真实的结局。不过最后的结局是什么？

　　生：还是很快乐的。

　　师：所以，小朋友可以应用这样一个方式，用"看标题""读首段"来阅读，但是，必要的时候读完全部的内容，去做相关的讨论。①

　　四、认真倾听，平等对话。

　　评课者在认真倾听执教者发言后，即展开评议活动。评议时，做到以下几点：第一，不管谁发言，都得认真听，做必要的记录；第二，边听边思考，与自己的意见一致的，就无须重复；与自己意见相左的，待发言完再提出来商量；与自己意见一致但表述不完整的，待发言完再补充；第

---

①　黄国才：《"把全世界当教科书，不是把教科书当世界"》，《新课程》2008年第1期。

三，有理有据地表达自己的观点，引发思考；第四，适时地请执教者作补充、说明，或者征求执教者的意见；第五，组织者要适时地挑起话题，穿针引线，总结推进，等等。

评议时，特别注意执教者一定要"在场"——不仅仅是人在、更要心在、思想在——随时发表自己的观点、意见或备咨询。课堂教学是复杂的心智活动，有时是"当局者迷，旁观者清"，有时是"当局者清，旁观者迷"。评课，就是"当局者"与"旁观者"充分地、自由地、坦诚地沟通、协商、交流、碰撞，是思想相识、心灵相遇、智慧相通的过程。执教者与评议者始终处在平等对话、学术自由的环境中，是有效评课的核心价值也是基本保证。

五、提出问题，引发思考。

评课的"评"，内在包含"问"，包括疑问和提问。"疑问"，即有疑而问，对执教者的教学设计、教学处理产生疑问、存有疑虑，向执教者请教等等。有一次，黄国才老师在寨里中心小学上《那片绿绿的爬山虎》，评课时，一位老师问："我注意到课堂上，你在那位男孩回答之后给予了严厉的批评，为什么？"黄老师说："这个问题问得非常好。不知道你注意到没有，这位男孩在课堂上非常活跃，发言非常积极，几乎是抢着，但是，他的发言都明显缺乏思考、质量都不高，我已经提醒过他'多想一想，再回答'。那一次，又是他抢着问'为什么'书皮'改成'包书纸'更确切'，我立即回了一句'这个问题还用问吗？认真读书'，并且很严肃。因为这个问题课文已经写得很明白，'因为书皮可以认为是书的封面'。我这样做是在警示他、让他受一点挫折，还有一个原因是他是男孩子。不知道你注意到没有，我后面又特意再让他发言一次，为什么？因为我要让他明白，老师批评他是提醒他认真思考，你认真思考了，还会有机会。这也许是'胡萝卜加大棒'的原理吧。"

"提问"，则侧重自己心中的问题，或当堂引发的、或事先预备的，以求参与者注意或思考。比如3月28日，光泽县城区小学片区教研活动评课会上，实验小学校长黄淙滨提出三个问题：一，当课堂上出现"语霸"（某个学生抢着发言、N次发言）或"语息"（没人发言）的情况，怎么办？二，当学生的发言与预设差距很大时，怎么办？三，当学生出现整体紧张时，怎么办？

这些问题是课堂尤其是公开课经常遇到的，怎么解决？大家你一言我一语，出谋献策，多好。即便一时解决不了，也足以引起重视、引发思考。

　　六、借助网络，广开言路。

　　我们已经进入信息时代，网络成为必备工具。借助网络，如《中国课堂教学》网的博客群组、论坛、QQ 群组等进行评课议课，参与面更广、更便捷、更自由，还没有时间和空间的限制。

　　七、撰写课例，扩大影响。

　　听课是"用钢笔录像"，评课则是"用钢笔思考"。"用钢笔思考"即书面表达，书面表达以其严密的逻辑、深刻的思维、细腻的心思等优势，在提升教师的思维品质和专业素质方面起到无可替代的作用。把听课所见、评课所思写成课例，或发表在个人专业博客上、或投到编辑部发表在专业期刊上，受益面就广、影响力就大，"喜悦，因分享而永恒"。

　　对于教师来说，听课、评课与备课、上课一样，是家常便饭。就像家常便饭的质量决定人的生活质量一样，听课、评课和备课、上课的质量决定教师的工作质量（实质是生活质量）。家常便饭质量高，生活质量就高；家常便饭质量低，生活质量就低，这是常识。会生活、懂生活的人总是想方设法提高家常便饭的质量，使其营养丰富又色香味俱全。同样，会生活懂生活的教师总是想方设法提高听课、评课和备课、上课的质量，使教师生活变得有声有色、有滋有味、有情有趣、有智有慧。

　　**推荐博客**

　　课堂博客首页 http://ktjx.cersp.com/blog/.

　　余文森教授博客 http://blog.cersp.com/userlog/406/index.shtml.

　　"笑而不语" http://blog.cersp.com/userlog/1022/index.shtml.

　　"童年的心灵护士" http://blog.cersp.com/userlog/1559/index.shtml.

　　"岩冬冬的家" http://blog.cersp.com/userlog17/35706/archives/2006/101769.shtml.

　　"畅想课堂" http://blog.cersp.com/userlog/1058/index.shtml.

　　"快乐天使" http://blog.cersp.com/userlog/2325/index.shtml.

　　"高明之家" http://blog.cersp.com/userlog/5283/index.shtml.

　　"世滨之家" http://blog.cersp.com/userlog/4017/index.shtml.

　　李玲玲博客 http://blog.cersp.com/userlog/1063/index.shtml.

图书在版编目（CIP）数据

有效备课·上课·听课·评课/余文森等编著.—福州：福建教育出版社，2008.8（2014.8 重印）
（有效教学丛书/余文森主编）
ISBN 978-7-5334-5067-0

Ⅰ．有… Ⅱ．余… Ⅲ．中小学—教学研究 Ⅳ．G632.0

中国版本图书馆 CIP 数据核字（2008）第 116534 号

有效教学丛书
有效备课·上课·听课·评课
丛书主编　余文森
编　著　余文森　黄国才　陈敬文等

| 出版发行 | 海峡出版发行集团 |
|---|---|
| | 福建教育出版社 |
| | （福州梦山路 27 号　邮编：350001　网址：www.fep.com.cn） |
| | 编辑部电话：0591－83726908 |
| | 发行部电话：0591－83721876　87115073　010－62027445 |
| 出版人 | 黄　旭 |
| 印　刷 | 福州泰岳印刷广告有限公司 |
| | （福州市鼓楼区白龙路 5 号　邮编：350003） |
| 开　本 | 720 毫米×1000 毫米　1/16 |
| 印　张 | 17.75 |
| 字　数 | 287 千 |
| 插　页 | 2 |
| 版　次 | 2012 年 8 月第 4 版　2014 年 8 月第 7 次印刷 |
| 印　数 | 98 637－128 665 |
| 书　号 | ISBN 978-7-5334-5067-0 |
| 定　价 | 28.00 元 |

如发现本书印装质量问题，影响阅读，
请向本社出版科（电话：0591－83726019）调换。